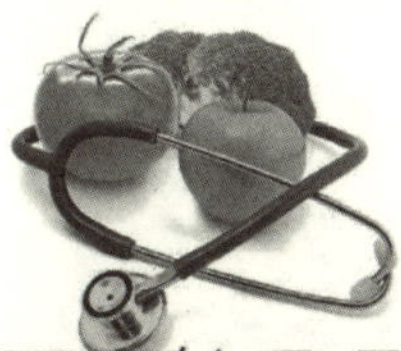

VEGETARIANISMO
e ciência

Dr. Julio César Acosta Navarro, ph.D.

VEGETARIANISMO e ciência

Um ponto de vista médico sobre a alimentação sem carne

São Paulo
2010

EDITORA ALAÚDE

1ª edição em novembro de 2010 – Impresso no Brasil

PRODUÇÃO EDITORIAL
Editora Alaúde

PREPARAÇÃO
Olga Sérvulo

REVISÃO
Beatriz Chaves
Beatriz C. Nunes de Sousa

Dados Internacionais de Catalogação na Publicação (CIP)
(Câmara Brasileira do Livro, SP, Brasil)

Navarro, Julio César Acosta
Vegetarianismo e ciência : um ponto de vista médico sobre a alimentação sem carne / Julio César Acosta Navarro. -- São Paulo : Alaúde Editorial, 2010.

ISBN 978-85-7881-054-2

1. Vegetarianismo 2. Vegetarianismo - Obras de divulgação I. Título.

10-11433 **CDD-613.262**

Índices para catálogo sistemático:
1. Vegetarianismo : Alimentação sem carne :
Dietética : Obras de divulgação 613.262

Alaúde Editorial Ltda.
Rua Hildebrando Thomaz de Carvalho, 60
CEP 04012-120 – São Paulo – SP – Brasil
Tel.: (11) 5572-9474 / 5579-6757
www.alaude.com.br
alaude@alaude.com.br

À memória de minha filhinha.

AGRADECIMENTOS

À minha mãe, Teresa Navarro, que tanto quis que eu fosse médico, agradeço por tudo, sabendo que ainda assim não será suficiente; ao meu pai, Hugo Acosta, por me falar tanto sobre a praticidade da vida; à Silvia, pelo apoio, pelo amor e pelo companheirismo incondicionais; aos meus filhos Pedro, Frank e Marco Aurélio, pelo apoio moral.

Meus sinceros agradecimentos ao mestre e amigo professor doutor Bruno Caramelli, ao Vinicius Leati de Rossi Ferreira, à Lilian Akie Saraiva Kadouka, pelo incondicional apoio científico; à Olga Sérvulo e a toda a equipe da Editora Alaúde, pelo cuidado na edição. Muito obrigado a todos.

SUMÁRIO

PREFÁCIO

Conheci Julio Acosta Navarro logo depois do Congresso Mundial de Cardiologia no Rio, em 1998. Julio apresentara seu trabalho analisando as características laboratoriais e clínicas de uma população vegetariana do Peru – o "Estudo de Lima". Os hábitos alimentares do homem através do tempo sempre foram um dos temas preferidos dele em nossas conversas e debates. Seu entusiasmo me convenceu a estudar, junto com ele, o perfil cardiovascular de um grupo de adventistas brasileiros que tem o vegetarianismo como filosofia. Esse projeto, fruto de seu esforço e dedicação, resultou em sua tese de doutoramento na Universidade de São Paulo, sob minha orientação. Os resultados foram publicados em revistas científicas, contribuindo para o entendimento das relações entre comportamento alimentar e o desenvolvimento de doenças. O que Julio nos apresenta agora é o começo dessa história. Este livro é dedicado aos princípios teóricos e biológicos da dieta vegetariana como estratégia terapêutica na prevenção de doenças. Julio traz para o leitor um texto detalhado, permeado por referências científicas e interpretações pessoais de quem se dedica ao assunto há muito tempo. Uma leitura necessária para quem quer saber mais sobre esta antiga prática alimentar. Bom apetite!

Prof. dr. Bruno Caramelli

Diretor da Unidade de Medicina Interdisciplinar em Cardiologia, do Instituto do Coração do Hospital das Clínicas, da Faculdade de Medicina da Universidade de São Paulo

APRESENTAÇÃO

Há mais de vinte anos, quando iniciei este trabalho e ainda era um estudante do terceiro ano da faculdade, não poderia imaginar que ele me custaria tanto tempo, esforço e dedicação; e nem que seria transcendental em minha vida.

Tudo começou quando uma congregação filosófico-religiosa, da qual havia me alimentado espiritualmente, pediu-me apoio para elaborar um artigo para a rádio, baseado em evidências científicas, a respeito dos efeitos na saúde dos hábitos de vida que eles preconizavam, sendo um deles a alimentação vegetariana. No começo tive dificuldade na pesquisa, mas, quando busquei a literatura médica internacional, descobri que na América do Norte e na Europa esse tipo de investigação já era realizado há décadas, sendo inclusive uma tendência crescente.

Revisei mais de 2.000 estudos realizados em todo o mundo, e o fruto dessa pesquisa é este *Vegetarianismo e ciência*, no qual apresento, de maneira condensada, os resultados, mecanismos de ação e as teorias mais importantes sobre os diversos efeitos da alimentação vegetariana na saúde, abrangendo grande parte das patologias humanas.

Sob esse ponto de vista, este livro pode interessar definitivamente a nutricionistas e, dentro do campo médico, a muitos especialistas: cardiologistas, cirurgiões, gastroenterologistas, oncologistas, pediatras etc., dos quais espero críticas e contribuições.

O primeiro capítulo trata dos perigos potenciais de uma dieta vegetariana inadequada para a saúde e analisa os relatos clínicos mais notáveis na literatura médica. Ele discute a questão da deficiência proteica, das deficiências vitamínicas (vitamina B_{12} e vitamina D) e da deficiência de minerais.

Do segundo ao oitavo capítulo, são apresentadas as evidências científicas epidemiológicas, experimentais e clínicas sobre a influência do vegetarianismo na prevenção e/ou tratamento de diversas doenças crônicas e agudas de alto impacto econômico, na qualidade de vida e na morbimortalidade. São discutidas doenças digestivas, como a doença diverticular, a apendicite e a cirrose hepática; doenças cardiovasculares causadas pela aterosclerose, como a doença coronariana, a insuficiência vascular periférica, o acidente vascular cerebral e a hipertensão arterial; doenças metabólicas, como o diabetes melito, a obesidade, a osteoporose e algumas doenças genéticas; doenças renais, como a litíase renal, a insuficiência renal e a síndrome nefrótica; doenças neoplásicas, como o câncer de cólon, de estômago, de pâncreas, os hormônio-dependentes (como câncer de mama e de próstata), entre outros; doenças infecciosas parasitárias, bacterianas e virais; assim como doenças degenerativas neurológicas e reumatologias. Nesses capítulos são discutidos os possíveis mecanismos fisiopatológicos e químicos pelos quais esses efeitos poderiam ocorrer, envolvendo diferentes componentes da alimentação, como colesterol, gorduras saturadas, antioxidantes, tipos de proteína e fibra dietética.

Por outro lado, se considerarmos o homem como produto de evoluções orgânica e intelectual integradas, e que entre os fatores ou forças que influenciam o desenvolvimento evolutivo está o meio ambiente, assim como o estilo de vida, seria lógico pensar que qualquer modificação em tal estilo poderia alterar o substrato orgânico ou o componente intelectual. Um dos fatores que caracterizam o estilo de vida é o tipo de alimentação de um indivíduo. Então, há a possibilidade de uma modificação na composição qualitativa ou quantitativa dos alimentos ingeridos repercutir a longo prazo, influenciando processos biológicos como o envelhecimento, sua herança genética e seu curso evolutivo. Chegou a ser o homem um produto de sua alimentação? E se assim foi, terá escolhido o caminho certo? Tudo isso é tratado no nono capítulo.

Considerando que esta obra levou vários anos para ser concluída, no último capítulo são apresentados os estudos científicos mais impactantes que apareceram nos últimos anos, confirmando as primeiras previsões feitas nos capítulos iniciais, mas deixando caminho para a teorização mais aprofundada do papel da dieta vegetariana em outros aspectos da espécie humana.

Fibra, carne, antioxidantes e *Australopitecus* serão alguns dos protagonistas desta obra que, embora estritamente científica, atrevi-me a escrever num estilo que se aproximasse daquele que me cativou durante a adolescência: o realismo fantástico.

E minha história começa assim...

MITOS E VERDADES SOBRE O VEGETARIANISMO

Lembro-me de que em 1986, quando era só um estudante de ciências básicas, decidi virar vegetariano, e o principal problema que enfrentei para chegar à prática do meu novo tipo de alimentação foi a desaprovação incisiva e total do ser que me deu a vida: minha mãe. "Você não vai comer carne (uma clara alusão à minha história de carnívoro teimoso)? De onde tirou essas ideias tolas? Por acaso quer virar tuberculoso?" Essas eram suas palavras, às quais respondi com um sorriso e pensando que estava completamente equivocada por achar que, ao me tornar vegetariano, ficaria mal nutrido e doente. Enfrentei um enorme problema, já que minha mãe era a responsável pela cozinha.

Passados alguns anos,* o problema (se é que posso chamá-lo assim) já não era com minha mãe, mas com Chaya, minha esposa. Ao buscar algum respaldo científico contra as advertências de uma humilde mãe a seu filho, descobri o doutor Chanarin e seus colaboradores[1], do Departamento de Hematologia do Hospital de Northwick Park, de Londres. Eles estudaram 138 pacientes indianos com hemopoese megaloblástica por deficiência nutricional de vitamina B_{12}, os quais eram vegetarianos estritos havia longo tempo. Observaram uma alta frequência de tuberculose nesses indivíduos, levantando a hipótese de que a deficiência crônica de vitamina B_{12} fosse um importante fator dessa complicação, porque produz uma destruição celular ineficiente das bactérias ingeridas pelos neutrófilos e macrófagos.

Embora a prática de um regime alimentar vegetariano proporcione grandes benefícios para a saúde, como veremos ao longo deste livro, a dieta vegetariana não está isenta de riscos, principalmente quando não é adequada ou balanceada em qualidade e/ou quantidade, de acordo com as necessidades individuais. Considero de importância crucial a compreensão dessa problemática principalmente porque, para recomendarmos uma mudança no estilo de vida de uma pessoa com o objetivo de aperfeiçoar sua saúde, devemos estar convencidos de seu efei-

* Os primeiros capítulos deste livro foram escritos em 1996.

to após uma avaliação de risco/benefício. Para isso, dos capítulos 2 a 8, serei o "advogado" do regime vegetariano, mas neste capítulo pretendo ser o "promotor de justiça".

Relatos de casos de má nutrição e deficiências vitamínicas em vegetarianos, principalmente em grupos de altas necessidades, como crianças em crescimento, e certas considerações teóricas têm sido a base racional de alguns mitos criados em torno dos riscos potenciais do vegetarianismo. Aqui é importante o leitor conferir, a seguir, as definições das três categorias principais de vegetarianos - os ovolactovegetarianos (OLVs), os lactovegetarianos (LVs) e os vegetarianos estritos, ou veganos -, já que as discussões de todo esse capítulo discorrem principalmente acerca das duas últimas categorias.

DISTINÇÕES VEGETARIANAS

Antes de começar, é necessário esclarecer alguns termos que serão utilizados frequentemente nas páginas seguintes.

A expressão "indivíduo vegetariano" designa a pessoa que, de alguma forma, restringe alimentos de origem animal em sua dieta e a baseia em alimentos de origem vegetal. Embora pareça óbvio esse esclarecimento, existem na prática graus distintos de vegetarianismo, dependendo do grau de restrição de alimentos de origem animal. Assim, existem três principais tipos de vegetarianos:

Ovolactovegetarianos: não consomem nenhum tipo de carne, mas consomem leite, ovos e derivados de ambos. A esse grupo pertence grande parte dos vegetarianos da Igreja Adventista do Sétimo Dia. Talvez seja o grupo de vegetarianos mais numeroso no mundo ocidental, considerando que para muitos representa uma etapa de iniciação ao vegetarianismo.

Lactovegetarianos: não consomem nenhum tipo de carne nem ovos, mas consomem leite e seus derivados. Milhões de hindus praticam esse tipo de alimentação baseada em crenças religiosas, já que consideram o ovo como um ser vivo ao qual se deve respeitar o direito à vida.

Vegetarianos estritos, ou **veganos***: consomem exclusivamente alimentos de origem vegetal. Esse é o grupo mais representativo e entre eles se encontram alguns grupos religiosos do Oriente e outros filosóficos do Ocidente. As diferenças encontradas em diversos estudos sobre parâmetros fisiológicos, incidência de

* "Vegano" é uma palavra que se refere a um estilo de vida completamente livre de produtos de origem animal. Por isso, nesse livro sempre empregarei o termo vegetariano estrito, pois está relacionado apenas a uma dieta livre de produtos de origem animal.

doença ou estado nutricional são mais marcantes nesse grupo de vegetarianos, quando comparados aos indivíduos onívoros. Além disso, os riscos potenciais do vegetarianismo (quando a dieta vegetariana não é corretamente equilibrada) são mais evidentes nesse grupo, especialmente em estados fisiológicos especiais, como gravidez, lactação e desenvolvimento da criança, como serão discutidos mais adiante.

Uma dieta semelhante à vegetariana estrita é a **macrobiótica zen**, baseada nas crenças dos monges zen-budistas, seguidores da dieta e afirmadores de que são as pessoas mais saudáveis do mundo. A dieta foi introduzida nos países ocidentais por George Ohsawa no começo do século XX, e seus objetivos são principalmente espirituais.

Um autor identificou uma quarta categoria, os **pisco-ovolactovegetarianos**, definidos como os ovolactovegetarianos que incluem peixe em sua dieta. Esse grupo se tornou uma espécie de transição entre onívoros e vegetarianos. Outros autores criaram o termo **semivegetarianos** para definir aqueles que praticam algum grau de vegetarianismo, mas comem carne com pouca frequência (por exemplo, uma vez por semana ou uma vez por mês).

A partir daqui, quando se falar de um indivíduo vegetariano, significará a pessoa que pertence a qualquer um dos três principais grupos de vegetarianos, exceto quando o grupo for especificado.

Também é importante estabelecer as diferenças quanto à quantidade e qualidade da ingestão de nutrientes. Em geral, a quantidade de calorias totais é igual ou ligeiramente menor nas dietas vegetarianas em comparação com as dietas onívoras (ver Obesidade); a quantidade de gorduras totais é menor e a proporção entre gorduras poli-insaturadas e saturadas (P/S) é maior; o colesterol é menor (ver Cardiopatia coronariana); os carboidratos, principalmente os complexos, são mais numerosos (ver Diabetes); as proteínas se equivalem ou são ligeiramente menores, e suas fontes de origem vegetal são mais diversificadas em dietas vegetarianas (ver Cirrose hepática); em relação aos micronutrientes, exceto as vitaminas B_{12} e D, todas as vitaminas são mais numerosas nas dietas vegetarianas (ver Envelhecimento e longevidade); a quantidade de fibra alimentar é maior quanto maior o nível de restrição dos alimentos de origem animal (ver Câncer). Os nutrientes inorgânicos, como o cálcio e o sódio, são similares em ambos os tipos de dieta, mas o potássio e o magnésio são mais presentes nas dietas vegetarianas (ver Hipertensão arterial).

Merece um comentário à parte a **fibra alimentar**, devido à sua importância nos mecanismos de prevenção de diversas doenças. Podemos defini-la como os restos de células vegetais resistentes à hidrólise pelas enzimas alimentares. A fibra alimentar não é uma substância única, mas sim uma mistura extremamente complexa de substâncias. É composta por uma variedade de polissacarídeos (ex.: ágar e alga marinha) e lignina e pode ser classificada de acordo com sua solubilidade em água: fibra estrutural insolúvel (celulose, lignina e algumas hemiceluloses) e fibra solúvel formadora de gel (pectina, gomas, mucilagem e outras hemiceluloses). A maioria dos alimentos vegetais contém ambos os tipos.

As fontes de fibras são complexas, mas podem ser ricas em determinado tipo, como farelo de aveia, por exemplo, rico em gomas e considerado uma boa fonte de fibra solúvel. Já o farelo de trigo contém mais componentes insolúveis. Os efeitos fisiológicos da fibra alimentar ocorrem por todo o trato gastrointestinal e incluem efeitos sistêmicos que serão discutidos mais adiante.

OS TRÊS MITOS

A partir de uma dieta vegetariana inadequada, três potenciais problemas podem surgir:

1. Deficiência proteica;
2. Deficiência vitamínica (principalmente vitamina B_{12} e vitamina D);
3. Deficiências de minerais.

O MITO DA DEFICIÊNCIA DE QUANTIDADE E QUALIDADE PROTEICA

A qualidade proteica refere-se, principalmente, à composição de aminoácidos de uma proteína e, especificamente, a como a concentração de aminoácidos essenciais supre as necessidades do indivíduo. Na prática, as proteínas são comparadas a um padrão de referência da proteína ideal. Assim sendo, todas as proteínas vegetais contêm uma menor porcentagem de nitrogênio total sob a forma de aminoácidos essenciais e todas são relativamente deficientes em um ou mais aminoácidos. Nos grãos de cereais, há baixo conteúdo de lisina se for feita a comparação com outros aminoácidos essenciais, por exemplo; leguminosas como a soja são pobres em metionina. Tais aminoácidos são chamados de "primeiro aminoácido limitante" para as proteínas em questão. No entanto, a complementariedade ocorre quando o aminoácido limitante de uma proteína é fornecido em quantidades suficientes por outra proteína, a fim de suprir o déficit. Para ilustrar, podemos comparar as proteínas com as palavras de nosso idioma, os aminoácidos com nossas letras e os aminoácidos essenciais com as vogais. Desse modo, entende-se que para construir qualquer proteína em nosso organismo (ou qualquer palavra) necessitaremos de todos os aminoácidos essenciais (ou todas as vogais). A absorção das proteínas no intestino se faz através da decomposição destas em suas frações estruturais, os aminoácidos, complementados perfeitamente a partir de diferentes fontes proteicas vegetais. A combinação alimentar cereais/leguminosas, que manteve as sociedades tradicionais durante séculos, é exemplo de complementariedade, pois os cereais são boas fontes de metionina e as leguminosas, de lisina. O consumo dessa combinação resulta em uma qualidade proteica maior do que qualquer proteína animal. Como afirmam o doutor Young e seus colaboradores[2], do Centro de Investigação Clínica de Nutrição Humana da Universidade de Massachusetts, nos Estados Unidos, "as crianças podem se desenvolver bem ou até se recuperar de uma grave desnutrição se lhes forem oferecidas dietas bem formuladas, baseadas totalmente em fontes vegetais".

Atualmente, as pesquisas a esse respeito têm proporcionado ainda mais luz. Acredita-se, inclusive, que não seja necessário balancear o perfil de aminoácidos em cada refeição, especialmente sob condições em que a ingestão de proteínas total excede as necessidades fisiológicas mínimas. O consumo de proteínas complementares em diferentes refeições, no decorrer do dia, asseguraria um padrão adequado de utilização e retenção do nitrogênio (proteína). A base disso está no fato de haver uma reserva - mediada por aminoácidos livres (especialmente a lisina) no espaço intracelular, na musculatura esquelética - que responde a mudanças agudas ou crônicas na quantidade de lisina ingerida. A partir daí, uma proteína com um conteúdo relativamente baixo de lisina (milho, por exemplo) pode ser ingerida algumas horas após a ingestão de uma proteína complementar contendo maior quantidade de lisina (proteína de soja, por exemplo); assim, a reserva de lisina livre no músculo complementaria o baixo conteúdo de lisina na mistura de aminoácidos derivados da ingestão do milho. Ao final disso, a qualidade nutricional das proteínas complementares seria alta.

A quantidade da proteína alimentar pode ser um problema potencial. Isso se relaciona às questões de digestibilidade, assim como o conteúdo real de proteínas de alimentos comumente estabelecidos. Bebês saudáveis desenvolvem-se bem com leite materno, em que 6% da energia total é derivada de proteínas. Quando as necessidades proteicas são estabelecidas em termos de alta qualidade proteica animal, 8% de calorias ingeridas através de proteínas são considerados um nível de ingestão seguro. As leguminosas oferecem de 20% a 25% de calorias através de proteínas; o milho, de 10% a 15%; a batata, de 6% a 9%; e o arroz, de 7% a 8%. Teoricamente, dietas baseadas em leguminosas e cereais possuem potencial de fornecimento de quantidades mais do que adequadas de proteína. Na prática, a digestibilidade das proteínas vegetais em sua forma natural é menor do que a das proteínas animais. Considerando uma digestibilidade de 100% para a proteína derivada de ovo, leite ou carne, a digestibilidade de fontes vegetais é de 89% para o milho, 93% para o arroz, 90% para o trigo integral, 90% para a aveia e 82% para os feijões[2]. Como vemos, a discussão sobre a adequação proteica diz respeito principalmente aos vegetarianos estritos ou veganos. Bebês e crianças em rápido crescimento apresentam maiores necessidades de aminoácidos que os adultos. Isso dificilmente é um problema para os ovolactovegetarianos e os lactovegetarianos.

Além disso, mecanismos adaptativos para uma dieta pobre em proteínas têm sido propostos. O caso dos montanheses de Papua-Nova Guiné merece um comentário especial. Muitos pesquisadores têm demonstrado que a ingestão proteica diária desses moradores é menor que 40 g e que a maioria de sua proteína alimentar é derivada de batata e outros alimentos vegetais. O doutor Oomen[116], em 1970, constatou que entre os 23 montanheses cuja ingestão proteica variava entre 50 e 75 mg N/kg de peso corpóreo, tinham um balanço negativo médio de nitrogênio – -40 mg N/kg de peso corpóreo, apesar de um físico desenvolvido. O pesquisador sugeriu a existência de um fornecimento adicional de nitrogênio através da microbiota intestinal.

SOJA COMO FONTE PROTEICA PARA VEGETARIANOS

A contribuição da proteína de soja baseia-se em seu alto valor nutritivo, baixo custo, alta disponibilidade e apresentação variada de produtos (farinha, concentrados, isolados, *tofu* e leite). Embora a soja seja consumida no Oriente desde os tempos antigos, seu consumo na dieta de populações europeias e norte-americanas é relativamente recente.

O perfil de aminoácidos da proteína de soja é extraordinariamente bem aperfeiçoado. A comparação entre uma variedade de proteínas de soja e os padrões ideais publicados pela Food and Nutrition Board ou pela Food and Agriculture Organization (FAO) demonstra haver quantidades adequadas dos aminoácidos essenciais histidina, isoleucina, leucina, lisina, fenilalanina, tirosina, treonina, triptofano e valina. Somente a quantidade combinada de aminoácidos essenciais sulfurados, metionina e cisteína, fica abaixo dos parâmetros recomendados[5]. Sua abundância nessa leguminosa coloca a proteína de soja à frente da nutrição proteica mundial. Lisina é o aminoácido limitante na maioria das fontes comuns de proteínas vegetais consumidas em áreas onde a desnutrição proteica é encontrada. A complementação de cereais, tais como arroz, trigo ou milho, com a proteína de soja melhora o estado proteico.

Com esse interesse, em 1983, o doutor Vernon Young e sua equipe[3], do Instituto de Tecnologia de Massachusetts, nos Estados Unidos, avaliaram o valor nutricional proteico de uma proteína de soja isolada em uma série de estudos de balanço de nitrogênio em jovens estudantes saudáveis. Os resultados indicaram que, para adultos saudáveis, a proteína isolada de soja é de alta qualidade nutricional, se comparada às proteínas animais, já que, para o balanço de nitrogênio, a ingestão média necessária de proteína de soja e de proteína do ovo não foi diferente. O conteúdo de metionina, aliás, não é limitante para a manutenção proteica em um adulto, sugerindo que alguns parâmetros de necessidade de aminoácidos estabelecidos por instituições oficiais devam ser revisados. Os mesmos investigadores[4], para avaliar a capacidade da proteína de soja em manter o estado nutricional proteico contínuo em homens adultos saudáveis, realizaram um experimento de balanço metabólico durante 84 dias, com oito indivíduos. A única fonte de ingestão proteica foi a proteína de soja isolada, em um nível de 0,8 g por kg/dia (a proteína de soja manteve o equilíbrio proteico). Em um segundo e semelhante estudo, quatro homens jovens receberam 0,8 g de proteína por kg/dia e outros três indivíduos receberam 0,68 g por kg/dia de proteína animal por um período de 60 a 81 dias. O peso corpóreo, o balanço de nitrogênio, a bioquímica sanguínea e a composição corpórea (potássio corpóreo total) foram monitorados durante o estudo. O balanço de nitrogênio corpóreo foi mantido dentro da categoria de equilíbrio de nitrogênio em ambos os grupos do segundo estudo. A massa de células corporais avaliada pelas medições de potássio radioativo não revelou nenhuma deterioração no estado nutricional das proteínas. Essas observações confirmaram a predição derivada de estudos anteriores sobre balanço de nitrogênio no curto prazo: a qualidade nutricional da proteína de soja isolada é alta, podendo servir como única fonte de aminoácidos essenciais para a manutenção proteica em adultos. Esses resultados foram confirmados em outros estudos, posteriormente. Outros pesquisadores investigaram os aspectos complementares, assim como a equipe do doutor William Beer[7], que avaliou a tolerância e o valor nutricional de dois concentrados de proteína de soja em dezessete homens jovens saudáveis, em um estudo metabólico que durou onze semanas. Cada proteína experimental (0,8 g por kg/dia) serviu como única fonte de nitrogênio alimentar. Os indivíduos permaneceram saudáveis, sem problemas de significância metabólica ou clínica; o peso permaneceu constante e os índices de composição corpórea (massa corpórea magra medida por diluição de H_2O e excreção de creatina) e a taxa metabólica basal não se alteraram. O balanço de nitrogênio oscilou em torno do equilíbrio de nitrogênio corpóreo. Os estudos imunológicos confirmaram a ausência de resposta alérgica nesses indivíduos.

Além disso, a adequação da proteína de soja para bebês e crianças foi avaliada pelo doutor Torun[6], comparando a qualidade proteica dos produtos de soja bem processados com o leite para crianças pré-escolares e crianças maiores. Para os bebês, o termo geralmente aceito é que as fórmulas modernas baseadas em proteína de soja promovem o crescimento na mesma magnitude que as fórmulas baseadas em leite de vaca. Além disso, as fórmulas de soja podem ser menos alergênicas que as fórmulas de leite de vaca. Devo esclarecer aqui a indiscutível superioridade do leite materno sobre qualquer outro tipo de leite administrado durante os primeiros meses de vida do bebê.

Mas haveria outros alimentos do reino vegetal que poderiam representar outras surpresas agradáveis? Aparentemente, a resposta é sim e eles estão diante de nós. Os alimentos autóctones* da região andina, base da alimentação durante o Império Inca, sobreviveram em locais em que não necessitam de condições especiais de cultivo e estão adaptados geneticamente ao seu meio. Fontes proteicas de alta qualidade são a *quinua*, a *cañihua* e a *kiwicha*. Como afirmado pela doutora Eloísa Hernández[14], da Universidade Nacional Mayor de São Marcos, de Lima, "nas regiões andinas existem outros produtos alimentícios que superam os tradicionais por sua qualidade e concentração de nutrientes. O problema é que ainda não foram explorados em sua verdadeira dimensão".

CRESCIMENTO E DESENVOLVIMENTO DE CRIANÇAS VEGETARIANAS

Tão importantes quanto as considerações nutricionais teóricas, são as questões relacionadas ao estado das crianças vegetarianas, realmente. Se em 1954 os doutores Hardinge e Stare, por um lado, investigavam os níveis lipídicos séricos em vegetarianos, por outro lado os doutores Widdowson e McCance, em seu clássico experimento, demonstraram claramente que as crianças cresciam e se desenvolviam normalmente com base em uma dieta composta por pães e vegetais e com mínimas quantidades de leite e carne[8].

O risco de deficiência nutricional é maior durante os períodos de estresse fisiológico e crescimento acelerado. Os problemas da dieta inadequada ocorrem mais frequentemente em crianças, já que suas necessidades em relação ao peso corpóreo são maiores se comparadas às dos adultos, além de serem elas incapazes de exercer algum controle sobre o que consomem. Desnutrição grave tem sido relatada em bebês alimentados com dietas vegetarianas inapropriadas, assim como deficiências de vitamina B_{12}, vitamina D e ferro. A maioria das crianças nos países em desenvolvimento consome dietas vegetarianas quase puras e alguns atribuem sua desnutrição a esse fato. Isso não leva em consideração outros fatores, como a pobreza, a severidade de infecções e a alta taxa de gravidez nessas populações. Em conjunto, eles apresentam um falso quadro da adequação nutricional da dieta vegetariana em um ambiente menos hostil.

O problema da adequação da dieta pode ser mais bem avaliado examinando-se os estágios de desenvolvimento da criança, o crescimento e a necessidade em cada etapa, além dos riscos e benefícios associados em cada fase.

Primeira infância (0-6 meses)

Os bebês têm se desenvolvido com dietas lactovegetarianas durante mais de um terço do primeiro ano de vida, desde que as espécies evoluíram. Por outro lado, não é surpreendente que relativamente poucos problemas nutricionais aconteçam, mesmo depois dos 6 meses de idade, porque do contrário o *Homo sapiens* estaria extinto. Muitas vantagens são associadas à amamentação, e bebês saudáveis amamentados por mulheres vegetarianas também se desenvolvem bem durante a primeira infância[9-13].

* Autóctone: aquele que é natural de uma região.

Durante a primeira infância, o leite é essencial para suprir as necessidades do bebê. Um programa de aleitamento materno de livre demanda é útil para conseguir isso.

O doutor Finley e seus colaboradores[15] constataram que o leite materno de mulheres lactovegetarianas, nos três primeiros meses de amamentação, é similar ao leite de mães onívoras quanto à composição de minerais, elementos-traços, lactose e gordura total, diferindo apenas na composição de ácidos graxos. As diferenças incluíram níveis diminuídos de ácidos graxos saturados e níveis aumentados de ácidos graxos poli-insaturados, um perfil similar ao da dieta vegetariana.

Aparentemente, o lactente vegetariano pode ser favorecido por alguns benefícios para prevenção de doenças crônicas, como aterosclerose, já que através do leite materno recebe um perfil lipídico favorável. O doutor Hergenrather e sua equipe[16] relataram outros achados favoráveis para os lactentes vegetarianos. O leite materno de vegetarianas apresenta menos contaminantes ambientais e aditivos indiretos, como o dieldrin e o hexacloreto betabenzeno, em comparação ao leite das mulheres onívoras.

Mesmo assim, o doutor Noren[118], do Instituto Karolinska, na Suécia, também constatou que os níveis dos contaminantes DDT, dieldrin e bifenilos policlorados foram mais baixos no leite materno de mulheres lactovegetarianas que no leite de mulheres onívoras.

Infância tardia (6-18 meses)

Esse período representa um grande desafio para os vegetarianos, especialmente para os veganos, porque a fase de desmame representa maior vulnerabilidade nutricional para o bebê. A lactação poderia ser estendida, mas é importante suplementá-la porque a ingestão energética que ela proporciona é insuficiente depois de 4-6 meses de idade.

Existe um bom número de relatos na literatura médica de casos de deficiências nutricionais em pessoas que praticam o vegetarianismo estrito, principalmente crianças. Muitos desses casos isolados têm sido publicados com destaque em importantes revistas de especialidade médica e talvez esse fato possa justificar, ao menos em parte, o preconceito da maioria dos profissionais da saúde em relação a uma dieta vegetariana.

Em 1979, o doutor Ehud Zmora e colaboradores[17], do Hospital Universitário de Soroka, em Israel, relataram quatro casos de bebês atendidos na emergência do hospital com quadros de deficiência nutricional múltipla. Eles pertenciam a um grupo religioso que praticava uma dieta vegetariana estrita. Haviam recebido leite materno até os 3 meses de idade e, então, o leite materno foi substituído por preparações com baixa densidade calórica. Todos os bebês apresentaram profunda desnutrição proteico-calórica, raquitismo severo, osteoporose, deficiências de vitamina B_{12}, além de outras deficiências. Um bebê faleceu e os outros tiveram uma difícil recuperação.

Mas o que estaria por trás de tudo isso? Que grupo religioso era aquele que, por seguir seus preceitos, ameaçava a vida dos próprios filhos?

O grupo em questão se chamava Hebreus Negros. Depois da conversão para sua nova fé, uma mistura de cristianismo e judaísmo, começaram a imigrar dos Estados Unidos para Israel, em 1967. Naquela época, havia mais de mil seguidores organizados em uma estrutura comunitária. Seus filhos não frequentavam escolas estaduais e a comunidade recusava as medidas preventivas de saúde do Ministério da Saúde. A atenção à saúde era dada por indivíduos da comunidade que adquiriam conhecimentos dentro do próprio grupo; buscavam atendimento médico somente em situações de emergência ou quando precisavam de intervenção cirúrgica. Sua dieta era totalmente vegetariana; a dieta dos bebês era controlada pelos líderes. A amamentação era mantida pela mãe até aproximadamente os 3 meses de idade. Depois, o leite materno deixava de ser um componente importante na dieta, que passava então a ser composta por frutas, verduras (com ampla variedade, dependendo da estação), aveias, leveduras e "leite de amêndoa" ou "leite de soja". Essas variedades de leite eram preparadas através da moagem das amêndoas ou dos grãos de soja, acrescentando água e filtrando a mistura. O filtrado branco constitui o "leite". Nenhuma outra fórmula infantil, nenhum suplemento vitamínico ou alimento de origem animal era oferecido.

Depois do tratamento inicial no hospital, os bebês obtiveram "alta médica" com uma dieta equilibrada que satisfazia as necessidades nutricionais e seus princípios. No entanto, mais adiante, o fanatismo religioso do grupo novamente os afastaria das recomendações de uma dieta equilibrada e bem planejada. Três anos depois, os doutores Eric Shinwell e Gorodischer[18] relataram que 25 bebês dessa comunidade foram atendidos no hospital com evidências de desnutrição proteico-calórica, anemia por deficiência de ferro e vitamina B_{12}, raquitismo, deficiência de zinco e múltiplas infecções recorrentes. Evidências de retardo de crescimento também foram constatadas em 47 bebês no berço da comunidade.

Esse não seria o único caso em que o desconhecimento de uma dieta vegetariana equilibrada e correta colocaria em risco a saúde infantil. Na Espanha, os doutores Laba e Matías, junto com seus colaboradores[19], relataram, em 1984, o caso de uma menina com 16 meses de idade, atendida na UTI do Hospital Infantil Virgem de Luc, em Palma de Mallorca, com um diagnóstico de pneumonia. Seus pais praticavam uma alimentação semelhante à vegetariana estrita, porém com o uso de leite de vaca (único alimento de origem animal da dieta). O parto ocorrera na casa da própria família e a criança recebera aleitamento materno exclusivo nos primeiros 6 meses de vida; sucos de frutas, leite de vaca e leite materno até os 14 meses. Depois, passou a ingerir sucos de frutas e 300 ml de leite de vaca por dia. Era evidente que a alimentação dessa criança estava muito longe de suprir as necessidades nutricionais para sua idade. Esse tipo de dieta talvez possa ser seguido por uma pessoa adulta ao longo do tempo e sendo até benéfica em algumas circunstâncias, como, por exemplo, em casos de obesidade, mas é indiscutível que essas situações não podem ser extrapoladas para quem está em idade de crescimento. A análise bioquímica confirmou anemia, leucocitose com desvio à esquerda, hiponatremia e hipoxemia. O estudo imunológico revelou alteração da imunidade celular com diminuição dos linfócitos T circulantes e baixa resposta a mitógenos. Com fluidoterapia, oxigênio e medidas de apoio, os transtornos hidroeletrolíticos, gasométricos e abdominal foram corrigidos em 24 horas e a criança passou para a enfermaria. No sexto dia, os pais solicitaram a alta médica e, diante do déficit imunológico severo, concordaram com a insistência dos médicos em ampliar a dieta com cereais, frutos secos, queijo e maior aporte de leite. Meses depois, o estudo imunológico foi repetido e apresentou resultado normal.

Por outro lado, certas dietas alternativas (quer dizer, diferentes da dieta ocidental) que se assemelham à dieta vegetariana estrita têm sido praticadas por grupos religiosos, místicos ou filosóficos. Pessoalmente, tenho alta consideração por essas pessoas, mas seu estilo de vida não poderá ser aplicado às crianças. Um adulto pode permanecer em jejum por até quarenta dias[20] e assim "limpar sua alma e seu corpo". Uma criança não pode fazer isso, porque não tem essa necessidade.

Na dieta macrobiótica, por exemplo, há dez fases de restrição dietética, que progridem de -3 até +7 com uma eliminação gradativa de produtos animais, frutas e verduras; a porcentagem da energia total proveniente de cereais aumenta de 10% no nível -3 para 100% no nível +7. "Cereais" significam, nesse caso, uma concentração exclusiva de arroz integral na dieta. As dietas de menores níveis podem suprir as necessidades nutricionais, mas as dietas do mais alto nível são compostas somente por cereais e restringem o balanço nutricional, inerente em dietas mais diversificadas[22,52]. Os resultados dessa forma restrita de dieta aplicada a bebês foram qualificados por um autor como "maus-tratos infantis".

No entanto, à parte essa atitude errônea tomada por alguns grupos com certos hábitos alimentares, não se descarta a hipótese de um "complô científico" contra a corrente vegetariana. Relatórios de internações hospitalares[17,21-33] ou, inclusive, de mortes de crianças gravemente desnutridas têm contribuído para uma imagem distorcida do vegetarianismo. Estudo conduzido pelo doutor Peter Dagnelie e sua equipe[34], do Departamento de Nutrição Humana da Universidade de Wageningen, na Holanda, serve de exemplo. Esses pesquisadores investigaram o estado nutricional de crianças consumidoras de dietas macrobióticas. Os estudos em crianças de 0 a 10 anos de idade sugeriram que o crescimento estava atrasado principalmente entre os 6 e 18 meses de idade, o que foi confirmado subsequentemente em um estudo longitudinal (incluindo dados sobre a dieta, antropometria, química sanguínea e exame pediátrico) com bebês macrobióticos com idades entre 4 e 18 meses e com controles* onívoros. Diferenças notáveis, para menos, de energia, proteína, vitamina B_{12}, vitamina D, cálcio e riboflavina foram detectadas em infantes macrobióticos, levando a um crescimento retardado, emaciação e desenvolvimento psicomotor mais lento. O leite materno de mulheres macrobióticas contém menos vitamina B_{12}, cálcio e magnésio. É evidente a inferioridade e o perigo para a saúde das crianças alimentadas com uma dieta macrobiótica em comparação a crianças onívoras. No entanto, é interessante o fato de que o estudo original tinha planejado incluir um grupo de crianças lactovegetarianas, mas "essa ideia teve que ser abandonada por falta de fundos", conforme escreveram, literalmente, os pesquisadores. Mais intrigante foi o fato de que esse trabalho quase incompleto tenha merecido ser publicado em diversas das mais conceituadas revistas médicas americanas e europeias[34,39-47], honra que não conseguiram os trabalhos dos doutores Hardinge, Sacks e Ophir, citados mais à frente, ao longo deste livro.

Pré-escolares (18 meses-5 anos)

As necessidades nutricionais dos pré-escolares, por unidade de peso, são menores que aquelas na infância tardia, mas não estão imunes a situações de deficiência. Casos esporádicos de raquitismo e anemia megaloblástica têm sido relatados entre vegetarianos estritos[50,51].

Medições de crescimento em crianças pré-escolares com dietas similares às vegetarianas estritas indicaram menores índices[10,11]. Em um estudo do doutor Brown[53], a altura e o peso de crianças macrobióticas de 1 a 6 anos de idade estavam em percentil 40**, e os déficits foram atribuídos a baixos níveis de ingestão calórica. O doutor Fulton e sua equipe[54] estudaram 48 crianças vegetarianas estritas de uma comunidade no Tennessee; as médias de altura e peso das crianças de 3 a 5 anos de idade estavam abaixo dos padrões normais, enquanto que para as crianças de 2 anos de idade os mesmos parâmetros foram atingidos ou superados. Durante a fase pré-escolar, um "nivelamento" de crescimento pode ocorrer entre crianças vegetarianas estritas cujo crescimento inicial estava diminuído[12,13].

Além disso, crianças vegetarianas com dietas bem planejadas e menos restritas, que incluem produtos lácteos, supriram suas necessidades nutricionais. Dietas lactovegetarianas tendem a ser menores em volume e provocam menos problemas na fase do desmame. Diversos nutrientes problemáticos para os vegetarianos estritos, como cálcio, vitamina B_{12}, vitamina D e riboflavina, podem

* Controles: grupo com outra dieta, a fim de se comparar os resultados finais do estudo com os do grupo focado pela pesquisa.

** Percentil: medida de posição relativa de uma unidade observacional em relação a todas as outras. Percentil 40 significa que a altura e o peso de 40% das crianças macrobióticas estavam acima da média e 60% abaixo da média das crianças onívoras.

ser obtidos do leite e seus derivados[55]. O crescimento de crianças ovolactovegetarianas parece virtualmente se igualar ao de crianças onívoras[56,57].

Idade escolar (5-11 anos)

Essa faixa de idade representa um tempo de crescimento gradual e constante, em que riscos nutricionais são menores. No entanto, os vegetarianos estritos devem ter o cuidado especial de consumir as calorias adequadas, vitamina B_{12}, cálcio, zinco e ferro. Os lactovegetarianos têm menos dificuldade em conseguir ingestões adequadas desses nutrientes.

Em análises realizadas pelo doutor Sabate[57] em 1.765 crianças e jovens entre 7 e 18 anos de idade, observou-se que crianças vegetarianas eram 2,5 cm mais altas que seus companheiros onívoros, tanto meninos como meninas.

Adolescência (11-18 anos)

O estirão de crescimento puberal é um período de estresse fisiológico acompanhado de um rápido aumento das necessidades de nutrientes, como energia, proteína, cálcio, fósforo, zinco e vitaminas A, B_{12} e D. Uma dieta vegetariana apropriada pode atender bem às necessidades, mas dietas inadequadas podem necessitar de suplementação. Além disso, diferenças bioquímicas em nível sanguíneo de lipídios ou hormônios já podem ser detectadas nessa etapa e as repercussões na vida posterior podem ser de extrema importância, como veremos mais adiante.

Gravidez e lactação

A gravidez e a amamentação impõem demandas nutricionais à mãe, devido às necessidades de crescimento do feto e de produção de leite.

Os problemas mais comuns das mulheres vegetarianas estritas na gravidez são ganho inadequado de peso, baixa ingestão proteica, ingestão inadequada de ferro com resultante anemia, baixa ingestão de cálcio, zinco e vitamina B_{12} e, em alguns casos, baixa ingestão de vitamina D. Por outro lado, as mulheres ovolactovegetarianas diferem pouco em seu estado nutricional daquelas mulheres que consomem dietas onívoras.

A quantidade de leite produzido é pouco afetada pela dieta vegetariana da mãe, mas o leite varia em conteúdo de nutrientes, como vitamina D, vitamina B_{12} e outras vitaminas hidrossolúveis, especialmente quando a mãe segue uma dieta vegetariana estrita[58] e, devido a isso, recomenda-se a suplementação, com vitamina D e vitamina B_{12}, do bebê vegetariano estrito, ou vegano. As mães vegetarianas estritas deveriam também utilizar suplementos ou alimentos ricos em cálcio durante a amamentação e evitar, dessa maneira, depleção* de suas reservas ósseas.

* Depleção: diminuição da quantidade de líquido, em especial de sangue, contido num órgão ou no organismo.

Além disso, diferenças bioquímicas e fisiológicas também têm sido observadas nessas etapas da vida. Sua transcendência será discutida no capítulo 9.

O MITO DAS DEFICIÊNCIAS VITAMÍNICAS

A VITAMINA B_{12}

A vitamina B_{12} é um nutriente essencial para a síntese de DNA e o normal desenvolvimento dos eritrócitos. Além disso, funciona como cofator* para diversas reações enzimáticas no metabolismo celular.

Ela está presente em alimentos de origem animal, principalmente carne, mas também em ovos, produtos lácteos e alguns produtos alimentícios fermentados. Os vegetarianos estritos, ou veganos, evitam a maioria desses alimentos e suas dietas são deficientes em vitamina B_{12}. Bebês de mães com reservas reduzidas de vitamina B_{12}, teoricamente, teriam pouco depósito de vitamina B_{12} ao nascer e a única fonte seria o leite materno. Portanto, bebês amamentados por mães vegetarianas estritas apresentam maior risco de desenvolver deficiência de vitamina B_{12}[26,27].

O doutor Higginbottom e seus colaboradores[27] relataram um caso que ilustra o problema. A equipe estudou um bebê de 6 meses de idade com anemia megaloblástica severa, coma e hiperpigmentação das extremidades. Encontrou-se acidúria metilmalónica e homocistinúria. Anormalidades bioquímicas adicionais incluíam cistationinúria, glicinúria, acidúria metilcítrica, acidúria 3-hidroxipropiônica e acidúria fórmica. A concentração de vitamina B_{12} no soro foi de 20 pg por decilitro (valor normal: 150 a 1.000). A deficiência nutricional severa foi atribuída a uma alimentação inadequada do bebê, que havia sido amamentado em forma exclusiva (sem consumir outro tipo de alimento) pela mãe, uma mulher aparentemente sã, de 26 anos de idade, que desde os 8 anos de idade seguia a dieta vegetariana estrita, sem nunca ter utilizado suplementos vitamínicos.

Deve-se notar, no entanto, que nem toda deficiência de vitamina B_{12} é devida à ingestão insuficiente. Existem seis formas etiológicas no desenvolvimento de deficiências de vitamina B_{12}. Elas incluem três falhas: ingestão inadequada, absorção defeituosa e utilização inadequada (defeitos nas enzimas da vitamina B_{12} ou outras proteínas); e três aumentos: requerimento excessivo (exemplo: gravidez), excreção aumentada (como no alcoolismo) e uma destruição aumentada[59]. A deficiência de vitamina B_{12} resultante da dieta vegetariana estrita é

* Cofator: termo geral para substâncias que facilitam a ação de enzimas (proteínas catalisadoras de reações químicas).

devida à não produção de vitamina B_{12} por nenhuma planta. A última fonte de vitamina B_{12} é a síntese microbiana; para que qualquer planta contenha vitamina B_{12}, o alimento deve estar contaminado com a bactéria que sintetiza a vitamina. Provavelmente, a vitamina B_{12} seja o nutriente considerado como "o calcanhar de Aquiles" para os vegetarianos estritos.

Os ovolactovegetarianos ingerem quantidades adequadas de vitamina B_{12} através do ovo e do leite. Se esses vegetarianos desenvolverem deficiência de vitamina B_{12}, será pelas mesmas razões que os onívoros desenvolvem. Portanto, não se pode culpar a ingestão inadequada na dieta por toda deficiência de vitamina B_{12}.

Interessados nesses aspectos, alguns pesquisadores realizaram estudos clínicos em populações vegetarianas, tentando responder a algumas perguntas. Já em 1954, os doutores Hardinge e Stare[66] realizaram um estudo nutricional completo comparando a ingestão de nutrientes com achados nutricionais, físicos e laboratoriais, em duzentos indivíduos: 26 vegetarianos estritos, 86 ovolactovegetarianos e 88 onívoros, não encontrando nenhuma deficiência; cada grupo atingiu ou superou os requerimentos nutricionais recomendados.

Em 1961, a equipe do doutor Satoskar[62] e, posteriomente, Metha[63], relatou o caso de um grupo de estudantes lactovegetarianos que teriam baixos níveis séricos de vitamina B_{12}, mas não mostravam evidência clínica de deficiência dessa vitamina. Em 1970, o doutor Frey Ellis e colaboradores[67] estudaram 26 vegetarianos estritos e os compararam com indivíduos controles de mesma idade, peso e altura: não houve nenhuma evidência de deficiência nutricional. Em 1974, o doutor Bruce Amstrong[60], do Departamento de Hematologia do Hospital Perth, na Austrália, mediu os níveis sanguíneos de vitamina B_{12} e folato de 562 membros de uma comunidade, dos quais 431 eram vegetarianos (a maioria ovolactovegetarianos). Os vegetarianos tinham uma média significativamente maior de folato sérico que os onívoros. Os níveis de vitamina B_{12} sérica estavam correlacionados com a ingestão de carne e ovo. A comparação dos vegetarianos com a população vizinha de Busselton demonstrou que a prevalência de baixos níveis de hemoglobina não foi diferente, tampouco havia evidência de deficiência de ferro ou folato entre os vegetarianos. Um ano depois, na Índia, o doutor Jathar e sua equipe[61], da Universidade de Mumbai, estranharam o fato de que nesse país a maioria das pessoas consumia uma dieta vegetariana com suplemento ocasional de leite ou produtos lácteos, devido a convicções religiosas. Considerados os níveis séricos de vitamina B_{12}, grande parte da população poderia ser considerada deficiente nessa vitamina; no entanto a incidência de anemia megaloblástica ou doença neurológica devido à deficiência de vitamina B_{12} não parecia ser alta. Estudaram um grupo de 116 jovens lactovegetarianos e o compararam a outros 146 jovens onívoros e constataram que, apesar de os lactovegetarianos apresentarem níveis séricos e excreção urinária de vitamina B_{12} significativamente menor, não tinham sintomas aparentes de deficiência de vitamina B_{12} e sua resposta à cianocobalamina misturada com vitamina B_{12} radioativa previamente marcada e avaliada através do padrão de excreção urinária e captação hepática foi similar àquela observada nos onívoros, apoiando a ideia de que o baixo nível sérico de vitamina B_{12} não necessariamente indica um baixo nível tecidual e nem sempre é diagnóstico de deficiência de vitamina B_{12}. Talvez devamos revisar nossos parâmetros de laboratório considerados como "normais"?

Um ano depois, os mesmos pesquisadores[64] estudaram um grupo de lactovegetarianos hígidos e os compararam a onívoros da mesma população. Os valores médios dos parâmetros hematológicos não revelaram diferenças significativas. Além disso, um resultado interessante foi que, embora os níveis plasmáticos de vitamina B_{12} fossem distintamente menores que nos onívoros, os níveis intraeritrocitários de vitamina B_{12} não demonstraram diferenças significativas entre os grupos dietéticos.

Em 1977, a equipe do doutor Sanders[65], da Universidade de Surrey, na Inglaterra, analisou 35 indivíduos adultos da Sociedade Vegana, um dos mais antigos grupos vegetarianos no mundo ocidental, alguns dos quais eram veganos desde o nascimento. Os pesquisadores investigaram as concentrações séricas de vitamina B_{12}, folato e folato eritrocitário tanto em veganos como em controles onívoros. A contagem sanguínea e o esfregaço sanguíneo foram normais em todos os veganos e nenhum indivíduo teve a hemoglobina medida abaixo do limite de normalidade. A média das concentrações séricas de vitamina B_{12} foi menor nos veganos que não utilizavam suplementos de vitamina B_{12} do que nos controles, mas nenhum indivíduo esteve abaixo de 80 mg/L. Além disso, as concentrações de folato sérico e intraeritrocitário foram maiores nos veganos do que nos controles, levando a concluir que a anemia megaloblástica é bastante rara entre os veganos e que uma dieta vegana apropriada e suplementada com vitamina B_{12} é adequada para promover a produção sanguínea normal. No entanto, os médicos se surpreenderam com o fato de que dez dos veganos, apesar de nunca terem utilizado suplementos de vitamina B_{12}, não mostraram evidência de deficiência nutricional dessa vitamina. Observações desse tipo explicam a possibilidade de que um vegano adulto, com uma dieta adequada e sem suplementos vitamínicos, possa sobreviver sem desenvolver deficiências nutricionais.

Mas como isso pode ocorrer se a vitamina B_{12} é um nutriente essencial (para não dizer "obrigatório" na dieta) e é encontrado somente em produtos de origem animal? Trataremos dessa questão a seguir.

PROVÁVEIS MECANISMOS ADAPTATIVOS PARA A VITAMINA B_{12} EM VEGETARIANOS ESTRITOS

A molécula de vitamina B_{12} (cobalamina) consiste em quatro partes básicas e um núcleo, que é idêntico ao grupo heme da hemoglobina (sugerindo um desenvolvimento ontogênico do mesmo precursor). O núcleo chamado "corrina" difere do grupo heme em duas coisas: o metal ligado à corrina é o cobalto (no grupo heme é o ferro) e uma das pontes alfametano (das quatro do grupamento heme) está ausente. O núcleo corrina é a estrutura central de todos os corrinoides.

Os corrinoides são estruturas cíclicas que mantêm o cobalto no corpo humano, nos alimentos de origem animal (carnes, ovos e leite) e nas bactérias, produtoras não somente de vitamina B_{12}, mas também de diversos análogos desta. A vitamina B_{12} e todos os seus análogos são corrinoides. O ser humano utiliza como vitamina B_{12} somente aqueles núcleos de corrina em que há as três outras partes básicas da molécula de cobalamina: aminopropanol, açúcar e nucleotídeo[68]. Ainda que hoje exista bastante confusão sobre a definição de vitamina B_{12}, está claro que há várias formas da vitamina (definida por sua estrutura molecular já descrita), mas somente algumas são as formas ativas utilizadas pelos seres humanos.

FONTES DE VITAMINA B_{12} EM ALIMENTOS VEGETAIS

Todas as vitaminas B_{12} da natureza são produzidas por microrganismos. Portanto, não existe essa vitamina em plantas, salvo quando estão contaminadas por microrganismos produtores. Tal contaminação ocorre usualmente na parte externa da planta, mas ocasionalmente é interna. Por exemplo, certos nódulos radiculares de alguns legumes apresentam algumas bactérias da espécie *Rhizobium*, que crescem e produzem pequenas quantidades de vitamina B_{12} e seus análogos.

O doutor Victor Herbert[68], da Faculdade de Medicina de Monte Sinai, em Nova York, especialista no assunto, considera que a fonte mais frequente de vitamina B_{12} em associação com alimentos vegetais é a contaminação externa com bactérias, principalmente as de origem fecal. No final dos anos 1950, a doutora Sheila Callender[69] demonstrou que as bactérias colônicas do ser humano produzem grandes quantidades de vitamina B_{12} e que esta variação não é absorvida no cólon (na metade inferior do intestino delgado), além de não ser a forma ativa para os seres humanos. O doutor Herbert e seus colaboradores[71] constataram que as deposições humanas de 24 horas têm em média 100 μg de vitamina B_{12} total (vitamina B_{12} mais seus análogos), dos quais somente 5 μg são cobalamina (vitamina B_{12} ativa para os seres humanos) e os 95% restantes são diversos análogos.

Em 1959, o doutor Halsted e colaboradores[70], trabalhando com grupo de iranianos vegetarianos estritos que não desenvolveram deficiência de vitamina B_{12} (espantando os pesquisadores), observaram que esses indivíduos cultivavam suas verduras em adubo humano. As verduras eram consumidas sem serem lavadas cuidadosamente e a quantidade retida de vitamina B_{12} desse solo rico em adubo humano foi adequada para prevenir deficiências de vitamina B_{12}. Dessa maneira, como afirma o doutor Herbert, os vegetarianos estritos que não lavassem as mãos meticulosamente ou não lavassem suas verduras, poderiam evitar a deficiência de vitamina B_{12}.

Ainda que seja um ponto crítico sugerir alguma recomendação nesse sentido, já que sabemos do risco de desenvolvimento de infecções bacterianas ou parasitárias através dessas práticas, talvez fosse interessante saber a incidência desses problemas nesse grupo de vegetarianos estritos. Talvez com o tempo venhamos a esclarecer essa questão.

PRODUÇÃO DE VITAMINA B_{12} POR BACTÉRIAS INTESTINAIS

Observou-se que os 5 µg de vitamina B_{12} produzidos por bactérias colônicas são de pouco valor para os indivíduos, devido ao fato de a vitamina B_{12} não ser absorvida através da mucosa colônica, a menos que ingiram algo de suas próprias deposições. Em um estômago normal, que secreta ácido, há poucas bactérias e, além disso, com o avanço da idade, a secreção ácida diminui e gradualmente mais bactérias crescem no estômago e na parte superior do intestino delgado. Há uma distribuição normal de bactérias viáveis no intestino delgado e essa quantidade aumenta progressivamente a partir do ceco, encontrando uma contagem maior de colônias antes do cólon. Se tais bactérias produzem vitamina B_{12} é algo que ainda não foi explorado.

Além disso, algumas algas marinhas que contêm vitamina B_{12} consequente da síntese microbiana podem ajudar a evitar a deficiência de vitamina B_{12}. O doutor Bonny Specker e seus colaboradores[73], do Departamento de Pediatria do Hospital Universitário de Cincinatti, nos Estados Unidos, como parte de um estudo analisando a excreção urinária de ácido metilmalônico em bebês amamentados por mães vegetarianas, avaliaram diversos alimentos quanto ao conteúdo de vitamina B_{12}, utilizando o método de radioimunoensaio. Constataram que certos vegetais marinhos, como *wakame* e *kombu*, continham vitamina B_{12} em um nível similar ao fígado de vaca. Evidência adicional foi proporcionada pela doutora Ana Luisa Rauma e sua equipe[90], do Departamento de Fisiologia e Nutrição Clínica da Universidade de Kuopio, na Finlândia. Estudando o estado vitamínico da B_{12} em vegetarianos estritos de longa data, observaram que aqueles que consumiram certas algas marinhas apresentavam concentrações séricas de vitamina B_{12} duas vezes maiores que aqueles que não consumiram as algas (média de 221 versus 105 pmol/L).

CIRCULAÇÃO ÊNTERO-HEPÁTICA DA VITAMINA B_{12}

Da mesma forma que ocorre a recirculação entero-hepática dos acidobiliares ou dos hormônios esteroides, também há uma recirculação da vitamina B_{12}, o que é de crucial importância para os vegetarianos. Cerca de 1 a 10 µg de vitamina B_{12} são excretados na bile a cada dia e, como ninguém necessita de mais de 1 µg dessa vitamina por dia, normalmente se reabsorve muito da vitamina B_{12} nas secreções biliares. Além disso, a circulação entero-hepática tem o efeito de remover os análogos não desejados do corpo, retornando vitamina B_{12} relativamente livre de análogos. Como afirma Hebert[68], o vegetariano, principalmente, pode conseguir mais vitamina por reabsorção da bile que pelos alimentos. A reabsorção da vitamina B_{12} através da bile explica por que o estado de deficiência em vitamina B_{12} só ocorre após três anos de suspensão completa do consumo de B_{12} dietética[72].

CONCENTRAÇÃO INTRAERITROCITÁRIA DE VITAMINA B_{12}

Atualmente, sabe-se que as concentrações séricas de vitamina B_{12} podem não necessariamente refletir o verdadeiro nível dessa vitamina nos tecidos. Como a vitamina B_{12} é uma substância essencialmente intracelular, talvez seja mais relevante sua concentração adequada no interior da célula. Foi sugerido que a concentração eritrocitária de B_{12} possa ser o mais útil indicador de conteúdo tecidual de vitamina B_{12} do que os níveis séricos. Como veremos mais adiante, o doutor Inamdar e sua equipe[64] demonstraram que a vitamina B_{12} eritrocitária em lactovegetarianos se mantinha em níveis similares aos dos onívoros.

MENOR EXCREÇÃO URINÁRIA DE VITAMINA B_{12} EM VEGETARIANOS

Os resultados de excreção urinária de vitamina B_{12} obtidos pelo doutor Jathar e sua equipe[61] revelaram que os vegetarianos hígidos excretavam significativamente menos vitamina B_{12} que os onívoros e, além disso, a absorção intestinal era mais eficiente.

Para terminar essa parte, devo dizer que a maioria dos estudos relacionados ao estado nutricional de vegetarianos, sinais e sintomas de deficiência de vitamina B_{12}, não foram observados nos vegetarianos estritos ou veganos. Outras especulações teóricas acerca das consequências da deficiência de vitamina B_{12}, como a imunodeficiência, explicada pelo doutor Chanarin, ficaram apenas na teoria, devido à falta de evidência clínica confirmatória. Por outro lado, o doutor Carmel[74] postulou que aqueles indivíduos que desenvolveram anormalidades clínicas possivelmente tinham inadequações dietéticas agravadas com desordens coexistentes, necessitando excluir cuidadosamente anormalidades absortivas associadas antes de aceitar uma explicação puramente dietética. Além disso, a detecção da má absorção de vitamina B_{12} pode requerer métodos de provas mais sensíveis do que os geralmente usados.

DEFICIÊNCIA DE VITAMINA D: RAQUITISMO

O raquitismo, reconhecido desde a Antiguidade, deriva seu nome da palavra inglesa "*wrack*", que significa "torcer". Foi comum no início do século XX, até que o trabalho do doutor Steinbock[75], em 1924, demonstrou que a irradiação de produtos naturais produzia atividade antirraquítica, levando à irradiação dos alimentos e, consequentemente, a uma diminuição na incidência de raquitismo. Os efeitos foram tão marcantes que, em 1966, Harrison se referia ao raquitismo como uma "curiosidade médica".

Crianças que subsistem com uma dieta vegetariana estrita parecem estar predispostas ao raquitismo, especialmente se vivem em latitudes nortes, cuja exposição à luz solar é mínima no inverno. Anteriormente, vimos que o risco pertencia praticamente a crianças criadas com uma dieta vegetariana restrita, como a macrobiótica. O relato da doutora Dwyer e seus colaboradores[50], do Centro Médico da Nova Inglaterra, em Boston, Estados Unidos, ilustra o problema. Os registros de ingestão alimentar de 52 crianças pré-escolares vegetarianas foram observados entre o período de 1974 a 1976, revelando que as dietas macrobióticas proporcionam quantidades de vitamina D, cálcio e fósforo de forma marginal em relação às quantidades proporcionadas por outras dietas vegetarianas (ovolactovegetariana ou lactovegetariana). Apenas duas crianças apresentaram evidência radiográfica de raquitismo. A história clínica de 32 crianças com dietas macrobióticas examinadas em 1977 incluíram evidências físicas e radiográficas indicativas de raquitismo, enquanto a de outras 17 crianças vegetarianas, não.

A fisiopatologia do raquitismo envolve a falha do organismo em absorver o cálcio no intestino e depositá-lo em tecido osteoide na forma de hidroxiapatita*. Essas funções são mediadas pela 1,25 dihidroxivitamina D, forma hormonal da vitamina D.

FONTES DE VITAMINA D

A vitamina D é um nutriente orgânico necessário unicamente para os seres humanos não expostos à luz solar, critério clássico para que seja considerada uma vitamina. É um autêntico pró-hormônio do tipo esteroide. Desse modo, as vitaminas D são um grupo de compostos esteróis que existem na natureza, principalmente nos animais, mas também nas plantas e nas leveduras.

A vitamina D se forma nas plantas e nos animais a partir do ergosterol e do 7-dehidrocolesterol, respectivamente. A radiação da luz ultravioleta abre espontaneamente o anel B do ergosterol ou do 7-dehidrocolesterol; nos vegetais, a radiação do ergosterol leva à produção de ergocalciferol (vitamina D_2); nos animais, o 7-dehidrocolesterol é convertido em colecalciferol (vitamina D_3) pela radiação da pele. Tanto o ergocalciferol como o colecalciferol têm capacidade biológica como vitamina D. Portanto, como vimos, o ser humano dispõe de duas fontes principais de vitamina D: a ingestão de alimentos e a fotólise do 7-dehidrocolesterol na pele.

---

* Hidroxiapatita: constituinte mineral do osso natural, representando de 30% a 70% da massa dos ossos e dentes.

Definitivamente, os indivíduos ovolactovegetarianos ou os lactovegetarianos com uma dieta adequada não apresentam perigo de desenvolver raquitismo por deficiência nutricional. Até mesmo os vegetarianos estritos com uma dieta apropriada e exposição solar normal estariam protegidos do desenvolvimento dessa doença. O problema surgiria quando esses últimos, circunstancialmente, seguissem uma dieta vegetariana estrita inadequada e tivessem uma exposição irregular à luz solar.

AVALIAÇÃO DE OUTRAS VITAMINAS EM VEGETARIANOS

Partindo do fato de que todas as demais vitaminas se encontram em alimentos vegetais, explica-se a ausência de problemas de deficiências dessas vitaminas nos vegetarianos. Em um dos trabalhos mais representativos da equipe do doutor Helma[76], analisando o estado bioquímico de um número de vitaminas e ferro em um grupo de 120 vegetarianos e 53 onívoros, foi verificado que os níveis séricos de vitamina E, folato e riboflavina (vitamina B_2) estavam entre satisfatório e alto, e que todos os resultados foram significativamente maiores em vegetarianos que em onívoros. O nível de tiamina (vitamina B_1) foi satisfatório em ambos os grupos, assim como o nível de piridoxina (vitamina B_6). Somente a vitamina B_{12} sérica foi significativamente menor em vegetarianos, assim como o estado de ferro medido pela ferritina sérica. Outros pesquisadores também haviam observado ausência de dados bioquímicos para definir um estado de deficiência nutricional em pessoas vegetarianas e, inclusive, os níveis sanguíneos de vitaminas antioxidantes tinham sido maiores nos vegetarianos. A doutora Agatha Rider e sua equipe[77], estudando parâmetros bioquímicos selecionados (proteína sérica, albumina, pré-albumina, proteína ligadora de retinol, vitamina A, vitamina E, carotenoides totais, ureia e creatinina urinária) em indivíduos saudáveis, vegetarianos e onívoros, de Los Angeles, não observaram nenhum dado indicativo de deficiências nutricionais em nenhum indivíduo, destacando que os níveis de carotenoides séricos foram maiores nos vegetarianos. Na França, o doutor Pascal Millet e seus colaboradores[78] constataram que os vegetarianos teriam uma maior ingestão média de tiamina, riboflavina, vitaminas A, C e E que os onívoros, apresentando menor risco de deficiência vitamínica. Outros pesquisadores[117], em outras partes do mundo, têm observado maiores níveis séricos de vitamina C e E em indivíduos vegetarianos, comparados aos onívoros.

O MITO DA DEFICIÊNCIA DE MINERAIS

Muitos trabalhos têm sido publicados acerca da ingestão e do estado bioquímico de nutrientes minerais em indivíduos vegetarianos, já que havia (embora para alguns ainda haja) certo temor quanto à biodisponibilidade de alguns minerais pelas características da dieta vegetariana, levando a um quadro de deficiência clínica com repercussões sobre a saúde de quem segue esse tipo de dieta.

CÁLCIO

Estudos relacionados com a ingestão de nutrientes em ovolactovegetarianos[81-83] têm demonstrado uma alta ingestão de cálcio devido, principalmente, ao conteúdo de ovo e leite em suas dietas. Um efeito benéfico é que esses vegetarianos apresentaram maiores densidades ósseas e, dessa maneira, menores riscos de osteoporose (ver capítulo 4).

As dietas dos vegetarianos estritos (outra vez eles em questionamento) contêm um limitado fornecimento de cálcio. Além disso, quando derivado de fontes vegetais (alguns legumes, raízes e verduras verdes), ele não somente está na forma menos concentrada, mas sua biodisponibilidade do cálcio* pode estar reduzida pela presença de constituintes que formam sais insolúveis com o mineral, como a fibra**, o fitato e o oxalato. Importante destacar que a importância da vitamina D para uma adequada absorção intestinal de cálcio está destacada neste livro.

No entanto, um aspecto não tratado classicamente, relativo ao cálcio, é a influência de outros nutrientes, como a proteína e o sódio, sobre a excreção urinária desse mineral. As proteínas animais com altas concentrações de aminoácidos sulfurados podem aumentar a perda de cálcio pela urina ao torná-la mais ácida com a excreção de sulfato, diminuindo a reabsorção tubular renal do cálcio. Dessa maneira, indivíduos que consomem dietas com baixo teor de proteínas, sobretudo de origem animal, requerem menores ingestões de cálcio que aqueles com uma dieta com alto teor desse tipo de proteína.

FERRO

Alguns pesquisadores têm relatado dados que poderiam indicar um estado de deficiência de ferro em vegetarianos. A doutora Dwyer e colaboradores[84] observaram índices hematológicos sugestivos de deficiência leve de ferro em 25% das crianças pré-escolares vegetarianas (a maioria delas com dietas macrobióticas), apesar de ingestões normais de ferro. Os doutores Bindra e Gibson[85] também encontraram uma alta prevalência de deficiência de ferro, definido por parâmetros bioquímicos, em indivíduos vegetarianos com uma ingestão dietética

* Biodisponibilidade do cálcio: em alguns vegetais, o cálcio possui biodisponibilidade muito superior à do leite. No caso dos brócolis, ela é o dobro.

** Fibra: atualmente, sabe-se que a fibra sozinha não interfere na absorção de muitos nutrientes.

normal de ferro. Nos "novos veganos"[76], baixos depósitos de ferro medidos por ferritina sérica foram encontrados em 27% das mulheres e 10% tiveram valores menores de 10 µg /L. Baixos níveis de ferritina sérica também têm sido observados[86] em estudantes ovolactovegetarianos. Apesar dos dados desse estudo, no entanto, a prevalência de deficiência em ferro não tem diferença significativa entre onívoros e vegetarianos.

Aqui deveríamos recordar que a deficiência de ferro é uma das carências nutricionais mais comuns no mundo. Acredita-se que mais de 500 milhões de pessoas têm anemia por deficiência de ferro[87], parcialmente devido à absorção relativamente pobre do mineral através da alimentação. Além disso, pessoas de países em desenvolvimento têm uma perda substancial de seus depósitos de ferro causada por infecções parasitárias, além das gestações repetidas. As deficiências de ferro decorrem da absorção insuficiente ante as necessidades do corpo. Isso resulta de uma pobre absorção da dieta, como em situações de rápido crescimento ou de perda substancial de sangue. Portanto, os dados sugestivos de deficiência leve de ferro observados em alguns vegetarianos não podem ser atribuídos completamente à dieta, já que não levam em conta outras possíveis causas.

Resultados de outros estudos corroboram essa ideia, pois não encontraram nenhum problema no estado de ferro em vegetarianos[66,88,89,92].

Há nos alimentos dois tipos de ferro, o ligado a um grupo heme, encontrado em alimentos de origem animal, e o não ligado ao grupo heme, abundante em alimentos vegetais. Cerca de 40% do ferro presente nas carnes (incluindo as de frango e de peixe) é o heme (derivado da hemoglobina e da mioglobina), enquanto o restante é a forma não heme. O ferro nos produtos lácteos, ovos e todos os alimentos vegetais é o não heme[93]. Em geral, quase 85% de todo o ferro da dieta se encontra sob forma não heme e consiste em sais de ferro. Um dos fundamentos em que se baseiam os que dizem que os vegetarianos correm risco de apresentar deficiência de ferro é que a absorção intestinal de ferro heme é melhor (15% a 35%), em comparação à do ferro não heme (2% a 20%). Além de alguns componentes em alimentos vegetais – como os fitatos encontrados em cereais –, leguminosas, nozes e sementes podem se ligar ao ferro não heme e inibir sua absorção. No entanto, a maioria dos estudos sobre o estado de ferro em vegetarianos, como temos visto até então, não encontraram sinais de deficiência neles.

Qual será a explicação?

"A natureza é sábia" é uma frase comum que cabe aqui. Nosso organismo não se protege contra a perda de ferro, mas o conserva sempre que possível. O balanço de ferro é regulado precisamente através da quantidade de ferro absorvido. Abaixo das condições normais, a absorção de ferro é em torno de 10% a 15%, podendo variar amplamente desde 1% a 40%, de acordo com as necessidades[91]. A quantidade real de ferro absorvido é determinada pela quantidade de ferro na refeição, o estado de ferro do indivíduo e a composição dos alimentos ingeridos. Dessa maneira, teremos um mecanismo próprio regulador e "poupador" de ferro, que atua em casos de menor disponibilidade do mineral no intestino. Além disso, assim como há elementos que afetam adversamente a absorção de ferro, como os fitatos, há nutrientes que favorecem sua absorção. O ácido ascórbico (vitamina C) é um poderoso promotor da absorção de ferro não heme. Uma quantidade de 75 mg de ácido ascórbico aumenta a absorção de ferro não heme em três a quatro vezes[94,95]. O doutor Baynes[96] demonstrou que 75 mg de vitamina C têm o mesmo efeito sobre a absorção de ferro que três porções de carne. O efeito da vitamina C deve-se à sua capacidade de formar complexos solúveis com os íons férricos e à sua ação redutora sobre o ferro, que produz a forma ferrosa mais solúvel. O íon ferroso é mais bem absorvido que o íon férrico[97]. Além disso, outros componentes encontrados em frutas e verduras – como os ácidos cítrico, málico, tartárico e lático (este encontrado em chucrutes) – podem promover, substancialmente, a absorção de ferro[96,98].

Portanto, o indivíduo vegetariano, seja ele ovolacto, lacto ou vegetariano estrito, com uma dieta balanceada que proporcione quantidades adequadas de ferro (cereais, leguminosas, nozes e sementes) com frutas e verduras (ricas em vitamina C), pode conseguir ferro de alta biodisponibilidade. E, ainda que se tenha observado que alguns vegetarianos têm depósitos marginais de ferro, o risco de anemia por carência de ferro em sua dieta não é diferente do daqueles com dietas onívoras.

ZINCO E OUTROS MINERAIS-TRAÇOS

O problema com o zinco é que a dieta vegetariana está potencialmente limitada nesse mineral, já que os alimentos considerados como maiores fontes, carnes e mariscos*, estão excluídos desse tipo de dieta. E, como também acontece com o ferro, a presença de componentes como fibras e fitatos pode reduzir a biodisponibilidade desse mineral.

Uma das primeiras observações do risco de deficiência de zinco em vegetarianos foi feita em 1978 pelos doutores Harland e Peterson[99], que, estudando dezessete monges trapistas ovolactovegetarianos sadios, observaram que suas ingestões dietéticas de zinco estavam em torno de 49% dos requerimentos dietéticos recomendados (RDR), valores abaixo da categoria normal de zinco sérico. Essa não seria a única vez que, paradoxalmente, se observavam estados de boa saúde em vegetarianos com ingestões classificadas abaixo dos padrões RDRs estabelecidos pelas entidades oficiais. Nesse caso, teremos que reavaliar tais parâmetros novamente?

* Carnes e mariscos: apesar de a carne ser a maior fonte, isso não quer dizer que seja a única fonte adequada. Existem ótimas fontes de origem vegetal capazes de suprir a necessidade de zinco, como, por exemplo, o feijão.

Em outro estudo realizado pela equipe liderada pela doutora Jeanne Freeland-Graves[100], da Universidade do Texas, nos Estados Unidos, com 79 vegetarianos, foi observado que somente as mulheres vegetarianas estritas tinham baixos níveis dietéticos de zinco, o que estava associado à alta ingestão de frutas, saladas e verduras, alimentos pobres nesse mineral. No entanto, os homens, que consumiam mais leguminosas e grãos integrais, fontes de zinco[101], não apresentaram tal problema. Além disso, são boas fontes vegetais de zinco também diversas sementes e nozes, como demonstraram o doutor Allen e seus colaboradores[102]. Eles mediram o conteúdo de zinco e cobre de diversas sementes e nozes, encontrando altas concentrações desse metal. Devemos lembrar que o zinco se encontra praticamente em todas as células, mas está em maior abundância em determinados tecidos animais. Por outro lado, o conteúdo dos metais-traços (zinco, cobre, manganês e selênio) em geral é dependente de sua quantidade e disponibilidade no solo (selênio, por exemplo), o ambiente no qual crescem os alimentos, e das diferenças entre os métodos de preparo e processamento, assim como da influência de fertilizantes, inseticidas e fungicidas usados, além dos contêineres empregados para seu depósito e processamento[103].

O maior nível sanguíneo de zinco, no entanto, não necessariamente vai conceder vantagens para o indivíduo. Anedoticamente, nos dias em que pensava escrever essas linhas, foi divulgada uma notícia[104] sobre um estudo que seria publicado na revista científica *Science*, em que pesquisadores da Universidade de Washington realizaram um experimento em ratas, induzindo uma parada cardíaca através da injeção de uma substância bloqueadora de zinco, já que se suspeitava que tal mineral era liberado na parada cardíaca e era, em parte, responsável por danos irreversíveis ao cérebro. Os animais tratados com essa substância não sofreram dano cerebral, em oposição aos que não receberam a substância. Como vimos, ainda que o zinco seja fundamental para a vida, já que é componente da parte estrutural de muitas proteínas, seu excesso pode causar efeitos deletérios. O doutor Peter Cohn, chefe da Cardiologia do Hospital Universitário de Stony Brook, em Nova York, afirmou que "esses têm sido experimentos muito interessantes, que podem ter resultados importantes para os seres humanos".

Clinicamente, a carência de zinco em vegetarianos não tem sido comprovada na maioria dos estudos. Um desses estudos, que será abordado mais adiante, realizado pelo doutor Anderson e colaboradores[88], avaliando os estados de ferro e zinco em mulheres vegetarianas seguidoras da dieta por um período de vinte anos, constatou que o nível de hemoglobina, a saturação de transferrina sérica calculada, a média de zinco sérico e as concentrações de zinco estavam todos dentro da faixa de normalidade, indicando um estado adequado de ferro e zinco em vegetarianas de longa data. O doutor Levin e equipe[105] também relataram ingestões e níveis séricos de zinco normais tanto em ovolactovegetarianos como em onívoros. Os doutores Latta e Leibman[106], estudando 36 vegetarianos e dezoito onívoros, observaram que as concentrações médias dos níveis plasmáticos ou eritrocitários não diferiram entre ambos os grupos.

Como durante a gravidez há um aumento na demanda de zinco para o feto, houve grande interesse em saber se os bebês de mulheres vegetarianas mostravam sinais de efeitos prejudiciais, já que se havia observado que a privação materna de zinco causa retardo do crescimento intrauterino em animais de experimentação. O doutor King e seus colaboradores[107] relataram que os níveis de zinco na dieta, no cabelo e na urina não diferiram entre nove mulheres grávidas vegetarianas e seis onívoras também grávidas, objetos do estudo. O doutor Abu-Assal e sua equipe[108] também não encontraram diferenças no estado de zinco entre doze duplas de mulheres ovolactovegetarianas com onívoras, todas grávidas. A equipe liderada pelo doutor Abraham[109], bem como a do doutor Campbell-Brown[110], considerou os valores das ingestões dietéticas de três grupos de mulheres grávidas vegetarianas e onívoras - hindus, asiáticas e europeias - atendidas no Hospital Northwick Park, em Londres. Constataram que as vegetarianas tinham um menor conteúdo de zinco em suas dietas e que o peso médio dos recém-nascidos foi similar em ambos os grupos asiáticos. Essas observações foram reafirmadas por outro estudo realizado pela doutora Roberta Ward e seus colaboradores[111], que avaliaram índices de ingestão dietética e parâmetros bioquímicos em mulheres gujaratis vegetarianas e onívoras, todas gestantes com 28 semanas e vivendo em Gujarati, na Índia. Os resultados foram comparados com os de um grupo de mulheres gujaratis também gestantes, mas vivendo em Harrow, na Inglaterra. Observou-se que as ingestões dietéticas de energia, proteína e zinco foram significativamente menores no grupo de mulheres vegetarianas gujaratis vivendo na Índia, quando comparadas às suas equivalentes em Harrow; porém, o peso de seus bebês ao nascer foi similar e a concentração plasmática de zinco também foi similar em todos os grupos.

Outro dos riscos potenciais da dieta vegetariana, em relação ao zinco, é o alto conteúdo de fibras e fitatos, que podem diminuir a absorção de zinco pelo organismo. No entanto, evidências clínicas indicam um mecanismo adaptativo em vegetarianos. O doutor Kies e seus colaboradores[112] constataram que uma dieta vegetariana ou suplementos de fibra (celulose, hemicelulose ou pectina) produziram um balanço negativo do nutriente em questão em onívoros, mas não em vegetarianos. Freeland-Graves e sua equipe[113] apresentaram evidências adicionais ao realizar um experimento em que indivíduos onívoros tiveram sua dieta modificada abruptamente para uma dieta ovolactovegetariana durante 22 dias. Observou-se uma resposta ao teste de tolerância do zinco plasmático, sugerindo a adaptação a uma necessidade maior de zinco. Ao falar desse mecanismo adaptativo em vegetarianos e recordar os outros mecanismos tratados ao longo deste livro, alguém poderia perguntar se todas essas mudanças poderiam resultar em uma modificação ou transformação fisiológica neles. Pessoalmente, creio que sim.

A respeito de outros metais-traços na dieta, como o magnésio, o cobre e o selênio, os estudos existentes[100,114,115] com indivíduos vegetarianos não têm relatado problemas de deficiência, o que é explicado pela abundância desses minerais em alimentos de origem vegetal.

CONCLUSÕES

Depois de ter revisado os riscos potenciais a que estavam expostas as pessoas que seguem uma dieta vegetariana, está claro que uma dieta ovolactovegetariana, ou uma lactovegetariana* adequadamente equilibrada, é saudável do ponto de vista nutricional e inclusive apropriada para satisfazer as necessidades adicionais provocadas por estresse fisiológico durante etapas como o crescimento, a gravidez e a amamentação. No entanto, a aceitação dessa realidade pela maioria dos profissionais de saúde não tem se dado, talvez, em parte, devido ao desconhecimento de alguns novos estudos, a conceitos errôneos pré-formados durante a formação profissional - como, por exemplo, a insubstituibilidade do valor nutricional da proteína de carne - ou à confusão surgida ao relacionar formas de alimentação restrita, como a alimentação macrobiótica, que em alguns casos têm resultado em sérios problemas de saúde, principalmente em crianças. Causa-me estranheza a ampla discussão dada aos escassos relatos na literatura. Será por acaso que há interesses "ocultos" em evitar que a corrente vegetariana se dissemine?

* Aqui, a dieta vegetariana estrita não foi incluída pelo fato de necessitar de suplementação de vitamina B_{12}. Exceto por isso, essa dieta também é adequada.

REFERÊNCIAS BIBLIOGRÁFICAS

1. Chanarin I et al. Megaloblastic anaemia in a vegetarian Hindu community. Lancet. 1985;2 1168-72.
2. Young VR et al. Plant proteins in relation to human protein and amino acid nutrition. Am J Clin Nutr. 1994;59(supl):1203S-12S.
3. Young VR et al. Evaluation of the protein quality of an isolated soy protein in young men: relative nitrogen requirements and effect of methionine supplementation. Am J Clin Nutr. 1984;39:16-24.
4. Young VR et al. A long-term metabolic balance study in young men to asses the nutritional quality of an isolated soy protein and beef proteins. Am J Clin Nutr. 1984;39:8-15.
5. Erdman JW et al. Soy products and the human diet. Am J Clin Nutr. 1989;49:725-37.
6. Torun B. Soybeans and soy products in the feeding of children. J Am Oil Chem Soc. 1981;58:460-4.
7. Beer WH et al. A long-term metabolic study to asses the nutritional value and immunological tolerance to soy protein concentrates in adult humans. Am J Clin Nutr. 1989;50:997-1007.
8. Sanders TA et al. Vegetarian diets and children. Am J Clin Nutr. 1994;59(Suppl):ll76S-81S.
9. Sanders TA et al. An anthropometric and dietary assesment of the nutritional status of vegan preschool children. J Hum Nutr. 1981;35:349-57.
10. Dwyer JT et al. Grothw in «new» vegetarian preschool children using the Jenss-Bayley curve fitting technique. Am J Clin Nutr. 1983;37:815-27.
11. Dwyer JT et al. Size, obesity and leanness in vegetarian preschool children. J Am Diet Assoc. 1980;77:434-7.
12. Dwyer JT et al. Preschoolers on alternate life-style diets. J Am Diet Assoc. 1978;264-70.
13. Shull MW et al. Velocities of growth in vegetarian preschool children. Pediatrics. 1977:60:410-7.
14. Hernández EM. Composición química y valor nutritivo de alimentos nativos andinos. Arch Latinoam Nutr. 1987;37 (4):719-22.
15. Finley DA et al. Breast milk composition: fat content and fatty acid composition in vegetarians and nonvegetarians. Am J Clin Nutr. 1985;41:88-800.

16. Hergenrather J et al. Pollutants in breast milk of vegetarians. N Eng J Med. 1981;309-792.

17. Zmora E et al. Multiple nutritional deficiencies in infants from astrict vegetarian community. Am J Dis Child. 1979;133:141-4.

18. Shinwell DE et al. Totally vegetarian diets and infant nutrition. Pediatrics. 1982;70:582-6.

19. Laba, MV et al. Dieta vegetariana estricta, malnutrición, inmunodeficiencia e infección. An Esp Pediat. 1984:20:69-71.

20. Bíblia Sagrada. Evangelho Segundo São Mateus: cap. 4, vers. 2.

21. American Medical Association. Council on Foods and Nutrition. Zen macrobiotic diets. J Am Med Assoc. 1971;218:397.

22. American Academy of Pediatrics. Committee on Nutrition. Nutritional aspects of vegetarianism, health foods and fat diets. Pediatrics. 1977;59:460-4.

23. Robson JRK et al. Zen macrobiotic dietary problems in infancy. Pediatrics. 1974;53:326-8.

24. Roberts IF et al. Malnutrition in infants receiving cult diets: a form of child abuse. Br Med J. 1979;1:296-8.

25. Salmon P et al. Hypocalcaemia in a mother and rickets in an infant associated with a zen macrobiotic diet. Ir J Med Sci. 1981;150:192-3.

26. Lampkin BC et al. Nutritional vitamin B-12 deficiency in an infant. J Pediat. 1969;75:1053-5.

27. Higginbottom MC et al. A syndrome of methylmalonic aciduria, homocystinuria, megaloblastic anemia and neurological anormalities in a vitamin B-12 deficient breast-fed infant of a trict vegetarian. N Eng J Med. 1978;299:317-23.

28. Frader J et al. Vitamnin B-12 deficiency in strict vegetarians. N Eng J Med. 1978;299:1319.

29. Lacroix J et al. Complications of a vegetarian diet in a breast-fed infant. Arch Fr Pediatr. 1981;38:233-8 .

30. Sklar R. Nutritional vitamin B-12 deficiency in a breast-fed infant of a vegan-diet mother. Clin Pediatr. 1986;25:219-21.

31. Sadowitz PD et al. Developmental regression as an early manifestation of vitamin B-12 deficiency. Clin Pediatr. 1986;25:369-71.

32. Stollhoff K et al. Vitamin B-12 and brain development. Eur J Pediatr 1987;146:201-5.

33. Hellebostad M et al. Vitamin B-12 deficiency rickets and vitamin B-12 deficiency in vegetarian children. Acta Paediatr Scand. 1985;74:191-5.

34. Dagnelie PC et al. Macrobiotic nutrition and child health: results of a population-based, mixed-longitudinal cohort study in the Netherlands. Am J Clin Nutr. 1994;59 (supl):1187S-96S.

35. Van Staveren WA et al. Food consumption and height/weight status of Dutch preschool children on alternative diets. J Am Diet Assoc. 1985;85:1579-84.

36. De Graaf T et al. The composition of cereal-water porridges, as gien to macrobiotically fed infants. Voeding. 1987;48:331-5.

37. Van Staveren WA et al. Food consumption, growth, and development of Dutch children fed on alternative diets. Am J Clin Nutr. 1988;48:819-21.

38. Van der Berg H et al. Vitamin B-12 deficiency and seaweed. Lancet. 1988;1:242-3.

39. Dagnelie PC et al. Do children on macrobiotic diets show catch-up growth? A population-based cross-sectional study in children aged 0-8 years. Eur J Clin Nutr. 1988;42:1007-16.

40. Dagnelie PC et al. Nutritional status of infants on macrobiotics diets aged 4 to 18 months and matched omnivorous control infants: a population-based mixed longitudinal study. I . Weaning pattern, energy and nutrient intake. Eur J Clin Nutr. 1989;43:311-23.

41. Dagnelie PC et al. Nutritional status of infants on macrobiotics diets aged 4 to 18 months and matched omnivorous control infants: a population-based mixed longitudinal study. II. Growth and psychomotor development Eur J Clin Nutr 1989;43:325-38.

42. Dagnelie PC et al. Increased risk of vitamin B-12 and iron deficiency in infants on macrobiotic diets. Am J Clin Nutr. 1989;50:818-24.

43. Dagnelie PC et al. High prevalence of rickets in infants on macrobiotic diets. Am J Clin Nutr. 1990;51:202-8.

44. Dagnelie PC et al. Nutritional intervention and follow-up study of children aged 1-2 years on macrobiotic diets. Ned Tijdschr Geneeskd. 1990;134:341-5.

45. Dagnelie PC et al. Macrobiotic child nutrition. Ernahrungs-Umschau. 1990;37:194-201.

46. Dagnelie PC et al. Vitamin B-12 in seaweed appears not to be bioavailable. Am J Clin Nutr. 1991;53:695-7.

47. Dagnelie PC et al. Stunting and nutrient deficiencies in children on alternative diets. Acta Paediatr Scand (supl). 1991;374:111-8.

48. Herens MC et al. Nutrition and mental development of 4-5 year-old children on macrobiotic diets. J Human Nutr Diet. 1992;5:1-9.

49. Smeets FW et al. Implementation of nutrition recommendations by macrobiotic families in the Netherlands and growth of macrobiotic children until 9 years of age. Tijdschr Soc Gezondheitsz. 1992;70:227-33.

50. Dwyer JT et al. Risk of nutritional rickets among vegetarian children. Am J Dis Child. 1979;133:134-40.

51. Curtis JA et al. Nutritional rickets in vegetarian children. Can Med Assoc J. 1983;128:150-2.

52. Mc lean WC et al. Vegetarianism in children. Am J Dis Child. 1980;13:5:513-19.

53. Brown PT et al. The dietary status of «new» vegetarians. J Am Diet Assoc. 1975;67:455-9.

54. Fulton JR et al. Preschool vegetarian children. J Am Diet Assoc. 1980;76:360-5.

55. Vyhmeister IB et al. Safe vegetarian diets for children. Pediatr Clin North Am. 1977;24:203-10.

56. Tayter MS et al. Anthropometric and dietary assesment of omnivore and lacto-ovo vegetarian children. J Am Diet Assoc. 1989;89:1661-3.

57. Sabate J et al. Attained height of lacto-ovo vegetarian children and adolescents. Eur J Clin Nutr. 1991;45:51-8.

58. Specker BL et al. Effect of vegetarian diet on serum 1,25 dihydroxyvitamin D concentrations during lactation. Obstet Gynecol. 1987;70:870-4.

59. Hebert V. Staging vitamin B-12 (cobalamin) status in vegetarians. Am J Clin Nutr. 1994;59(supl):1213S-22S.

60. Armstrong BK et al. Hematological, vitamin B-12 and folate studies on Seventh-day Adventist vegetarians. Am J Clin Nutr. 1974;27:712-8.

61. Jathar VS et al. Vitamin B-12 and vegetarianism in India. Acta Haemat. 1975;53:90-97.

62. Satoskar RS et al. Serum proteins, cholesterol, vitamin B-12 and folic acid levels in lactovegetarians and nonvegetarians. Ind J med res. 1961;49:887-96.

63. Metha BM et al. Serum vitamin B-12 and folic acid in lactovegetarian and nonvegetarian healthy adult AB et al. Erythrocyte vitamin B-12 activity in healthy Indian lactovegetarians. Br J Haematol. 1976;32 (3):395-401.

64. Inamdar AB et al. Erythrocyte vitamin B-12 activity in helthy Indian lactovegetarians. Br J Hematolol. 1976;329 (3):395-401.

65. Sanders TA et al. Haematological studies on vegans. Br J Nutr. 1978;40(1):9-15.

66. Hardinge MG, Stare F. Nutritional studies of vegetarians, nutritional, physical and laboratory findings. Am J Clin Nutr. 1954;2:73-82.

67. Ellis FR et al. Veganism, clinical findings and investigations. Am J Clin Nutr. 1970;23:249-55.

68. Herbert V. Recommended dietary intakes (RDI) of vitamin B-12 in humans. Am J Clin Nutr. 1987;45:671-8.

69. Callender ST et al. Latent poernicious anemia. Br J Haematol. 1962;8:230-40.

70. Halsted JA et al. Serum and tissue concentrations of vitamin B-12 in certain pathologic states. N Eng J Med. 1959;260:575-80.

71. Herbert V et al. Are colon bacteria a major source of cobalamin analogues in human tissues? 24-hour human stool contains only about 5 µg of cobalamin but about 100 µg of apparent analoue (and 200 µg of folate). Trans Assoc Am Phys. 1984;97:161-71.

72. Herbert V. The 1986 Herman Award Lecture. Nutrition science as a continually unfolding story: the folate and vitamin B-12 paradign. Am J Clin Nutr. 1987;46:387-402.

73. Specker BL et al. Increased urinary methylmalonic acid excretion in breast fed infants of vegetarian mothers and identification of an acceptable dietary source of vitamin B-12. Am J Clin Nutr. 1988;47:89-92.

74. Carmel R. Nutritional vitamin B-12 deficiency. Possible contributory role of subtle vitamin B-12 malabsorption. Ann Intern Med. 1978;88:647-9.

75. Steinbock H. The conduction of growth promoting and calcifying properties in a ration by exposure to light. Science. 1924;60:224-5.

76. Helma AD et al. Vitamin and iron status in new vegetarians. Am J Clin Nutr. 1987;45:785-9.

77. Rider AA et al. Diet, nutrition intake and metabolism in populations at high risk and low risk for colon cancer. Selected biochemical parameters in blood and urine. Am J Clin Nutr. 1984;40:917-20.

78. Millet P et al. Nutrient intake and vitamin status of healthy French and nonvegetarians. Am J Clin Nutr. 1989;50:718-27.

79. Pronzuczuk A et al. Vegetarians have higher plasma alpha-tocopherol relative to cholesterol than do nonvegetarians. J Am Coll Nutr. 1992;11:50-5.

80. Krajcovicova KM et al. Lipid and pro-oxidative and antioxidative parameters in the blood of vegetarians. Bratisl Lek Listy. 1994;95:344-8.

81. Harland BF et al. Nutritional status of lacto-ovo vegetarians Trappist monks. J Am Diet Assoc. 1978;72:259-64.

82. Bull NL et al. Food and nutrient intakes of vegetarians in Britain. Hum Nutr Appl Nutr. 1984;38 A:288-93.

83. Nakwe N et al. Calcium and phosphorus nutritional status of lacto-ovo vegetarian and omnivore students consuming meals in a lacto-ovo vegetarian food service. Nutr Rep Int. 1984;29:365-9.

84. Dwyer JT et al. Nutritional status of vegetarian children. Am J Clin Nutr. 1982;35:204-16.

85. Bindra GS et al. Iron status of predominantly lacto-ovo vegetarian East Indian immigrants to Canada: a model approach. Am J Clin Nutr. 1986;44:643-52.

86. Mc Endree S et al. Iron intake and iron nutritional status of lacto-ovo vegetarians and omnivore students eating in a lacto-ovo vegetarian food service. Nutr Rep Int. 1983;27:199-206.

87. De Maeyer EM et al. The prevalence of anemia in the world. World Health Stat Q. 1985;38:302-16.

88. Anderson BM et al. The iron and zinc status of long-term vegetarians women. Am J Clin Nutr. 1981;34:1042-8.

89. Latta D et al. Iron and zinc status of vegetarian and nonvegetarian males. Nutr Rep Int. 1984;30:141-9.

90. Rauma AL et al. Vitamin B-12 status of long-term adherents of a strict uncooked vegan diet ("Living Food Diet") is compromised. J Nutr. 1995;125:2511-15.

91. Charlton RW et al. Iron absorption. Annu Rev Med. 1983;34:55-68.

92. Brune M et al. Iron absorption: no intestinal adaptation to a high-phytate diet.Am J Clin Nutr. 1989;49:542-5.

93. Craig JC. Iron status of vegetarians. Am J Clin Nutr. 1994;59(Suppl):1233-7.

94. Monsen ER. Iron nutrition and absorption: dietary factors which impact iron bioavailability. J Am Diet Assoc1988:88:786-90.

95. Cook J et al. Vitamin C, the common cold and iron absorption in man. Am J Clin Nutr. 1977;30:235-41.

96. Baynes RD et al. Iron deficiency. Annu Rev Nutr. 1990;10:133-48.

97. Hallberg L. Bioavailability of dietary iron in man. Annu Rev Nutr. 1981;1:123-47.

98. Ballot D et al. The effects of fruit juices and fruits: on the absorption of iron from a rice meal. Br J Nutr. 1987:57:331-43.

99. Harland BF et al. Nutritional status of lacto-ovo vegetarian Trappist monks. J Am Diet Assoc. 1978;72:259-64.

100. Freeland-Graves J. et al. Zinc status of vegetarians. J Am Diet Assoc. 1980;77:655-61.

101. Freland-Graves J et al. Zinc and copper content of foods used in vegetarian diets. J Am Diet Assoc. 1980;77:648-54.

102. Allen K et al. The zinc and copper content of seeds and nuts. Nutr Rep Int. 1977;16:227-30.

103. Gibson RS. Content and bioavailability of trace elements in vegetarian diets. Am J Clin Nutr. 1994;59(supl):1223S-32S.

104. Jornal El Comercio, Lima. 1996, mayo 25.

105. Levin N et al. Mineral intake and blood levels in vegetarians. Isr J Med Sci. 1986;22:105-8.

106. Latta D et al. Iron and zinc status of vegetarian and nonvegetarian males. Nutr Rep Int. 1984;30:141-9.

107. King JC et al. Effect of vegetarianism on the zinc status of pregnant women. Am J Clin Nutr. 1981;34:141-9.

108. Abu-Assal MJ et al. The zinc status of pregnant vegetarian women. Nutr Rep Int. 1984;29:485-94.

109. Abraham R et al. Diet during pregnancy in an Asian Community in Britain-energy, protein, trace metals, fibre and minerals. Hum Nutr Appl Nutr. 1985;39A:23-35.

110. Campbell-Brown M et al. Zinc and copper in Asian pregnancies – is there evidence for a nutritional deficiency? Br J Obstet Gynaecol. 1985;92: 875-85.

111. Ward RJ et al. Assesment of trace metal intake and status in a Gujerati pregnant Asian population and their influence on the outcome of pregnancy. Br J Obstet Gynaecol. 1988;95:676-82.

112. Freeland-Graves J. Mineral adequacy of vegetarian diets. Am J Clin Nutr. 1988;48:859-62.

113. Freeland-Graves J et al. Alterations in zinc absorption and salivary sediment zinc after a lacto-ovo vegetarian diet. Am J Clin Nutrr. 1980;33:1757-66.

114. Gibson RS et al. The trace metal status of a group of post-menopausal vegetarians. J Am Diet Assoc. 1983;82:146-50.

115. Schultz TD et al. Selenium status of vegetarians, nonvegetarians, and hormone-dependent cancer subjects. Am J Clin Nutr. 1983;37:114-8.

116. Oomen HA. Interrelation ship of the human intestinal flora and protein utilization. Proc Nutr Soc. 1970 28:197-206.

117. Rauma AL et al. Antioxidant status in long term adherents to a strict uncooked vegan diet. Am J Clin Nutr. 1995;62:1221-7.

118. Noren K. Levels of organochlorine contaminants in human milk in relation to the dietary habits of the mothers. Acta Paediatr Scan. 1983;72 (6):811-6.

DOENÇAS DIGESTIVAS

Aspectos etiológicos de diversas doenças do trato digestivo, para não dizer de todas, estão intimamente relacionados com os hábitos alimentares, talvez devido à interação direta entre os alimentos e os tecidos e órgãos que os processam. Adiante revisaremos patologias sobre as quais já se acumularam muitas evidências em relação ao papel da dieta.

DOENÇA DIVERTICULAR DO CÓLON (DIVERTICULOSE)

A doença diverticular do cólon é um dos problemas mais comuns entre pessoas da terceira idade nas sociedades ocidentais. Somente na América do Norte, ela afeta um terço das pessoas com mais de 45 anos e dois terços das pessoas com mais de 85 anos[1], sendo responsável por mais de 200.000 hospitalizações anuais nos Estados Unidos. Na maioria dos casos, é assintomática: apenas entre 10% e 25% dos indivíduos afetados apresentam sintomas.

EVIDÊNCIA EPIDEMIOLÓGICA E CLÍNICA

Os divertículos do cólon foram descritos no século XIX e permaneceram uma patologia praticamente desconhecida pelos médicos até 1900. No entanto, a diverticulose apareceu na década seguinte como problema cirúrgico e em 1917 todas as suas complicações já podiam ser descritas. Em 1920, era comum no Reino Unido e em 1930 foi observado que afetava 5% da população com mais de 40 anos[2].

A dramática aparição da diverticulose e o rápido aumento da sua incidência ocorreram somente nos países industrializados. Atualmente, ainda é praticamente desconhecida em zonas rurais da África, Ásia e América do Sul.

No Hospital de Baragwanath, em Johannesburgo, nenhum caso foi observado em 2.367 autópsias e 600 radiografias do trato gastrointestinal realizadas entre 1954 e 1956. Em Uganda, apenas dois casos foram encontrados em mais de 4.000 autópsias realizadas em um período de quinze anos[2].

Paralelamente a essa tendência histórica, no século XIX, a maior mudança em nossa dieta foi a redução de 50% a 90% do consumo de fibras de cereais em relação ao que se consumia anteriormente, e isso ocorreu subitamente, devido aos avanços científico e industrial que também permitiram maior importação de carne por esses países[2].

Na década de 1970, alguns pesquisadores realizaram estudos clínicos a respeito da diverticulose. Equipe da Universidade de Oxford chefiada pelo doutor Gear[3], avaliando a prevalência da doença diverticular do cólon assintomática em indivíduos vegetarianos e onívoros, descobriu que os primeiros tinham uma ingestão média de fibras de 41,5 g/dia, enquanto os segundos, 21,4 g/dia. Além disso, a doença foi mais encontrada em onívoros (33%) do que em vegetarianos (12%).

A equipe do doutor Manousos, do Hospital de Atenas, em estudo com cem pacientes e 110 indivíduos controles*, descobriu que os pacientes reportaram um consumo de verduras, frutas e pão integral significativamente menor e um consumo de carnes e produtos lácteos maior do que os indivíduos controles. A diferença no risco entre esses grupos foi de quase cinquenta vezes[4].

No Japão, o doutor Nagahashi e seus colaboradores, da Universidade de Tóquio, compararam os hábitos alimentares entre 51 pacientes e 64 indivíduos controles e encontraram uma ingestão de fibra significativamente menor nos pacientes[5].

A mesma tendência foi descoberta pelos doutores Brodribb e Humphreys, do Hospital Berkshire, em Oxford[6], comparando quarenta pacientes com oitenta indivíduos controles. Além disso, nesse estudo, as incidências de hemorroidas, hérnias hiatais e cálculos biliares foram significativamente maiores no grupo de pacientes.

A equipe do doutor Aldoori, do Hospital Brigham, em Boston, analisou prospectivamente 47.888 homens durante quatro anos de monitoramento, documentando 385 casos sintomáticos de doença diverticular, e descobriu que a ingestão de fibra total proveniente principalmente de frutas e verduras foi associada inversamente com o risco de doença diverticular; já o consumo de carne foi associado positivamente[1].

---

* Indivíduos controles: grupo de pessoas que não sofre intervenções a fim de se comparar os resultados finais do estudo epidemiológico com o grupo que recebeu o tratamento teste.

O valor terapêutico de uma alta ingestão de fibras também tem sido demonstrado. Brodribb[7], em um estudo experimental e duplamente cego* com dezoito pacientes, obteve maior alívio sintomático em pacientes tratados com uma dieta rica em fibras.

MECANISMO

Os divertículos são hérnias e podem ser causados por fraqueza da parede do cólon, pressão intracolônica elevada ou uma combinação de ambas. A estrutura do cólon não pode ser responsável pela doença, já que é comum a todos os pacientes e a todas as raças.

Uma dieta vegetariana caracterizada por um alto conteúdo de fibras gera grandes e suaves deposições, as quais requerem pouca pressão para sua propulsão. Assim, o cólon sigmoide realiza pouco esforço. O cólon de um indivíduo com grande volume fecal possui grande diâmetro e realiza menos contrações que um cólon mais estreito de um indivíduo com uma dieta pobre em fibras; dessa forma, indivíduos que consomem mais fibras têm menor tendência a desenvolver diverticulose.

Alguns estudiosos, como o doutor Heaton, concordam que, com o consumo de carne vermelha, algumas bactérias intestinais podem produzir um metabólito** tóxico ou um espasmógeno*** que debilita a parede do cólon e favorece a formação de divertículos[8].

CONSTIPAÇÃO

EVIDÊNCIA

Na maioria dos países ocidentais, as populações podem ser consideradas constipadas, de acordo com padrões mundiais. Enquanto a média de deposições diárias em populações da América do Norte e Europa ocidental é somente de 80 a 120 gramas por dia com tempo médio de trânsito da boca até o ânus de 72 horas, em populações de países subdesenvolvidos a média de deposições sobe para 300 a 500 gramas por dia[9], com tempo médio de trânsito de 36 horas.

* Estudo experimental e duplamente cego: procedimento adotado em estudos epidemiológicos e que consiste em manter o corpo clínico responsável e os pacientes desinformados sobre o que foi administrado (se placebo ou medicamento). Dessa forma, a expectativa dos pesquisadores sobre o resultado não influi sobre os resultados dos exames.

** Metabólito: intermediário químico nas reações catalisadas por enzimas do metabolismo.

*** Espasmógeno: aquele que provoca espasmos (contração involuntária dos músculos).

A consistência das fezes parece estar relacionada à quantidade que passa pelos intestinos: deposições com grande volume são mais brandas que as com pequeno volume.

Diversos estudos demonstraram que o peso das deposições está diretamente relacionado ao consumo de fibras, particularmente às de cereais. Foi demonstrado que vegetarianos têm deposições mais volumosas e mais suaves, assim como uma maior frequência de evacuação, por isso sofrem menos de constipação.

MECANISMO

Há muitas evidências de que a fibra alimentar é o principal fator responsável pelo aumento do volume fecal, e quanto maior esse aumento, menor a constipação.

A forma física e o tipo de fibra são importantes preditores das características do aumento do volume fecal. As fibras insolúveis, como celulose, lignina e algumas hemiceluloses, têm grandes efeitos sobre o volume fecal e também sobre o tempo de trânsito intestinal, mas pouco impacto sobre o metabolismo intermediário de nutrientes. Dessa maneira, alimentos com alto teor de fibras insolúveis, como o farelo de trigo, aumentam tremendamente o volume fecal.

Já as fibras solúveis, como pectina, hemicelulose e polissacarídeos de depósito, têm relativamente pouco efeito sobre o volume fecal, tempo de trânsito e absorção intestinal, mas grandes efeitos sobre o metabolismo intermediário; essas propriedades são importantes na prevenção de outras doenças crônicas, como veremos mais adiante.

Diferenças na atividade da microbiota fecal de vegetarianos e onívoros podem também modificar o volume fecal através da produção de hidrogênio, metano e outros gases que aumentam o efeito de expansão do volume. Isso diminui o tempo de trânsito intestinal e a pressão intracolônica e produz deposições mais suaves.

SÍNDROME DO CÓLON IRRITÁVEL

A etiologia da síndrome do cólon irritável ainda não está claramente definida, mas evidências atuais associam os sintomas à motilidade intestinal alterada e hiperatividade de estímulos endógenos e exógenos.

Evidências epidemiológicas sugerem que a baixa ingestão de fibras pode predispor o intestino a alterações motoras do cólon, incluindo essa síndrome.

Estudos em animais confirmaram que dietas pobres em fibras estão associadas a uma alteração reversível de resposta motora intestinal. Uma tendência à normalização do padrão de motilidade do cólon foi demonstrada por Cook e seus colaboradores[10], na Austrália, e Dubinin e sua equipe[11], em Moscou, em pacientes com síndrome do cólon irritável que receberam suplementos de fibra.

APENDICITE AGUDA

EVIDÊNCIA

Evidências indicam que a apendicite aguda era universalmente rara antes da adoção dos padrões de vida ocidentais. O famoso doutor Burkitt, que trabalhou por muitos anos na África, reportou uma série de dados a respeito[12]. De 25 hospitais analisados na África ocidental, nenhum apresentou mais de três casos anuais, sendo que dez hospitais não tiveram mais de um caso anual. Nos hospitais de Kwazullu-Natal, na África do Sul, houve aproximadamente um caso a cada 1.000 atendimentos. Fronville, em 1935, não encontrou nenhum caso em 2.500 autópsias realizadas em africanos na província de Katanga. West, em 1969, encontrou três casos em mais de 30.000 atendimentos num período de nove anos num hospital da Nigéria. McCarrison, em 1922, não encontrou casos em nove anos como médico no Himalaia.

De maneira semelhante à doença diverticular do cólon, a apendicite aguda tem um caráter histórico de aparição no século XIX. Os doutores Short, em 1969, e posteriormente Cleave observaram que uma das principais mudanças alimentares no mundo ocidental que coincidiu com o aumento de apendicite foi a remoção das fibras de grãos e, em particular, a popularização do pão branco e do açúcar refinado. Em 1939, Eramus já havia desaprovado a adição de carne e farinha branca à dieta, depois de observar 38 pacientes desenvolverem apendicite aguda, em Johannesburgo; eles consumiam alimentos no padrão ocidental. No Congo, Jansen, em 1965, prestou atenção aos empregados, trabalhadores domésticos e outros africanos parcialmente ocidentalizados que tiveram apendicite. A raridade da apendicite na Romênia rural antes da Primeira Guerra Mundial, em contraste com sua alta incidência nas cidades, foi explicada pelo fato de que os camponeses romenos sobreviveram com uma dieta quase vegetariana, enquanto que nas cidades a dieta comum incluía muitos alimentos de origem animal. Médicos alemães reportaram que somente 0,3% das operações cirúrgicas em turcos foram de apendicite, enquanto em alemães foram 3,3%. Os turcos consumiam uma dieta de frutas e vegetais, enquanto os alemães, uma dieta mista com alta proporção de carne[12].

O doutor Arnbjornsson[13], da Universidade de Lund, Suécia, avaliando o papel das fibras na apendicite aguda, analisou 31 pacientes e trinta controles e constatou que os pacientes tinham uma ingestão de fibras significativamente menor.

A equipe liderada pelo doutor Brender, da Universidade de Washington[14], avaliando o mesmo aspecto em 135 crianças, descobriu que aquelas que consumiram mais fibras em suas dietas apresentaram menor risco de apendicite. O doutor Barker e sua equipe[15], da Universidade de Southampton, investigaram a frequência de apendicite e sua relação com a dieta em 59 áreas da Inglaterra e do País de Gales e encontraram uma correlação invertida com o consumo de verduras.

MECANISMO

Como mencionado anteriormente, uma dieta pobre em fibras não só aumenta o tempo de trânsito intestinal como também resulta em fezes mais duras e firmes, com volume diminuído, o que gera elevada pressão intraluminal e conteúdo bacteriano alterado. Muitos pesquisadores consideraram que essas pressões aumentadas desempenham um papel decisivo na patogênese da apendicite aguda.

Em 1904, o doutor Van Zavalenburg demonstrou como as pressões intraluminais aumentadas interferiam na circulação da mucosa intestinal, resultando em uma viabilidade alterada. Também documentou que a invasão bacteriana subsequente iniciou um processo inflamatório, e considerou que na apendicite aguda as fezes, frequentemente encontradas obstruindo o lúmen, exercem pressões por ação semelhante a uma válvula, com resultante necrose da mucosa. Por outro lado, a alteração da microbiota pelas fibras pode contribuir para a influência do componente infeccioso da apendicite aguda, mas ainda não há evidências específicas sobre esse ponto.

Assim, uma dieta vegetariana caracterizada por uma alta ingestão de fibras teria um efeito protetor contra a apendicite aguda.

HÉRNIA HIATAL

Essa doença também é um dos problemas do trato gastrointestinal com maior prevalência em países desenvolvidos. Geralmente, é assintomática, mas não é rara sua associação ao **refluxo gastroesofágico**, uma causa comum de problemas gastrointestinais.

EVIDÊNCIA

Nos países subdesenvolvidos, a hérnia hiatal é quase desconhecida em comunidades com poucas mudanças em seu estilo de vida tradicional. Curiosamente, o doutor Jais não encontrou nenhum caso de hérnia hiatal ou estenose esofágica devido ao refluxo gastroesofágico durante sete anos como o único cirurgião torácico em Uganda, na África. Em 1973, o doutor Burkitt também observou a raridade dessa condição em populações nativas de países em desenvolvimento[16].

MECANISMO

Como mencionado anteriormente, a dieta de um onívoro, caracterizada por um baixo teor de fibras, aumenta o tempo de trânsito intestinal e reduz o peso das fezes, levando a uma maior pressão intraluminal e exigindo mais esforço para defecar, uma atividade que provavelmente aumenta também a pressão intra-abdominal. Essas pressões frequentemente excedem os 200 mmHg e, ao contrário da pressão causada pela tosse da coqueluche, podem ser mantidas por vários segundos. Acredita-se que essas pressões, quando aumentadas continuamente, podem ser uma das principais causas de hérnia hiatal[9].

HEMORROIDAS

EVIDÊNCIA

Hemorroidas são raras em toda a África rural e quase desconhecidas em comunidades primitivas. Em 1964, Dodd registrou somente um caso no Hospital Memorial Charles Johnson durante um período de três anos, no qual mais de 11.000 pacientes foram observados. Até 1960, Trowell encontrou apenas dois casos de hemorroidas durante trinta anos na África ocidental, sendo um deles o de um príncipe que tinha uma dieta semelhante à europeia. Nigerianos expostos a influências ocidentais por muito mais tempo que populações da África oriental e central tiveram uma incidência significativamente maior de hemorroidas[17].

O doutor Jensen, do Departamento de Gastroenterologia Cirúrgica da Universidade de Copenhague, na Dinamarca, realizou um estudo prospectivo caso-controle de fissuras anais crônicas em 174 pacientes e 174 controles e constatou que o risco diminuía significativamente com o consumo frequente de frutas e verduras cruas e pão integral; o risco aumentava com o consumo frequente de pão branco, toicinho e salsichas[18].

O doutor Moesgaard e equipe de colaboradores do Hospital Frederiksberg, em Copenhague, demonstraram a eficácia de uma dieta rica em fibras no tratamento sintomático de hemorroidas em 51 pacientes; o sangramento e a dor durante a defecação foram reduzidos significativamente durante seis semanas de tratamento e esse efeito pôde ainda ser observado três meses depois[19].

Na Holanda, a equipe do doutor Van den Brandt-Gradel, da Universidade de Amsterdam, tratou 21 pacientes de úlcera retal solitária com uma dieta rica em fibras; quinze obtiveram desaparecimento dos sintomas e a cura completa das úlceras num prazo de dez meses[20].

MECANISMO

Como sustenta o doutor Burkitt[9], acreditava-se anteriormente que as hemorroidas eram varicosidades das veias do canal anal, semelhantes às veias nas pernas e no esôfago, secundárias à hipertensão portal. Mas Thompson, examinando os vasos sanguíneos em autópsias, demonstrou que as estruturas descritas como hemorroidas estavam bem desenvolvidas em todos os casos, incluindo crianças. Ele concluiu que nascemos com três coxins vasculares, os quais são localizados dentro do esfíncter anal, para realizar um fechamento seguro. Portanto, hemorroidas podem ser consideradas ubíquas, mas suas complicações são comuns nos países ocidentais e raras em países subdesenvolvidos.

Segundo o doutor Burkitt, a causa fundamental parece ser a passagem de pequenas fezes duras. Não só o esforço pode resultar no entupimento de coxins vasculares, mas a passagem de fezes duras através do canal anal pode causar sangramento por escoriação da mucosa subjacente ou prolapso dos coxins, com uma quebra de sua união ao esfíncter circundante.

A fibra alimentar, através de seus efeitos sobre a consistência das fezes, preveniria as complicações de hemorroidas e seria a base do tratamento para elas, incluindo úlceras retais e fissuras anais.

ÚLCERA PÉPTICA

EVIDÊNCIA

O doutor Rydning e sua equipe, do Hospital Lovisenberg, em Oslo, na Noruega, realizaram um estudo no qual 73 pacientes com úlcera duodenal recentemente curada foram divididos em dois grupos, sendo um submetido a uma dieta rica e outro a uma dieta pobre em fibras, por um período de seis meses. Durante esse tempo, houve recorrência em 28 (80%) dos 35 pacientes com dieta pobre em fibras, e em dezessete (45%) dos 38 pacientes com dieta rica em fibras, concluindo que a dieta rica em fibras, como é geralmente a vegetariana, tem um efeito protetor contra a úlcera duodenal[21].

A existência de componentes antiulcerogênicos em alimentos vegetais foi proposta pelo doutor Goel e seus colaboradores, da Universidade Hindu de Benares, depois de demonstrarem o efeito antiulcerogênico da banana[22]. Estudos em animais fornecem provas adicionais. O doutor Tandon e sua equipe[23] demonstraram que cães alimentados com uma dieta onívora mostraram um aumento na atividade de secreção gástrica quando comparados a cães que receberam uma dieta vegetariana.

Dado que a soja é uma fonte nutritiva de proteína, e também é muito utilizada, a doutora McArthur e seu grupo de pesquisa[24], do Centro Médico da Universidade do Texas, estudaram os efeitos da proteína vegetal (soja) e da proteína animal (carne) sobre a secreção de ácido gástrico e a concentração sérica de hormônio gastrina em humanos. Descobriram que a secreção de ácido foi trinta a quarenta vezes menor e que o aumento dos níveis de gastrina foi de 65% a 75% menor com a proteína vegetal.

MECANISMOS

Reconhecemos dois tipos de efeitos da dieta sobre essa patologia: um protetor e um agressivo.

O efeito protetor de uma dieta seria dado por um alto teor de fibras do tipo insolúvel, que diminui o tempo de trânsito intestinal, aumenta o volume fecal, diminui a pressão intracolônica e acelera o esvaziamento gástrico, reduzindo o tempo de ação de fatores agressivos para a formação da úlcera péptica. Tovey e seus colaboradores, da Universidade de Londres, afirmam que alimentos como o trigo não refinado, soja, milho, algas, legumes e verduras frescas contêm um fator de proteção, o qual é lipossolúvel. Goel e sua equipe também sustentaram uma ideia similar estudando os efeitos antiulcerogênicos da banana[22].

A proteína animal, quando comparada à proteína vegetal, teria um efeito agressivo sobre a mucosa intestinal por gerar um aumento da massa de células parietais e da produção de ácidos. McArthur e seu grupo de pesquisadores propuseram que o efeito da proteína vegetal da soja, a qual produziu uma menor concentração de gastrina sérica, poderia persistir com o passar do tempo e gerar mudanças crônicas na função gástrica, levando à redução da massa de células parietais e da produção de ácidos. Dessa maneira, a dieta vegetariana com alto teor de fibras e proteínas vegetais protegeria contra o risco de desenvolver úlcera péptica.

LITÍASE BILIAR

EVIDÊNCIA

Com base numa série de autópsias, parece que a prevalência de cálculos biliares é mais alta entre mulheres e em populações de países industrializados. Cálculos de colesterol, que constituem a maior parte dos cálculos biliares, são relativamente raros entre africanos de áreas rurais, que consomem uma dieta tradicional semivegetariana com alto teor de fibras[25].

A equipe da doutora Pixley, da Universidade de Oxford[26], estudando a prevalência de cálculos biliares em dois grupos de mulheres entre 40 e 69 anos, sendo 632 delas onívoras e 130 vegetarianas, registrou que 156 (25%) das 632 mulheres onívoras e quinze (12%) das 130 vegetarianas tinham cálculos visíveis à ultrassonografia ou haviam realizado colecistectomia* anteriormente. A prevalência aumentou conforme o aumento da idade e do índice de massa corporal (IMC). O risco de mulheres onívoras desenvolverem cálculos biliares, comparado ao das vegetarianas, foi 2,5 vezes maior.

O doutor Sichieri e seus colaboradores[27], em um estudo prospectivo com 4.730 mulheres norte-americanas, associaram um baixo consumo de fibras durante dez anos a um maior risco de hospitalização por litíase biliar.

O doutor Shibata[28] estudou a prevalência de cálculos biliares em 23.326 autópsias, de 1949 a 1986, em Tóquio e notou um aumento na prevalência de cálculos de colesterol associado à maior ingestão de gorduras e ao avanço da idade.

Estudos em animais mostraram que a proteína vegetal da soja, em comparação à proteína animal caseína, tem efeitos protetores contra a formação de cálculos biliares, devido a um efeito hipocolesterolêmico da proteína vegetal[29]. Kritchevsky e Klurfeld, do Instituto Wistar, na Filadélfia, também observaram que houve a dissolução de cálculos biliares quando a proteína da soja foi dada a hamsters[30]. Alguns tipos de fibra alimentar, como a lignina[31], também demonstraram efeito inibitório sobre a formação de cálculos biliares, e outros, como a pectina[32], demonstraram uma regressão desses cálculos.

MECANISMOS

Os vegetarianos, em geral, são mais magros e suas dietas são ricas em fibras, pobres em colesterol e álcool; todos esses fatores diminuem a saturação de colesterol e cálculos biliares.

* Colecistectomia: retirada cirúrgica da vesícula biliar.

Se a bile hepática for rica em colesterol e deficiente em sais biliares solventes, o colesterol tende a se cristalizar e formar cálculos, sendo a bile descrita como litogênica. A fibra alimentar pode reduzir o conteúdo de colesterol da bile e também aumentar os sais biliares benéficos, como o quenodesoxicolato, à custa de um desfavorecimento do desoxicolato. Acredita-se também que a proteína vegetal auxilie a promoção da excreção de colesterol.

O doutor Simon[33] propôs um papel para a vitamina C (ácido ascórbico). Dado que ela afeta o catabolismo do colesterol através de uma enzima, a alfa 7-hidroxilase, maiores níveis sanguíneos dessa vitamina resultariam em menos colesterol biliar e menor saturação da bile. Dessa forma, dietas vegetarianas, as quais contêm geralmente altos níveis de vitamina C, auxiliariam na proteção contra cálculos biliares.

A obesidade e dietas hipercalóricas são fortes fatores de risco para o desenvolvimento desses cálculos devido à promoção excessiva de secreção hepática de colesterol, o qual é eliminado numa bile supersaturada. Como veremos mais adiante, vegetarianos têm uma prevalência de obesidade menor que onívoros.

Entre outros fatores de risco estão o uso de contraceptivos e terapia com estrógenos. Notáveis variações hormonais apresentadas em mulheres vegetarianas, quando comparadas a mulheres onívoras, mostram uma tendência a um nível sérico mais baixo de hormônios estrogênicos, o que poderia contribuir para a explicação das diferenças de prevalência dessa doença.

CIRROSE HEPÁTICA

EVIDÊNCIA

Os doutores Nanji e French, ambos do Hospital Geral de Ottawa, no Canadá, estudando a relação entre o consumo *per capita* de gordura total e carne e as taxas de morte por cirrose hepática em diversos países ao redor do mundo, encontraram uma correlação significativa entre a mortalidade por cirrose e o consumo de álcool e carne de porco. Uma relação semelhante foi observada em dez províncias do Canadá[34].

O efeito terapêutico da proteína vegetal na **encefalopatia portal crônica**, uma complicação de pacientes cirróticos, foi demonstrado por vários pesquisadores. O doutor Uribe e seus colaboradores[35], do Instituto Nacional de Nutrição do México, realizaram um estudo comparando o efeito da proteína vegetal e da proteína animal em dez pacientes com cirrose hepática e fizeram avaliações de indicadores clínicos, incluindo o estado mental, *asteríxis**, eletroencefalogramas e níveis sanguíneos de amônia. Foram observadas melhorias significativas nos indicadores dos pacientes durante um período de tratamento com dieta baseada em proteína vegetal.

O doutor Okita e sua equipe[36], da Universidade de Okayama, no Japão, em um estudo semelhante realizado com doze pacientes cirróticos desenvolvendo a síndrome da encefalopatia hepática, observaram que a proteína vegetal da soja melhorou o metabolismo anormal de metionina, um dos elementos envolvidos na patogênese dessa síndrome. O doutor Weber e seus colaboradores[37], do Centro Médico de Veteranos, em Cleveland, Ohio, compararam o efeito de uma dieta vegetariana e uma dieta onívora em vários aspectos do metabolismo do nitrogênio para identificar os componentes benéficos da dieta vegetariana que atuam terapeuticamente na encefalopatia hepática. Descobriram que as dietas vegetarianas tinham 4,5 vezes mais fibra e menor quantidade dos aminoácidos metionina, tirosina e triptofano.

A doutora Bianchi e equipe[38], da Universidade de Bolonha, na Itália, compararam de maneira cruzada os efeitos de uma dieta com proteína vegetal e uma com proteína animal em oito pacientes cirróticos com encefalopatia e constataram que o balanço de nitrogênio foi significativamente melhor com a dieta vegetariana, diferença inteiramente devida a uma reduzida excreção urinária de nitrogênio.

MECANISMOS

Diversos fatores podem explicar os efeitos benéficos da proteína vegetal em pacientes cirróticos com encefalopatia: baixo teor de mercaptanas e de aminoácidos aromáticos, alto teor de aminoácidos de cadeia ramificada e de fibras, potenciais alterações na microbiota fecal e absorção alterada de proteína durante a dieta.

A metionina, um aminoácido que contém enxofre, é metabolizada por bactérias intestinais, e também pelo fígado, a uma série de metabólitos denominados mercaptanas, os quais incluem dimetilsulfureto e metanetiol.

Foi documentado que na encefalopatia cirrótica há altos níveis de aminoácidos aromáticos que podem agir como falsos neurotransmissores. Com as proteínas vegetais, os pacientes recebem maior quantidade de aminoácidos de cadeia ramificada, como valina, leucina e isoleucina, e uma menor quantidade de aminoácidos aromáticos, como fenilalanina e tirosina.

O teor aumentado de fibra na dieta vegetariana pode alterar favoravelmente o metabolismo bacteriano de nitrogênio ao aumentar os movimentos intestinais, levando a uma diminuição da absorção de nitrogênio, ou pode alterar a microbiota colônica com o aumento da incorporação de nitrogênio à massa fecal.

* *Asteríxis*: tremores no pulso quando este é flexionado (movimento de dorsiflexão).

CONCLUSÕES

Diversos estudos epidemiológicos, clínicos e experimentais sustentam a ideia de que uma dieta vegetariana caracterizada por um elevado teor de fibras diminui o risco de um indivíduo desenvolver diversas doenças do sistema digestivo. Outro fator pode estar envolvido nessa proteção: o baixo conteúdo de proteína animal.

Além disso, os efeitos benéficos desse tipo de dieta não só mostram o aspecto preventivo, mas também o terapêutico, como demonstrado por vários estudos em diversos centros de pesquisa ao redor do mundo. Outras doenças poderiam ser prevenidas secundariamente, como a pancreatite, uma doença que tem como fator etiológico mais importante a litíase biliar.

No momento, não podemos calcular os ganhos em termos financeiros sobre essas doenças se adotássemos uma dieta vegetariana. Apesar disso, a melhora do quadro clínico do indivíduo já é suficiente. Espero sinceramente que meus colegas cirurgiões e gastroenterologistas vejam tudo isso com bons olhos.

Quando criança, lendo sobre a vida de Alexandre, o Grande, admirava-me que ainda jovem houvesse conquistado tantos povos. Sempre quis saber a causa de sua morte prematura, ocorrida depois de celebrar a conquista de uma cidade. Agora acho que pode ter sido uma apendicite complicada. Não seria o único a considerar essa questão. O doutor Burkitt se perguntou o que teria acontecido se Napoleão não estivesse sofrendo de hemorroidas no dia da Batalha de Waterloo. Aparentemente, a dieta teria uma importância histórica no desenvolvimento do homem.

REFERÊNCIAS BIBLIOGRÁFICAS

1. Aldoori WH et al. A prospective study of diet and the risk of symptomatic diverticular disease in men. Am Clin Nutr. 1994;60:757-64.
2. Painter NS. Diverticular disease of the colon. The first of the Western diseases shown to be due to a deficiency of dietary fibre. S Afr Med J. 1982;61 (26):1016-20.
3. Gear JS et al. Symptomless diverticular disease and intake of dietary fibre. Lancet. 1979;1 (8115):511-4.
4. Manousos O et al. Diet and other factors in the aetiology of diverticulosis: an epidemiological study in Greece. Gut. 1985;26:544-9
5. Nagahashi et al. Dietary fiber intake and diverticular disease of the colon: a case control study. Jpn J Hyg. 1985 40 (4):781-8.
6. Brodribb, Humphreys. Diverticular disease: three studies Br Med J. 1976;424-97.
7. Brodribb. Treatment of symptomatic diverticular disease with a high-fibre diet. Lancet. 1977:664-6
8. Heaton KW. Diet and diverticulosis: new leads. Gut. 1985;26:541-3.
9. Burkitt D. Fiber as protective against gastrointestinal diseases. Am J Gastroenter. 1984;79 (4):249-52.
10. Cook IA. Effect of dietary fiber on symptoms and rectosigmoid motility in patients with irritable bowel syndrome. Gastroenterol. 1990;98 (1):66-72.
11. Dubinin AV et al. Bran in the treatment of irritable bowel syndrome. Vopr Pitan. 1987;0(1):13-6.
12. Burkitt D. The etiology of appendicits. Br J Surg. 1971; 58 (9):695-9.
13. Arnbjornsson E. Acute appendicitis and dietary fiber. Arch Surgl. 983;118:868-70.
14. Brender JD et al. Fiber intake and childhood appendicitis. Am J Public Health. 1985;75 (4):399-400.
15. Barker DJ et al. Vegerable consumption and acute appendicitis in 59 areas in England and Wales. Br Med J. 1986;292:927-30
16. Burkitt D, James P. Low residue diets and hiatus hernia. Lancet. 1973;2:128-30.
17. Burkitt D. Varicose veins, deep vein thrombosis and hemorrhoids: epidemiology and suggested aetiology. Br M J. 1972;2:556-61.

18. Jensen SL. Diet and other risk factors for fissure in anus. Prospective case-control study. Dis Colon Rectum. 1988;31;10:770-3.

19. Moesgaard F et al. High fiber diet reduces bleeding and pain in patients with hemorrhoids. Dis Colon Rectum. 1982;25 (4):454-6.

20. Van den Brandt-Gradel et al. Treatment of solitary rectal ulcer syndrome with high fiber diet and abstention of straining at defecation. Dig Dis Sci. 1984;29(1):1005-8.

21. Rydning A. Prohylactic effect of dietary fibre in duodenal ulcer disease. Lancet. 1982;2(8297):518-22.

22. Goel RK et al. The effect of biological variables or the antiulcerogenic effect of vegetable plantain banana. Planta Med. 1985 0(2):85-8.

23. Tandon GS et al. Study of gastric secretion in dogs with reference to indian diet. Indian J Physiol Allied Sc. 1977;31 (1):27-36.

24. McArthur K et al. Soy protein meals stimulate less gastric acid secretio and gastrin release than beef meals. Gastroenterol. 1988;95(4):920-6

25. Burkitt D, Painter NS. Dietary fiber and disease. JAMA. 1974;229:1068-74.

26. Pixley F et al. Effect of vegetarianism on development of gall stones in women. Br Med J. 1985;291(6487):11-2.

27. Sichieri R et al. A prospective study of hospitalization with gallstone disease among women: role of dietary factors, fasting period and dieting. Am J Public Health. 1991 81(7):880-4.

28. Shibata K. Studies on the annual change of prevalence and regional difference of gallstone in Japan. Tokyo Jikeikai Med J. 1990;105(4):565-76.

29. Kritchevsky D et al. Gallstone formation in hamster: effect of varying animal and vegetable protein levels. Am J Clin Nutr. 1983;37:802-4.

30. Kritchevsky D et al. Influence of vegetable protein on gallstone formation in hamsters. Am J Clin Nutr. 1979;32 (11):2174-6.

31. Rotstein OD et al. Prevention of cholesterol gallstones by lignin and lactulose in the hamster. Gastroenterology. 1981;81(6):1098-103.

32. Kritchevsky D et al. Effect of pectin on formation and regression of gallstones in hamsters. Experientia. 1984 40 (4):350-1.

33. Simon JA. Ascorbic acid and cholesterol gallstone. Med Hypotheses. 1993;40 (2):81-4.

34. Nanji MA, French S. Relationship between pork consumption and cirrhosis. Lancet. 1985;1(8430):681-3.

35. Uribe M et al. Treatment of chronic portal systemic encephalopaty with vegetable and animal protein diets. A controlled crossover study. Dig Dis Sci. 1982;27 (12):1109-16.

36. Okita M et al. A vegetable protein diet for the treatment of liver cirrhosis. Acta Med Okayama. 1985;39(1):59-65.

37. Weber FL et al. Effects of vegetable diets on nitrogen metabolism in cirrhotic patients. Gastroenterol. 1985;89(3):538-44.

38. Bianchi GP et al. Vegetable versus animal protein in cirrhotic patients with chronic encephalopathy. A randomized cross-over comparison. J Inter Med. 1993;233(5):385-9.2.

DOENÇAS CARDIOVASCULARES

Doenças cardiovasculares podem ser consideradas as mais importantes, já que são a principal causa de morte na maioria dos países.

As evidências da influência da dieta sobre doenças do sistema digestivo são abundantes; no caso das doenças cardiovasculares, elas estão cada vez mais convincentes e indiscutíveis.

Adiante abordaremos principalmente doenças como hipertensão arterial e cardiopatia coronariana, esta a mais clara expressão do processo generalizado de aterosclerose.

HIPERTENSÃO ARTERIAL

A hipertensão arterial* provavelmente representa o problema de saúde pública mais importante nos países desenvolvidos, já que é uma doença frequente, assintomática e geralmente traz complicações que podem levar à morte. Embora o conhecimento de sua gênese tenha aumentado nos últimos anos, 90% a 95% de todos os casos têm causas desconhecidas.

* Hipertensão arterial é a pressão arterial acima de 140 (sistólica) x 90 (diastólica) mmHg (milímetros de mercúrio) em adultos com mais de 18 anos. Indivíduos com pressão sistólica de 120 a 139 mmHg ou uma diastólica de 80 a 89 mmHg devem ser considerados como pré-hipertensos e requerem modificações de estilo de vida para prevenir doenças cardiovasculares. *The seventh report of the Joint National Committee on Prevention, Detection, Evaluation, and Treatment of High Blood Pressure: the JNC 7 report.* JAMA. 2003 May 21;289(19):2560-72.

EVIDÊNCIA EPIDEMIOLÓGICA

A relação entre dieta e pressão arterial é conhecida desde os tempos antigos, mas somente no século XX foram levantadas as primeiras hipóteses sobre a possível relação de alguns componentes alimentares com a hipertensão arterial.

Em 1904, Amber relacionou a ingestão de cloreto de sódio (sal) à pressão arterial elevada. Em 1926, Donaldson documentou um aumento na pressão arterial de colegiais após o consumo de uma dieta com grande conteúdo de carne. Em 1928, Addison sugeriu o possível efeito hipotensor do potássio e, em 1930, Saile documentou que, dentre monges alemães, os ovolactovegetarianos tinham menor pressão arterial que os onívoros[1]. Morse, em 1937, observou que na China três grupos étnicos aborígines que sobreviviam à base de verduras e cereais tinham níveis de pressão arterial 110/70 mmHg em todas as idades. Em regiões da Tchecoslováquia com registros de pressão arterial elevada, Hejda, em 1967, observou maior consumo de produtos de origem animal, assim como observara Isobe, em 1962, em um grupo de dezoito hipertensos em Tóquio, quando comparados à população japonesa urbana. Polinésios de Rarotonga e Ruatahuna, onde a carne é consumida frequentemente, registraram maiores níveis de pressão arterial que polinésios de Pukapuka e Atiu-Mitario, que eram predominantemente vegetarianos. Maddocks, em 1967, observou que moradores de uma vila de Papua-Nova Guiné que recebiam alimentos extras, incluindo carne, apresentaram maior pressão arterial que outras tribos com dietas vegetarianas. A pressão arterial média de duzentos adultos atendidos em um hospital de Papua-Nova Guiné, que consumiam principalmente vegetais e frutas, foi de 92/64 mmHg. Entre javaneses vegetarianos observou-se que a pressão arterial não aumentava com a idade[1].

Malhotra, em 1970, observou que entre ferroviários do norte e do sul da Índia, os do sul, que tinham ingestão de carne seis vezes maior, apresentavam maior pressão arterial[2].

O doutor Sacks e seus colaboradores[1], do Hospital de Boston, estudaram 120 pacientes vegetarianos e encontraram uma pressão arterial média de 106/60 mmHg, valores muito menores que os encontrados numa cidade vizinha.

De 1967 a 1973, estudos sobre a pressão arterial foram feitos em cinco comunidades no Peru para descobrir a relação entre a incidência de hipertensão e a altitude[3]. A prevalência de hipertensão foi extremamente baixa nos moradores de altas altitudes em comparação aos moradores de regiões no nível do mar. Os dados indicaram que os fatores ambientais, como a dieta predominantemente vegetariana, foram mais importantes que a predisposição genética na determinação da raridade de hipertensão arterial em moradores de altas altitudes.

A equipe do doutor Armstrong, da Universidade da Austrália Ocidental, comparou 484 vegetarianos de uma comunidade de adventistas do sétimo dia com 290 indivíduos onívoros de uma população vizinha e descobriu que a pressão arterial média, após a correção para idade, sexo, peso e altura, era de 128/76 mmHg para vegetarianos, enquanto para onívoros, 139/85 mmHg[4].

O doutor Ko, da Faculdade de Medicina Kaohsiung, de Taiwan, estudando a pressão arterial de 439 budistas vegetarianos comparados com onívoros da mesma idade, sexo e peso corpóreo, observou que a pressão era menor quanto maior o tempo de vegetarianismo[5].

Embora não tenha nenhum interesse em defender qualquer religião em particular, considero importante o estudo comparativo feito por Anholm e sua equipe[6] entre a pressão arterial de vegetarianos adventistas e a de onívoros mórmons (grupo religioso com recomendações de saúde semelhantes em relação ao consumo de café, álcool e fumo). Foi encontrada uma pressão arterial mais baixa em vegetarianos, e essa diferença aumentava conforme o avanço da idade. Rouse e seus colaboradores[7] estudaram outro grupo de 98 adventistas independentes e 113 mórmons onívoros e descobriram que a pressão arterial em indivíduos com a mesma idade, peso e altura era menor em vegetarianos. A prevalência de hipertensão foi de 10% em onívoros mórmons e 1% em vegetarianos adventistas. O mesmo doutor Rouse[8] reafirmou suas observações em outro estudo com 47 pares de adventistas vegetarianos e onívoros mórmons igualados quanto a sexo, idade e obesidade, ao constatar que as medições de pressão arterial ambulatorial apresentavam as mesmas diferenças.

Em Tel Aviv, Israel, o doutor Ophir e seu grupo de pesquisadores[9] analisaram 98 vegetarianos e os compararam com o mesmo número de onívoros da mesma área urbana. A pressão arterial média foi de 126/77 mmHg para os vegetarianos e 147/88 mmHg para os onívoros. Níveis significativamente mais baixos foram encontrados para cada década de vida a mais. Foi constatado que 2% dos vegetarianos e 26% dos onívoros eram hipertensos; as diferenças foram mantidas quando foram comparados indivíduos com o mesmo peso.

Na Universidade de Purdue, em Lafayette, Estados Unidos, Melby e sua equipe[10], avaliando um grupo de 215 adventistas que assistiam a uma conferência religiosa, descobriram que os vegetarianos tiveram uma prevalência de hipertensão de 14%, enquanto entre os onívoros essa prevalência foi de 37%; a pressão arterial média foi 114/71 mmHg para vegetarianos e 122/74 mmHg para onívoros. O mesmo pesquisador[11] estudou 48 vegetarianos adventistas e 22 onívoros idosos[60] e constatou que a pressão arterial, ajustada para idade e sexo, foi menor entre os vegetarianos: 122/71 mmHg contra 136/74 mmHg entre onívoros.

Em outro estudo[12], Melby avaliou o efeito de uma dieta vegetariana sobre americanos negros idosos, um grupo de risco para hipertensão devido a sua predisposição genética. Os 27 vegetarianos do grupo tinham pressão arterial mais baixa (131/76 mmHg) do que os onívoros (141/76 mmHg).

Interessados em aprofundar seus resultados, Melby e seu grupo de colaboradores[13] compararam a pressão arterial e os lipídios séricos em três grupos de adultos americanos negros: 66 vegetarianos, 56 semivegetarianos (consumo de uma a três refeições com carne por semana) e 45 onívoros (consumo diário de carne). Apenas 16% dos vegetarianos eram hipertensos, em comparação com 35% dos semivegetarianos e 31% dos onívoros. Além disso, os vegetarianos apresentaram níveis séricos de colesterol, lipoproteína de baixa densidade (LDL-C) e triacilgliceróis significativamente mais baixos.

Num grande estudo prospectivo realizado em Boston[14], com início em 1986, um grupo de cientistas avaliou o papel de nutrientes específicos em 30.681 profissionais de saúde entre 40 e 75 anos. Durante quatro anos de monitoramente, 1.248 desses indivíduos passaram a ter hipertensão. Os cientistas descobriram que a ingestão de fibra, potássio e magnésio confirmou um efeito protetor contra a hipertensão.

EVIDÊNCIA CLÍNICA EXPERIMENTAL

Donaldson, em 1926, relatou que em estudantes universitários da Califórnia, com dieta ovolactovegetariana, foi observado um aumento da pressão arterial de 113/65 para 126/75 mmHg onze dias após adição de carne à dieta[1]. Heun, em 1936, observou uma redução média de 60 mmHg na pressão sistólica e 28 mmHg na pressão diastólica de catorze pacientes com pressão arterial média de 218/122 mmHg, após serem tratados com uma dieta de frutas e verduras[1].

Em 1949, Schroeder e sua equipe[15] do Hospital Barnes, em St. Louis, relataram que em três estudos com pacientes cuja pressão arterial foi reduzida pela dieta Kempner (baseada em arroz, extrato de frutas e vitaminas) foram observados aumentos na pressão após a adição de carne à dieta. Hatch e seus colaboradores[16] trocaram a dieta de Kempner de seis pacientes por uma dieta especial de arroz contendo carne e não observaram reduções na pressão arterial.

O efeito da fibra sobre a pressão arterial foi estudado pela doutora Angela Wright[17], da Universidade de Southampton, no Reino Unido, que avaliou 94 indivíduos e observou que aqueles com maior consumo de fibra apresentaram pressão arterial mais baixa. Além disso, quando um grupo com alta ingestão de fibra foi submetido a uma dieta pobre em fibras, foram observadas elevações da pressão arterial. Da mesma forma, quando um grupo com baixa ingestão de fibras foi submetido a uma dieta rica em fibras, foram observadas diminuições da pressão arterial.

Armstrong e seu grupo de pesquisadores[18] mediram parâmetros bioquímicos diferentes em 106 pares de vegetarianos e onívoros australianos. A pressão arterial média foi menor em vegetarianos (142/89 mmHg) do que em onívoros (148/91 mmHg), mas a excreção urinária de sódio (um reflexo da ingestão de sal) foi ligeiramente maior em vegetarianos, indicando que o sódio ingerido não era responsável pelas diferenças na pressão arterial. Também a excreção urinária de potássio foi significativamente maior nos vegetarianos. Além disso, houve uma correlação positiva entre os níveis de pressão arterial e colesterol sérico.

A viscosidade do sangue foi avaliada pelo doutor Ernst e sua equipe[19] da Universidade de Munique como mais um fator determinante da pressão arterial. Num estudo comparando 48 vegetarianos com onívoros da mesma idade e sexo, constataram um aumento significativo da fluidez do sangue em vegetarianos, constituindo um efeito benéfico para a prevenção de doenças cardiovasculares.

O doutor Rouse e seus colaboradores[20], do Hospital Royal Perth, na Austrália, demonstraram um ligeiro efeito hipotensor de uma dieta vegetariana em 59 indivíduos saudáveis que se submeteram por seis semanas a uma dieta ovolactovegetariana e a uma onívora, consecutivamente.

Sanders e sua equipe[21] encontraram níveis menores de renina plasmática - uma substância envolvida na patogênese da hipertensão - num grupo de vegetarianos do sexo masculino do que num grupo de onívoros.

Nutrientes específicos, como o ácido ascórbico (vitamina C), também foram investigados. Trout[22] relatou que em cinco populações de pessoas saudáveis foram encontrados níveis mais baixos de pressão arterial quando os níveis de vitamina C eram mais altos.

Dados talvez mais interessantes foram obtidos pela equipe da doutora Sciarrone[23], da Universidade da Austrália Ocidental. Ela observou que, em vinte pacientes submetidos a uma dieta ovolactovegetariana por seis semanas, a pressão arterial - medida ambulatorialmente ao longo do dia, com um dispositivo eletrônico especial - e a frequência cardíaca foram menores do que quando os mesmos indivíduos foram submetidos a uma dieta onívora.

EVIDÊNCIA TERAPÊUTICA

Os primeiros métodos alimentares terapêuticos, como o do doutor Kempner, estimularam pesquisadores europeus a utilizar a dieta vegetariana como forma de tratamento para pacientes hipertensos.

Olov Lindahl e seus colaboradores[24], do Hospital Universitário de Linkoping, na Suécia, submeteram 29 pacientes hipertensos a uma dieta vegetariana estrita durante um ano. Em quase todos os casos, a medicação anti-hipertensiva habitual foi retirada ou reduzida drasticamente. Como resultado, houve diminuição significativa da pressão arterial sistólica e diastólica, desaparecimento de sintomas e diminuição de níveis de lipídios séricos (colesterol e triacilgliceróis).

A dieta ovolactovegetariana também foi utilizada como método terapêutico em pacientes hipertensos, mas os resultados foram menos notáveis. Margetts e sua equipe[25] submeteram 58 pacientes com hipertensão leve a essa dieta por seis semanas e observaram uma diminuição média de 5 mmHg na pressão sistólica.

O doutor James Anderson, da Universidade de Kentucky, notável pesquisador na área de nutrição clínica, avaliou a pressão arterial em doze pacientes diabéticos tratados com hormônio insulina e submetidos primeiro a uma dieta controle (20 g de fibras por dia) e depois a uma dieta rica em fibras e carboidratos (65 g de fibras por dia). Observou que a dose de insulina requerida para manter um bom controle da glicemia foi 73% menor e a pressão sanguínea média foi 10% menor durante a dieta rica em fibras e carboidratos[26].

O efeito da goiaba, fruta com alto teor de fibras, sobre os níveis sanguíneos de lipídios e a pressão arterial foi demonstrado pelo doutor Singh e sua equipe[27]. Estudando 120 pacientes hipertensos, encontraram diminuições nos níveis de lipídios e na pressão sanguínea (9,0 mmHg na sistólica e 8,0 mmHg na diastólica).

Um programa de saúde para pacientes ambulatoriais baseado em atividade física e em dieta vegetariana foi testado por Crane e seu grupo de pesquisa[28] do Instituto Weimar, na Califórnia, em 28 pacientes. Na sexta semana, cada paciente havia perdido em média 2,7 kg e a pressão média diminuiu de 147/68 para 133/71 mmHg.

MECANISMOS

Em 95% dos casos, a hipertensão arterial não tem uma causa identificada, por isso é chamada hipertensão arterial essencial ou primária.

Até o momento foram identificados diversos fatores relacionados a um maior risco de desenvolver essa doença, como idade, obesidade, predisposição genética, sedentarismo, estresse e ingestão de sal. No entanto, nas últimas décadas, investigações mais numerosas estão demonstrando que a dieta, através de mecanismos inter-relacionados, é um fator crucial no desenvolvimento da hipertensão arterial essencial.

Vejamos o papel desses fatores e sua interação com a dieta.

Idade

Foi demonstrado claramente que a pressão arterial aumenta com o avanço da idade. No entanto, alguns estudos mostraram que, em indivíduos vegetarianos, a pressão não só era menor para qualquer faixa etária, comparada à dos onívoros, como também não aumentava com a idade, indicando de alguma maneira que a dieta vegetariana pode modificar as alterações características do envelhecimento.

Obesidade

Em diversos estudos epidemiológicos e clínicos, foi dada ênfase ao sobrepeso corpóreo e à hipertensão, demonstrando que a pressão sanguínea aumenta linearmente com o peso corpóreo relativo. Em diversos estudos, o peso de vegetarianos foi significativamente menor que o de onívoros, sugerindo que vegetarianos, por serem mais magros, estariam menos propensos a desenvolver hipertensão.

O mecanismo pelo qual a obesidade leva à hipertensão envolve provavelmente um aumento do volume sanguíneo e volume e débito cardíacos. As crianças parecem particularmente vulneráveis aos efeitos hipertensivos do ganho de peso; em jovens adultos, o maior preditor da hipertensão foi justamente a obesidade durante a infância.

No entanto, a diferença dos níveis de pressão arterial observada entre vegetarianos e onívoros não obedece completamente aos efeitos do peso corpóreo, já que persiste após o ajuste de peso, como evidenciou, entre outros, o doutor Ophir[9].

Atividade física

Foi relatado em alguns estudos que vegetarianos são mais ativos fisicamente do que onívoros, e isso, de alguma forma, poderia explicar as diferenças de pressão arterial observada entre eles, tendo em conta que o sedentarismo é um fator de risco para desenvolvimento da hipertensão. No entanto, as diferenças persistiram entre esses grupos quando se compararam grupos com o mesmo grau de atividade física.

Predisposição genética

Notou-se ainda que as diferenças de pressão entre esses grupos se mantêm quando comparados indivíduos com a mesma predisposição genética para hipertensão. Será que a predisposição genética pode ser bloqueada de alguma forma através da dieta vegetariana? Os negros, um grupo com maior predisposição à hipertensão, também podem se beneficiar de uma dieta vegetariana[12].

O doutor Law e seus colaboradores[29], após concluirem que pessoas adultas que tinham menor peso ao nascer teriam maior pressão arterial na idade adulta, afirmaram de maneira convincente que a hipertensão essencial é iniciada na vida fetal e uma pressão arterial elevada aumenta ainda mais com o avanço da idade. Após essa afirmação, resultados de um grande estudo norueguês[30] sobre o estado de saúde de um grupo de vegetarianos mostraram que o peso de recém-nascidos deste grupo foi 99 g maior que o daqueles de mães da população em geral, não vegetariana.

Papel da dieta vegetariana

Os mecanismos através dos quais a dieta vegetariana exerce seus efeitos protetores contra o desenvolvimento de hipertensão não estão completamente esclarecidos, mas os dados indicam serem muitos.

Gorduras

A evidência atual sugere que mudanças na ingestão de gorduras influenciam a pressão arterial. A dieta vegetariana, caracterizada por sua menor quantidade de gordura total e maior de ácido linoleico*, o que resulta numa relação P/S (gorduras poli-insaturadas/saturadas) maior, pode modificar o metabolismo das prostaglandinas, substâncias que atuam nos tecidos e microcirculação locais, levando a um aumento de substâncias com propriedades vasodilatadoras, como a prostaciclina.

Fibra alimentar

O doutor Anderson destacou o papel da fibra alimentar no desenvolvimento da hipertensão arterial. A ingestão de fibra altera o tempo de esvaziamento gástrico e o tempo de trânsito intestinal. Uma alta ingestão diminui as pressões intraluminais do cólon e o tempo de armazenamento das fezes; essas mudanças podem alterar os sinais neuronais aferentes e influenciar a regulação central da pressão arterial. Quando nutrientes são consumidos junto com a fibra, a velocidade de absorção desses nutrientes é mais lenta. Esse efeito é mais bem definido para açúcares, mas também se aplica à absorção de gorduras. Uma velocidade de absorção de gorduras mais lenta poderia influenciar a pressão arterial. As concentrações séricas de hormônios gastrointestinais e pancreáticos, como polipeptídio inibitório gástrico (GIP), **peptídeo intestinal** vasoativo (VIP) e glucagon, são menores depois de uma refeição rica em fibra e essas modificações poderiam influenciar a pressão arterial[26].

A excreção de eletrólitos e água pelas fezes nas dietas ricas em fibra é o dobro em relação a dietas pobres em fibra. Mudanças dessa magnitude poderiam também influenciar a pressão sanguínea.

Sódio

O papel da ingestão de sódio na gênese da hipertensão é amplamente conhecido através de estudos epidemiológicos e clínicos. Mas o doutor Kaplan, especialista no assunto, afirma que somente parte da população pode ser suscetível aos efeitos da alta ingestão de sódio devido a um defeito renal herdado na excreção de sódio. Em seu livro *Clinical hypertension*[31], ele diz: "[...] nossa atual ingestão alta de sódio e baixa de potássio é um fenômeno recente, iniciado talvez há 2.000 anos e acelerado pelo moderno processamento de alimentos que acrescenta sal e remove potássio. [...] Nossos ancestrais herbívoros provavelmente consumiam menos de 10 mEq por dia, enquanto nossos ancestrais carnívoros podem ter consumido até 30 mEq por dia".

De qualquer forma, as diferenças na pressão arterial entre vegetarianos e onívoros persistem quando são comparados indivíduos com ingestões de sódio semelhantes (medidas por sua excreção urinária de sódio), o que nos leva a pensar na existência de outros mecanismos através da dieta.

* Ácido linoleico: ácido graxo essencial composto de dezoito carbonos e duas ligações duplas. Pode ser obtido de óleos vegetais (milho, girassol, canola etc.).

Potássio

A importância do potássio na regulação da pressão arterial foi sugerida por Adison, em 1928. Anos depois, McQuarri conseguiu reduções na pressão arterial adicionando cloreto de potássio à dieta de hipertensos. Nos anos seguintes, evidências adicionais indicaram que o potássio teria um papel definido na regulação da pressão arterial através de diversos mecanismos. Foram demonstradas propriedades natriuréticas (capacidade de eliminar sódio pela urina) do potássio. Pequenos aumentos de potássio plasmático dentro da faixa normal têm efeitos de longo prazo sobre o balanço do sódio suficiente para produzir contrações sustentadas do volume extracelular[9]. Além disso, o aumento da ingestão de potássio causa uma diminuição significativa na atividade da renina plasmática, o que pode influenciar a pressão sanguínea através de uma redução na geração da angiotensina II, substância com potente atividade vasoconstritora.

O doutor Ophir concede um papel de liderança ao potássio e sustenta que um aumento de potássio aumenta a liberação de prostaglandinas vasodilatadoras, além de ter um efeito local vasodilatador próprio[9].

A dieta vegetariana caracterizada por seu maior conteúdo de potássio e excreção urinária desse nutriente pode ser considerada mais saudável.

Magnésio

O magnésio tem sido chamado por alguns de o "cátion esquecido", devido à pouca literatura disponível relacionando-o à pressão arterial. No entanto, alguns estudos epidemiológicos e clínicos[32] têm indicado um papel protetor desse nutriente. Como ele é encontrado principalmente em alimentos vegetais, a dieta vegetariana seria mais vantajosa.

VISCOSIDADE SANGUÍNEA

A viscosidade sanguínea aumentada tem sido implicada na hemodinâmica da hipertensão essencial e considerada um fator de risco para doenças cardiovasculares. As propriedades do fluxo sanguíneo representam o componente viscoso da resistência periférica. A pressão necessária para produzir um dado fluxo é tanto menor quanto menor for a viscosidade, considerando os outros fatores constantes. A observação de que vegetarianos têm o sangue menos viscoso e melhor fluidez coincide com o efeito anti-hipertensivo de suas dietas.

Além desses prováveis mecanismos, há doenças que se associam à hipertensão, como diabetes melito, cardiopatia coronariana e dislipidemia, e que podem também ser prevenidas através da dieta, como veremos mais adiante.

CARDIOPATIA CORONARIANA

A cardiopatia coronariana é a principal causa de morte no mundo e a maior expressão de um processo generalizado que afeta os vasos sanguíneos arteriais do organismo: a **aterosclerose**. Embora as artérias coronárias sejam as mais afetadas, as artérias de qualquer órgão podem ser comprometidas, traduzindo-se clinicamente em doenças cujo curso evolutivo é imprevisível, podendo variar desde uma condição assintomática até uma debilitante ou mortal.

Nesse sentido, qualquer esforço para descobrir alguma forma de amenizar esse problema mundial é importante. As pesquisas sobre a dieta e a aterosclerose constituem um deles, talvez o mais importante de todos.

EVIDÊNCIA EPIDEMIOLÓGICA

A evidência epidemiológica sugere que fatores alimentares desempenham o papel principal na maior incidência de cardiopatia coronariana nas sociedades ocidentais, em comparação com sociedades menos avançadas ou populações com dietas predominantemente vegetarianas. Em 1956, o doutor Keys afirmou ser a gordura animal um fator agressivo da dieta de sociedades ocidentais.

Walker e Gregoratos, em 1967, observaram 2.450 homens brancos condenados a muitos anos de prisão na África do Sul, os quais foram mantidos durante cinco anos com uma dieta de aborígines bantos, com baixo teor de gordura animal. Houve somente três casos de infarto do miocárdio. Entre a população de Johannesburgo com a mesma idade, esse número foi oito vezes maior[33].

Roland Phillips e sua equipe[34] mostraram os resultados de um estudo prospectivo iniciado em 1960 e que se estendeu por seis anos, com 24.044 membros de um grupo adventista, maiores de 35 anos. A taxa de mortalidade por cardiopatia coronariana para os grupos etários de 35 a 64 anos e para os acima de 65 anos foram de 28% e 50%, respectivamente, taxas equivalentes às dos mesmo grupos etários da população da Califórnia em geral. Além disso, observaram que o risco de cardiopatia coronariana fatal foi três vezes maior para os onívoros, quando comparados aos vegetarianos. Esse mesmo grupo foi acompanhado até 1980, quando o doutor Snowdon[35] apresentou os resultados finais de seu estudo: dentro dessa população, o consumo de carne estava associado positivamente à mortalidade por todas as causas de morte combinadas (em homens), cardiopatia coronariana (em homens e mulheres) e diabetes (em homens). O consumo de ovo estava associado positivamente à mortalidade por todas as causas combinadas (em mulheres), cardiopatia coronariana (em mulheres) e câncer de cólon (em homens e mulheres) e de ovário.

Em 1960, 871 homens de meia-idade da cidade de Zutphen, nos Países Baixos, participaram de um estudo de indicadores de risco (incluindo dieta) para cardiopatia coronariana. Durante dez anos de monitoramento, 107 homens faleceram por causas combinadas, 37 por cardiopatia coronariana e 44 por câncer. A mortalidade por cardiopatia coronariana foi quase quatro vezes maior no subgrupo de baixa ingestão de fibra alimentar do que no de alta ingestão[36].

Um estudo prospectivo semelhante foi realizado na Grã-Bretanha por Burr e Butland[37]. Um grupo de 10.896 pessoas, das quais 4.671 eram vegetarianas e 6.225, onívoras, foi acompanhado a partir de 1973, por um período de dez a doze anos. Observou-se que a mortalidade por cardiopatia coronariana foi significativamente menor entre vegetarianos. O estudo "Dieta-coração irlandês", de Boston[80], monitorou por vinte anos 1.001 homens de meia-idade e revelou que o consumo de verduras e fibra alimentar tem um efeito protetor contra essa doença.

A associação entre o consumo de certos alimentos e o risco de infarto agudo do miocárdio foi examinada pela doutora Gramenzi e seus colaboradores[81] em 287 mulheres que receberam alta da Unidade Coronariana de trinta hospitais italianos e 649 mulheres controles. Descobriram que o risco aumentou conforme um maior consumo de carne, hambúrguer, manteiga e gordura total. O risco diminuiu com o maior consumo de vegetais.

O doutor Fraser e sua equipe[38], da Universidade de Loma Linda, na Califórnia, divulgaram os resultados do "Estudo Adventista de Saúde", no qual 31.208 fiéis foram acompanhados por seis anos. Observaram que os indivíduos que comiam nozes com frequência (mais de quatro vezes por semana) tiveram menos problemas cardíacos fatais, em comparação com aqueles que comiam nozes menos de uma vez por semana. Além disso, os homens que consumiam bife pelo menos três vezes por semana tiveram um maior risco de cardiopatia coronariana fatal.

Na Alemanha, Chang e seu grupo de pesquisadores[39] acompanharam durante onze anos 1.904 vegetarianos em relação ao risco de morte, e observaram, ao final, que aqueles com maior frequência de atividade física demonstraram 50% menos risco por todas as causas do que aqueles com menor frequência de atividade física. Além disso, tanto a duração na prática como o grau de vegetarianismo (estrito contra moderado) demonstraram efeito sobre a mortalidade por todas as causas; quanto maior a duração do vegetarianismo, menor o risco, indicando um efeito protetor real desse estilo de vida.

Na Finlândia, a relação entre a ingestão de vitaminas antioxidantes (carotenoides, vitamina C e vitamina E) e a mortalidade coronariana foi estudada pelo doutor Knekt e sua equipe[40], da Universidade de Kuopio, em 5.133 finlandeses. Durante um monitoramento que se estendeu por catorze anos, encontraram uma associação inversa entre o consumo dessas vitaminas, assim como suas fontes alimentares (legumes e frutas), e a mortalidade coronariana; ou seja, quanto maior o consumo desses alimentos, menor a mortalidade.

Foram publicados os resultados do "Estudo de Monitoramento de Profissionais da Saúde", um trabalho prospectivo com 51.529 profissionais entre quarenta e 75 anos, iniciado em 1986 e realizado pelo doutor Rimm, da Universidade de Harvard. Durante seis anos de monitoramento, foram documentados 734 casos de infarto do miocárdio e encontrada uma associação inversa entre a ingestão de fibras proveniente de frutas e vegetais, principalmente a partir de cereais, e o risco de acidente vascular cerebral[118].

EVIDÊNCIA EM ANIMAIS DE EXPERIMENTAÇÃO

Os primeiros estudos nutricionais sobre aterosclerose foram realizados em 1907 por Garnier e Simão, que haviam observado alterações patológicas no fígado de coelhos alimentados com carne bovina ou equina, e por D'Amato, o qual relatou lesões arteriais e necrose hepática e renal em cães alimentados com carne podre num período de 2 a 16 semanas. Posteriormente, o doutor Ignatowski assumiu que as toxinas liberadas durante a digestão da carne poderiam ser aterogênicas[114].

Desde então, foram muitas as pesquisas sobre dieta e aterosclerose feitas com animais experimentais. Ratos, coelhos, gatos, cães, macacos e outros animais foram abatidos (justificadamente ou não, não sou a pessoa certa para julgar) em prol de uma melhor compreensão dos fenômenos epidemiológicos e clínicos observados. No entanto, muitos grupos de defesa dos direitos dos animais em todo o mundo não apenas alçaram suas vozes em protesto, mas também iniciaram uma luta em campo jurídico, questionando que, em nome da ciência, se viole o direito à vida dos animais e também os procedimentos de extermínio, que se assemelham às atrocidades nazistas. A decapitação sem anestesia prévia é um destes procedimentos. A Associação Americana de Medicina Veterinária tem exigido mudanças nos métodos de eutanásia. O doutor Mikeska e sua equipe[119] observaram padrões eletroencefalográficos (EEG) de baixa tensão e alta frequência (atividade beta) na cabeça dos animais após a decapitação; os mesmos padrões foram reconhecidos nos estados de atenção e excitação. Portanto, a atividade beta deve representar dor.

Por outro lado, tem chamado muito a atenção o fato de não ser possível produzir aterosclerose em animais carnívoros (cachorro, gato, leão, tigre), independente de quanta gordura ou colesterol esteja disponível na dieta[120]; no entanto outros animais herbívoros como porcos, galinhas e macacos, são vulneráveis a tal doença, assim como o homem, quando alimentados com dietas ricas em colesterol.

Para ilustrar, vou citar um dos casos mais representativos desses estudos. Robert Wissler e equipe[41], do Departamento de Patologia da Universidade de Chicago, realizaram um experimento em que as lesões ateroscleróticas de macacos *rhesus* machos adultos (a espécie mais próxima do *Homo sapiens*) produzidas por uma dieta rica em calorias, colesterol e gordura saturada, semelhante à dieta onívora ocidental, foram comparadas com lesões em macacos similares alimentados com uma dieta "prudente", pobre em gordura, colesterol e calorias. O experimento teve duração de dois anos. Eles descobriram que os animais alimentados com uma dieta do tipo ocidental tinham níveis de colesterol sanguíneo mais elevados que os animais alimentados com a dieta "prudente" (383 contra 199 mg/dl, respectivamente). Em animais com a dieta ocidental, a gravidade das lesões ateroscleróticas aórticas e coronarianas foi seis vezes maior e a frequência, quatro vezes. Esse problema patológico foi encontrado na autópsia de 46% dos animais com a dieta ocidental e 7% dos animais com a dieta "prudente". Os pesquisadores concluíram que "as lesões observadas nos animais alimentados com uma dieta ocidental assemelham-se àquelas observadas em autópsias de muitos jovens soldados norte-americanos, e que mostraram lesões crescentes nas artérias coronárias e aórticas, como algo característico da terceira década de vida".

EVIDÊNCIA CLÍNICA

Em 1954, Hardinge e Stare[42], da Faculdade de Saúde Pública de Boston, obtiveram um marco na pesquisa clínica do vegetarianismo por serem os primeiros a realizar um grande estudo sobre o estado nutricional de 86 ovolactovegetarianos, 26 vegetarianos estritos e 88 onívoros adultos, adolescentes e gestantes. Eles descobriram que o colesterol sérico dos adultos vegetarianos tendeu a ser menor que o dos onívoros, sendo os vegetarianos estritos o grupo com níveis mais baixos (vegetarianos estritos: 205; ovolactovegetarianos: 250; onívoros: 290 mg/dl). Os pesquisadores queriam saber, na época, se era possível que a ingestão contínua de colesterol exógeno (proveniente de gorduras animais) ao longo dos anos contribuiria para o aumento gradual do colesterol sérico.

Quase imediatamente, vários pesquisadores[43-45] que trabalharam com seres humanos descobriram que as gorduras animais aumentavam os níveis de colesterol sérico.

O doutor Toor e seus colaboradores[46] relataram que imigrantes judeus iemenitas recém-chegados a Israel, com dieta predominantemente vegetariana, tinham níveis de colesterol sérico significativamente mais baixos do que os imigrantes iemenitas anteriores, que acabaram adotando uma dieta israelense, semelhante à ocidental.

A Europa não podia ser deixada para trás. Em 1959, o doutor Kirkeby, do Hospital Drammen, em Oslo, Suécia, foi um pouco além. Medindo frações lipídicas no sangue de 123 ovolactovegetarianos e 170 onívoros, encontrou grandes diferenças entre eles. Colesterol, fosfolipídios, lipídios totais e lipoproteína beta foram menores nos grupos de vegetarianos de ambos os sexos. Este estudo[47] foi publicado seis anos depois.

Em 1961, o pesquisador russo Glazunov, com base em dados de saúde de diversas cidades da antiga União Soviética, mostrou uma clara interdependência entre o consumo de gordura animal, o colesterol sérico e a incidência de infarto do miocárdio. Em Volgogrado (antiga Stalingrado), onde principalmente se consome óleo de algodão, observou-se um nível de colesterol e incidência de infarto do miocárdio menores, enquanto que em Tallinn, onde se consome principalmente gordura animal, o nível de colesterol sérico foi mais alto, assim como a ocorrência de infartos agudos do miocárdio[48]. Hansen e seu grupo de pesquisadores, em 1960, observaram durante um ano 133 homens em um hospital psiquiátrico e outro grupo também de 133 pacientes de mesma idade que consumiam uma dieta em que gorduras animais foram substituídas totalmente por óleo de soja e o total de kcal reduzido a 2.000. No primeiro grupo houve cinco casos de infarto do miocárdio e nove casos de tromboembolismo em diferentes locais; no segundo, somente um caso de angina pectoris*, um de tromboembolismo e nenhum infarto[49].

Em 1964, nos Estados Unidos, Walden e seus colaboradores compararam os níveis séricos de 145 ovolactovegetarianos com os da população geral de Nova York e relataram não só que os níveis séricos de lipídios dos vegetarianos eram menores como também que poderiam ser alterados de acordo com a ingestão de gordura[50].

Em 1968, em Washington, Hayes West[51] estudou 233 pares de vegetarianos e onívoros igualados em sexo, idade, altura, peso e ocupação e descobriu diferenças estatisticamente significativas nos níveis de colesterol sérico entre eles; também notou que o nível diminuía quanto maior a restrição de alimentos de origem animal.

As frações lipídicas totais em vegetarianos foram pesquisadas pela primeira vez por Sacks e sua equipe[53]. Os níveis médios de colesterol para vegetarianos e controles foram de 126 e 184 mg/dl, respectivamente; para a lipoproteína de baixa densidade (LDL-C), os números foram 73 e 118 mg/dl; para a lipoproteína de muito baixa densidade, 11,8 e 17,2 mg/dl; para a lipoproteína de alta densidade (HDL-C), 42 e 49 mg/dl; e para triacilgliceróis, 59 e 86 mg/dl.

As diferenças nos níveis de colesterol sérico atribuíveis à dieta vegetariana podem estar presentes já na infância, como demonstra o estudo de Ruys e Hickie[54], professores da Universidade de Nova Gales do Sul, na Austrália. O estudo relata que em 183 adolescentes vegetarianos, entre 12 e 17 anos, o nível médio de colesterol sérico foi de 161 mg/dl; o nível médio do grupo de adolescentes da população geral australiana foi de 199 mg/dl.

A partir desses dados, pode-se considerar a possibilidade de que o processo aterosclerótico esteja presente já numa fase mais precoce da vida, como a infância. Os resultados da equipe do doutor Sanders[57] dão suporte a essa ideia.

---

* Angina pectoris: dor no peito derivada do baixo suprimento de oxigênio (isquemia) ao músculo cardíaco.

Estudando a composição do leite materno de quatro mães vegetarianas estritas e quatro onívoras, e eritrócitos* de três crianças amamentadas pelas mães vegetarianas estritas e seis crianças amamentadas por mães onívoras, a equipe verificou que a proporção de ácido linoleico e seus derivados de cadeia longa foi maior e a proporção de derivados de cadeia longa do ácido alfalinoleico foi menor nos tecidos das vegetarianas veganas e dos bebês amamentados por elas, em comparação com as onívoras.

O avanço da tecnologia bioquímica permitiu a medição da apolipoproteína B (apo B), a principal apoproteína de VLDL e LDL, e da apolipoproteína A-I (apo A-I), a principal proteína de HDL. Em 1978, Burslem e sua equipe[55], estudando 58 vegetarianos estritos de uma comunidade no Tennessee, registraram que seus níveis de colesterol eram equivalentes a 60% dos níveis de colesterol de onívoros da mesma idade e sexo na mesma região. Além disso, os valores de apo A-I e apo B também eram menores nos vegetarianos. Posteriormente, Lock e seus colaboradores[56] constataram que os níveis de apoproteína E nos tais vegetarianos estavam 35% mais baixos que nos indivíduos controles.

Na década de 1980, diversos pesquisadores ao redor do mundo realizaram observações semelhantes. Estudos em que foram verificadas as mesmas diferenças de níveis lipídicos entre vegetarianos e onívoros foram realizados na Holanda[58], Inglaterra[59,60], Estados Unidos[61], Índia[62], Israel[63], Brasil[64] e outros países. Estudos com intervenção alimentar, nos quais uma dieta vegetariana foi dada a onívoros, resultaram em alterações de níveis sanguíneos que se assemelham aos encontrados em vegetarianos; o contrário também foi realizado nos Estados Unidos[65], Suécia[66], Finlândia[67] e Noruega[73].

Uma das populações mais isoladas do mundo, os índios ianomâmi, no Brasil, foi pesquisada pelo doutor Mancilha e sua equipe[64]. Eles encontraram baixos níveis de colesterol tanto em homens (123 mg/dl) como em mulheres (142 mg/dl), comparados a padrões ocidentais; atribuiu-se isso à dieta predominantemente vegetariana e à alta frequência de atividade física.

Foram realizadas outras pesquisas na busca de esclarecimento dos mecanismos operantes da dieta vegetariana sobre os lipídios séricos. Nestel e colaboradores[68] do Instituto de Pesquisa Médica Baker, de Melbourne, observaram que o fluxo ou produção de LDL foi significativamente menor em vegetarianos, quando comparados a onívoros. Isso pode ser explicado pelos baixos níveis de LDL encontrados. Locky e seu grupo de pesquisa[69], da Universidade de Washington, em St. Louis, Missouri, observaram um grupo de vegetarianos que, apesar de seu reduzido risco de doença coronariana, tinham o HDL-C e as concentrações de HDL-2 (subtipo associado à proteção coronariana) paradoxalmente baixos.

---

* Eritrócitos: célula do sistema sanguíneo com grandes quantidades de hemoglobina e especializada em transporte de oxigênio.

O consumo de ovos e leite é um critério de classificação para indivíduos vegetarianos, como esclarecido anteriormente. Dado o alto teor de colesterol na gema (uma refeição com um ou dois ovos contém de três a seis vezes mais colesterol que uma porção de carne), seu alto consumo poderia trazer maior risco coronariano. Em 1975, depois de uma análise estatística de regressão múltipla, o doutor Sacks e seus colaboradores[53] observaram que o consumo de ovos e alimentos lácteos estava associado positivamente com os níveis séricos de colesterol e lipoproteínas num grupo de vegetarianos. Anos depois, realizaram outro estudo[70] no qual dezessete estudantes colegiais lactovegetarianos consumiram diariamente durante três semanas 400 kcal de alimentos-prova contendo um ovo grande; o mesmo processo, dessa vez sem ovo, foi realizado em seguida. A ingestão de ovos aumentou o colesterol ingerido de 97 para 418 mg por dia e observou-se que os níveis plasmáticos de LDL-C e alipoproteína B foram respectivamente 12% e 9% maiores durante o período do consumo de ovos.

Diversas evidências sugerem que os níveis séricos de HDL-C desempenham um papel protetor contra o risco de cardiopatia coronariana e que mulheres com maiores níveis de HDL-C são o grupo de menor risco. Como a diferença no risco entre homens e mulheres não é evidente após a menopausa, acredita-se que alterações hormonais sejam as responsáveis. Interessados nisso, a equipe liderada pelo doutor Hill[71] avaliou os níveis séricos lipídicos e hormonais em homens negros sul-africanos, vegetarianos de áreas rurais, com baixo risco de cardiopatia coronariana, e em homens negros norte-americanos, com alto risco, assim como o efeito da alteração da dieta sobre esses parâmetros. Os sul-africanos tiveram menores níveis plasmáticos de colesterol e triacilgliceróis, maiores níveis de HDL-C e estradiol e menor excreção urinária de estrógenos e andrógenos que os norte-americanos. Além disso, observou-se que uma dieta ocidental aplicada aos africanos aumentou os níveis plasmáticos de triacilgliceróis e colesterol, diminuiu a porcentagem de HDL-C e testosterona e aumentou a excreção urinária de testosterona, enquanto nos americanos uma dieta vegetariana diminuiu os lipídios plasmáticos e a excreção urinária de testosterona.

O papel dos níveis séricos de antioxidantes na cardiopatia coronariana também tem sido pesquisado. Em um estudo europeu, o doutor Gey e seus colaboradores[107] coletaram amostras de sangue de homens de áreas com alta (Finlândia, Karelia, na Rússia, e Escócia), média (Irlanda do Norte) e baixa mortalidade coronariana (Suiça e Itália) e observaram que as concentrações plasmáticas de vitamina E eram significativamente maiores naqueles das áreas de baixa mortalidade. Em um estudo subsequente, com grupos de dezesseis países europeus, os mesmos pesquisadores encontraram uma marcante correlação inversa entre níveis séricos de vitamina E e a taxa de mortalidade coronariana.

O doutor Riemersma e colaboradores[108], num estudo caso-controle de angina pectoris, descobriram que as concentrações de vitamina E estavam substancialmente reduzidas em 105 indivíduos com angina recentemente documentada, comparados com 382 indivíduos controles.

Outros pesquisadores estão interessados no betacaroteno. Baixas concentrações séricas de betacaroteno foram encontradas em 195 pacientes turcos com doença cardiovascular, comparados a indivíduos controles[109]. Resultados preliminares do Washington County Study[110] sugerem que as concentrações plasmáticas de betacaroteno registradas dez anos antes de ocorrer um infarto do miocárdio nos pacientes foram menores neles do que naqueles que não sofreram um infarto.

No estudo EURAMIC, que avaliou a relação entre estado antioxidante e infarto agudo do miocárdio em indivíduos de dez países europeus, foram medidas concentrações de carotenoides no tecido adiposo de indivíduos imediatamente após sofrerem seu primeiro infarto. As medidas mostraram-se menores que nos indivíduos controles[111].

Estudos intervencionistas também confirmaram essa tendência. O estudo DAMET demonstrou que após quatro semanas de administração de 400 g de frutas e verduras, diariamente, foram observadas menores concentrações de LDL-C e colesterol total[112]. Outro estudo na China demonstrou menos casos de morte cerebrovascular em um grupo de indivíduos entre 40 e 69 anos que recebeu 15 mg de betacaroteno por dia, junto com selênio e alfatocoferol (vitamina E)[113].

Abordando outros aspectos, a hipótese de que certos fatores de coagulação estejam associados ao desenvolvimento de cardiopatia coronariana é apoiada pelos resultados obtidos pelo doutor Haines e sua equipe[72], do Hospital Northwick, em Londres, Inglaterra, que em 1980 estudaram cinquenta vegetarianos e 282 onívoros e encontraram níveis plasmáticos de fator VII e colesterol menores em vegetarianos de ambos os sexos; o nível de fator II também foi menor em homens vegetarianos. Além disso, aumentada atividade do sistema fibrinolítico* (e, dessa maneira, menor risco de doenças cardiovasculares e tromboembólicas), em indivíduos com alta ingestão de frutas e verduras ricas em vitamina C e fibra, resultou em menores níveis séricos do **inibidor do ativador do plasminogênio-1** (PAI-1)**, de acordo com um estudo de Nilsson e colaboradores[75]. Em outro estudo na Dinamarca, realizado pela equipe liderada por Marckmann[76] com 21 adultos saudáveis, uma dieta pobre em gordura e rica em fibra resultou em menores concentrações séricas de LDL-C e HDL-C, diminuição da atividade coagulante do fator VII e aumento da atividade fibrinolítica plasmática. A diminuição do fibrinogênio plasmático com uma dieta vegetariana também foi relatada por Hostmark e seus colaboradores[77].

* Sistema fibrinolítico: uma das diferentes vias proteolíticas envolvidas no processo de ativação da coagulação sanguínea. Possui papel importante em outros fenômenos biológicos, como reconstituição do tecido, transformação neoplásica, ovulação e implantação do embrião.

**I nibidor do ativador do plasminogênio-1 (PAI-1): principal enzima inibidora da fibrinólise (degradação da fibrina).

As plaquetas são participantes importantes no desenvolvimento da trombose arterial, que contribui para o infarto do miocárdio. Além disso, elas podem ser moduladoras importantes do processo aterogênico. Interessados nesse assunto, em 1985, o doutor Fisher e seus colaboradores[78] do Hospital Memorial Worcester, em Massachusetts, avaliaram os níveis plasmáticos de lipídios, função plaquetária, níveis de ácidos graxos plaquetários e prostaglandinas* ativas em plaquetas de dez vegetarianos estritos, quinze lactovegetarianos e 25 onívoros. As mais notáveis observações foram um aumento muito significativo na concentração de ácido linoleico e diminuição do ácido araquidônico plaquetário em ambos os subgrupos vegetarianos. Resultados semelhantes foram obtidos posteriormente por Sanders e sua equipe[79], em Londres.

Enquanto alguns estudos pesquisam o papel de lipídios ingeridos, como o colesterol e as gorduras saturadas, como fatores formadores da aterosclerose, outros pesquisam fatores protetores presentes na alta quantidade de fibra e vitaminas antioxidantes em dietas vegetarianas, como veremos mais adiante.

EVIDÊNCIA TERAPÊUTICA

Evidências epidemiológicas e clínicas durante as primeiras décadas incentivaram alguns médicos a aplicar dietas modificadas com fins terapêuticos, similares àquelas de comunidades rurais, em pacientes que haviam sofrido consequências da cardiopatia coronariana.

Em 1960, Morrison relatou que dos cem pacientes com infarto do miocárdio que se alimentaram com uma dieta com 15% de gordura e 50 a 70 mg de colesterol, 38 viveram doze anos a mais que outros cem pacientes que se alimentaram com uma dieta americana comum. Os pacientes com a primeira dieta tiveram uma diminuição média de colesterol de 312 para 220mg/dl e uma perda de 8 a 10 kg de peso[82].

Em 1976, os doutores Ellis e Sanders, do Hospital Kingdom, em Surrey, Inglaterra, relataram ter tratado quatro casos de angina pectoris severa com uma dieta vegetariana estrita. Todos os pacientes tiveram desaparecimento dos sintomas no sexto mês de tratamento e foram capazes de desenvolver suas atividades normalmente[83].

Anos depois, um sofisticado estudo avaliando os efeitos em curto prazo de uma intervenção realizada com um programa de gestão do estresse e dieta vegetariana estrita em pacientes com cardiopatia coronariana foi realizado pela equipe do doutor Ornish[84], do Hospital Geral de Massachusetts. Foi comparado o estado cardiovascular de 23 pacientes em que foram feitas essas intervenções

* Prostaglandinas: classe de lipídeos solúveis, moléculas semelhantes aos hormônios derivados do ácido araquidônico e outros ácidos graxos insaturados.

com um grupo de 23 pacientes em que não foram feitas. Depois de 24 dias, os pacientes do grupo experimental demonstraram melhora em parâmetros cardiológicos (44% de aumento na duração de exercícios, 55% de aumento na carga de trabalho, melhora na motilidade regional da parede miocárdica e fração de ejeção ventricular), diminuição de 20% dos níveis de colesterol sérico e redução de 91% da frequência de episódios anginosos.

A prova de que a aterosclerose coronariana pode ser detida através de uma dieta vegetariana vem do grande "Estudo de intervenção Leiden", realizado na Holanda, entre 1978 e 1982, pelo doutor Arntzenius e seus colaboradores[85], que analisaram 39 pacientes com angina pectoris estável, nos quais a angiografia coronária demonstrou pelo menos um vaso sanguíneo 50% obstruído antes da intervenção. A dieta vegetariana foi dada durante dois anos, com teor de gorduras insaturadas duas vezes maior que de saturadas e menos de 100 mg de colesterol por dia. Houve redução do peso corpóreo, da pressão arterial, do colesterol total (CT) e da proporção CT/HDL-C. Exames angiográficos realizados após 24 meses apresentaram progressão da doença em 21 dos 39 pacientes, mas nenhum crescimento de lesão em dezoito deles. Esse não crescimento foi observado em pacientes que tinham conseguido valores mais baixos da relação CT/HDL-C durante o consumo da dieta.

Neste momento, talvez você esteja se perguntando o mesmo que o doutor Ornish: se o processo aterosclerótico pode ser detido, por que não poderia também ser regredido?

Com essas ideias, o doutor Ornish e sua equipe[86] realizaram outro estudo para determinar se mudanças no estilo de vida afetavam a aterosclerose coronariana depois de um ano. Um total de 28 pacientes com doença coronariana documentada angiograficamente constituiu um grupo experimental (dieta vegetariana, abandono do tabaco, gestão do estresse e exercício moderado) e outros vinte pacientes com quadro semelhante constituíram um grupo controle. Foram analisadas 195 lesões coronarianas por angiografia. A porcentagem média do diâmetro da estenose* regrediu de 37,8% a 40% no grupo experimental e progrediu de 42,7% a 46,1% no grupo controle. Quando somente as lesões de estenose maiores que 50% foram analisadas, a porcentagem média do diâmetro regrediu de 55,8% a 61,1% no grupo experimental e progrediu de 61,7% a 64,4% no grupo controle. Em geral, 82% dos pacientes do grupo experimental tiveram mudanças involutivas (benéficas).

Em Moradabad, Índia, a equipe liderada pelo doutor Singh[87], estudando um grupo maior de pacientes, mostrou que uma dieta pobre em gorduras e rica em fibras, vitaminas e minerais antioxidantes reduziu as complicações e a mortalidade após o infarto agudo do miocárdio. Um grupo de 204 pacientes seguindo essa dieta apresentou diminuição de lipoproteínas séricas e peso corpóreo, assim

* Estenose: estreitamento anormal de um vaso sanguíneo, órgão ou estrutura tubular do organismo.

como incidência de eventos cardíacos e mortalidade significativamente menor, em comparação a outros 202 pacientes submetidos a uma dieta pobre em gordura, mas também pobre em frutas e verduras.

Os avanços tecnológicos mais sofisticados para o diagnóstico médico foram usados no estudo da equipe conduzida pelo doutor Lance Gould[121], da Universidade do Texas. Quantificaram-se as mudanças no tamanho e gravidade das anormalidades de perfusão miocárdica pela tomografia de emissão de pósitrons (TEP) em pacientes com cardiopatia coronariana, após cinco anos de modificação de fatores de risco. O grupo experimental com vinte pacientes tinha uma dieta vegetariana com baixo teor de gorduras, exercício leve a moderado, programa de gestão do estresse e grupo de apoio; o grupo com quinze pacientes controles esteve sob os cuidados dos cardiologistas com terapia antianginosa, principalmente. Estudos de angiografia coronariana e TEP basais foram feitos cinco anos depois. O tamanho e a severidade das anormalidades de perfusão nas imagens TEP diminuíram (ou seja, melhoraram) após a modificação de fatores de risco no grupo experimental, comparado a um aumento (ou piora) do tamanho e da severidade em pacientes controles. Devido a tudo isso, não há dúvida de que muitos conceitos e axiomas que eu aprendi na minha área serão modificados no futuro.

MECANISMOS

A cardiopatia coronariana é devida à obstrução dos vasos arteriais coronários por aterosclerose ou trombose, ou uma combinação de ambas.

Milhares de estudos foram realizados para esclarecer as causas e os mecanismos envolvidos na gênese da aterosclerose; concluiu-se que é um fenômeno multifatorial. São reconhecidos fatores de risco modificáveis - como o hábito de fumar, hipertensão, obesidade, falta de atividade física, diabetes melito e hiperlipidemia –, assim como fatores de risco não modificáveis - como idade, sexo e histórico familiar de cardiopatia coronariana.

A dieta é fundamental, já que, através de uma série de mecanismos, afeta a hiperlipidemia e intervém em outros fatores de risco modificáveis, como hipertensão, obesidade e diabetes melito, assim como poderia afetar fatores de risco não modificáveis, como idade e sexo, como veremos mais adiante.

FATORES DE RISCO NÃO MODIFICÁVEIS

Idade

O avanço da idade aumenta o risco de cardiopatia coronariana. Por exemplo, a probabilidade de um homem de 62 anos morrer um ano depois é quinhentas vezes maior que a de um homem de 22 anos.

Se considerarmos que o fenômeno aterosclerótico pode ter início na vida fetal, já que em recém-nascidos é possível encontrar estrias lipídicas (primeiras lesões reconhecíveis da aterosclerose), então seria possível influenciar e bloquear seu desenvolvimento desde a gestação. Alguns estudos demonstraram diferenças nos lipídios séricos de cordões umbilicais de recém-nascidos, assim como no leite materno de mães vegetarianas, em comparação a mães onívoras. A menor proporção de ácido palmítico e a maior proporção de ácido linoleico encontradas em vegetarianas[57] são muito importantes, já que o ácido palmítico tem efeito hipercolesterolêmico e o ácido linoleico, efeito contrário.

Um dos efeitos da dieta vegetariana sobre os lipídios séricos é o retardo do aumento de colesterol com a idade. Em alguns estudos[60], os vegetarianos não mostraram nenhum aumento com o avanço da idade. Fenômeno semelhante foi observado para a pressão arterial. Constituiria isso um sinal para acreditarmos que outro fenômeno biológico, como o envelhecimento, possa ser modificado?

Sexo

Homens de 40 anos têm quatro vezes mais chance de morrer por cardiopatia coronariana do que mulheres da mesma idade, mas essa proporção diminui para apenas duas vezes ao atingirem 70 anos.

Após a menopausa, a incidência de cardiopatia coronariana em mulheres aumenta progressivamente até que não haja mais diferença entre homens e mulheres. Nessa fase da vida, os níveis de LDL-C aumentam mais rapidamente, provavelmente devido à perda de estrogênio em mulheres na pós-menopausa, que têm em média níveis mais elevados de LDL-C do que os homens da mesma idade.

Os trabalhos do doutor Hill[71] indicam que o metabolismo dos estrogênios e androgênios em homens pode ser alterado através da dieta e que a implementação de uma dieta ocidental de "risco" pode alterar o metabolismo de hormônios esteroides, os quais alteram o metabolismo de lipoproteínas e aumentam o risco de cardiopatia coronariana.

Além disso, observou-se que a menopausa ocorre em idades mais avançadas em mulheres vegetarianas do que em onívoras, mostrando maior proteção da dieta vegetariana contra a cardiopatia coronariana.

Histórico familiar

Observou-se uma predisposição hereditária no desenvolvimento de aterosclerose. Além disso, há doenças genéticas causadas por deficiências enzimáticas que geram alterações no metabolismo, resultando em uma maior propensão para esse desenvolvimento. A história de algumas dessas doenças genéticas poderia ser influenciada através de uma dieta vegetariana, como será discutido mais adiante.

FATORES DE RISCO MODIFICÁVEIS

Obesidade

Diversos estudos demonstraram claramente que o aumento do peso corpóreo é um fator de risco independente para cardiopatia coronariana, além de ser uma das causas de hipertensão arterial, diminuição do HDL e aumento de triacilgliceróis e colesterol. A prevalência de obesidade é menor em vegetarianos do que em onívoros.

Hipertensão

A relação entre hipertensão e doença cardiovascular é bem estabelecida. Foi discutida anteriormente a diferença na prevalência de hipertensão entre os vegetarianos e onívoros, assim como o valor terapêutico da dieta vegetariana.

PAPEL DA DIETA VEGETARIANA

A dieta vegetariana geralmente é caracterizada, entre outros aspectos, pelo seu baixo teor de gordura total, colesterol, gordura saturada e proteína animal e um maior teor de vitaminas antioxidantes, carboidratos complexos e fibras, ao contrário da onívora.

Adiante revisaremos separadamente essas características, embora mecanismos interligados e complementares entre elas devam ser o mais importante.

Gorduras

O colesterol ingerido causa hipercolesterolemia e aterosclerose em animais de laboratório, incluindo primatas não humanos. É indiscutível que o colesterol da dieta aumenta o nível sérico em seres humanos. O grau de aumento, entretanto, varia de pessoa para pessoa. Portanto, uma dieta rica em colesterol contribui para o aumento dos níveis de LDL-C.

É importante lembrar que a LDL-C é a lipoproteína que transporta colesterol no sangue para os tecidos periféricos e por isso está associada como fator causal na aterogênese, ao contrário da HDL, que é a lipoproteína de ação reversa, carregando colesterol dos tecidos periféricos para o fígado, onde será metabolizada de modo que desempenhe um papel protetor contra a aterogênese.

Vegetarianos mostraram níveis de LDL-C menores e de HDL-C normais ou ligeiramente diminuídos. No entanto, o fator de risco de maior importância é a proporção LDL-C/HDL-C; quanto maior essa proporção, maior o risco. Embora em vegetarianos as mudanças nos níveis de HDL-C ainda não sejam manifestadas, a proporção LDL-C/HDL-C geralmente é menor devido à diminuição marcante de LDL-C.

Evidências recentes sugerem que nem toda LDL-C é igual. Especificamente, partículas que tenham qualquer parcela fosfolipídica ou proteica modificada quimicamente são particularmente aterogênicas. As formas mais importantes de alteração química são oxidação, acetilação ou glicosilação. Tais mudanças parecem ocorrer principalmente na parede arterial ou durante a passagem de LDL-C pelo plasma.

Gerald Luc, do Instituto Pasteur de Lille, na França, dá uma visão atual da aterogênese com base na modificação oxidativa da LDL[88]:

> Primeiro, a atividade quimiotática* da LDL oxidada facilita o recrutamento de monócitos sanguíneos. Esses monócitos penetram a camada interna arterial e são convertidos em macrófagos. Então, a LDL oxidada inibe a migração de macrófagos pela parede arterial, facilitando a absorção contínua de lipoproteínas modificadas; a progressão desse processo pode levar à geração de células espumosas**.
>
> Finalmente, a LDL oxidada é tóxica para as células, levando à morte celular, perda de células endoteliais e desnudação da artéria. Como o próprio macrófago pode alterar a LDL oxidada, o fenômeno pode se perpetuar.
>
> Seria interessante saber se a dieta pode ter alguma influência sobre a probabilidade de que a LDL-C oxide; aparentemente, sim. Muitos estudos indicam claramente que a vitamina E, o betacaroteno e a vitamina C, todos antioxidantes, retardam ou reduzem a oxidação da LDL-C. Foi demonstrado que uma dieta vegetariana fornece mais vitaminas antioxidantes (principalmente por frutas e legumes); além disso, vegetarianos apresentaram níveis séricos dessas substâncias mais altos do que onívoros[92,93].

As gorduras saturadas incluem os três principais ácidos graxos que aumentam o colesterol, os quais têm longas cadeias de carbono: ácido láurico (doze carbonos), ácido mirístico (catorze carbonos) e ácido palmítico (dezesseis carbonos). O efeito predominante da gordura saturada é aumentar os níveis de LDL-C. Gorduras animais fornecem dois terços da gordura saturada na dieta americana (manteiga, leite integral, queijo, carne, porco, cordeiro e frango). O restante provém de fontes vegetais (óleo de palma, amêndoa e coco)[89].

Em relação às gorduras poli-insaturadas, existem dois ácidos graxos denominados ômega: o 6 (n-6***) e o 3 (n-3****). O principal ácido graxo ômega-6 é o ácido linoleico. Quando este substitui a gordura saturada, há uma diminuição do nível de LDL-C. Diversos óleos vegetais são ricos em ácido linoleico: óleo de soja, milho e algodão. Os ácidos graxos ômega-3 são encontrados principalmente em peixes e linhaça; outros ácidos graxos dessa classe são o ácido eicosapentaenoico (EPA) e docosahexaenoico (DHA), eles têm menos efeito sobre os níveis de LDL-C, mas reduzem substancialmente os triacilgliceróis.

Alguns pesquisadores sugeriram que o ômega-3 diminui o risco de cardiopatia coronariana, embora isso ainda esteja sob investigação; além disso, não se sabe se a ingestão em longo prazo de grandes quantidades de ômega-3 pode

---

* Atividade quimiotática: movimentação de células em direção a um agente químico específico.

** Células espumosas: derivados de macrófagos que possuem gotículas de colesterol livre e esterificado.

*** n-6: a primeira ligação dupla está a seis carbonos da extremidade metila (CH_3) da cadeia carbônica.

**** n-3: a primeira ligação dupla está a três carbonos da extremidade metila (CH_3) da cadeia carbônica.

levar a situações de perigo. Apesar de alguns peixes do oceano serem ricos nesse ácido graxo, a maioria dos outros tipos de peixe é pobre em gordura e tem baixas quantidades de ômega-3.

No seu processo de evolução, a aterosclerose é frequentemente associada à trombose, resultando em quatro quadros clínicos: dor anginosa comum (angina estável), dor anginosa pré-infarto (angina instável), infarto e morte súbita.

O infarto do miocárdio, a manifestação mais conhecida, está relacionado a um processo de trombose intra-arterial recente sobreposta à aterosclerose coronariana. As plaquetas parecem ser importantes contribuintes para ambos os processos.

Foi observado que vegetarianos têm níveis plaquetários mais baixos de ácido oleico e ácido araquidônico. Este último é o principal precursor da produção de prostaglandinas e é metabolizado, principalmente, a tromboxano A2 (TXA-2), uma substância com propriedades vasoconstritoras. Além disso, o maior nível de ácido linoleico plaquetário de vegetarianos, reflexo da riqueza em sua dieta, foi relatado como redutor da liberação plaquetária de TXA-2 e da agregação plaquetária[78].

Como afirma o doutor Fisher, os vasos sanguíneos de vegetarianos não só estão expostos a menores níveis de componentes de lesão, como o colesterol, mas também sua reação à lesão da parede arterial, elemento-chave do processo aterogênico, pode estar reduzida pela presença de níveis elevados de ácido linoleico.

Proteína

Atualmente, muitas evidências em animais de laboratório e seres humanos (como veremos adiante) têm demonstrado o efeito hipocolesterolêmico da proteína vegetal, em comparação à animal. O mecanismo poderia envolver um aumento do catabolismo da LDL-C, aumentando sua absorção pelo fígado, com o objetivo de reabastecimento de colesterol e ácidos biliares através da circulação entero-hepática.

Um fator endotelial conhecido como "**fator relaxante derivado do endotélio (EDRF)**" foi identificado como sendo o óxido nítrico. Esse fator é um potente vasodilatador endógeno que também inibe a adesão e agregação plaquetária, a adesão de monócitos e a quimiotaxia, tendo, portanto, um potencial antiaterogênico. Pacientes coronários e hipercolesterolêmicos têm baixos níveis de EDRF. O aminoácido arginina é um precursor do óxido nítrico e estudos em animais indicam que a ingestão de arginina em doses equivalentes às comumente obtidas de alimentos de origem vegetal, como nozes, corrige as concentrações reduzidas de EDRF em animais hipercolesterolêmicos[90].

Fibra

O doutor Anderson afirmou que "diversos estudos clínicos mostram que alimentos como o farelo de aveia ou feijão, ricos em fibras solúveis, podem diminuir o colesterol total em 19% e o LDL-C em 22%. Inclusive suplementos ricos em fibras solúveis, como **muciloide de Psyllium**, são bem tolerados e podem reduzir o colesterol sérico em 15%. O risco estimado de doença coronariana pode assim ser diminuído em mais de 30%". Um relatório da Sociedade Americana de Biologia Experimental descreve mais de cinquenta estudos com fibras solúveis e conclui que "as fibras solúveis, como pectina, goma guar, goma de alfarroba, goma de aveia ou muciloide de Psyllium, reduzem significativamente os níveis de colesterol total e LDL-C, com pouco efeito sobre a HDL-C".

Os mecanismos envolvidos provavelmente incluem mudanças na absorção e reabsorção de colesterol e ácidos biliares. A fibra solúvel pode misturar ácidos biliares e colesterol no intestino, diminuindo a sua absorção. As bactérias no cólon convertem os ácidos biliares primários em secundários, os quais são menos absorvidos; então, menos ácido biliar retorna à circulação êntero-hepática e o fígado sintetiza mais colesterol para satisfazer a necessidade de síntese de ácidos biliares, diminuindo a quantidade de colesterol disponível para a síntese de lipoproteínas.

Os ácidos graxos de cadeia curta também podem mediar os efeitos hipocolesterolêmicos da fibra solúvel, que é quase completamente fermentada a esses ácidos - principalmente acetato, propionato e butirato - no cólon. Esses ácidos graxos são absorvidos na veia porta, que se direciona para o fígado, e parecem inibir a síntese de colesterol hepático. O aumento da perda fecal de ácido biliar somado à síntese reduzida de colesterol hepático pode diminuir a secreção hepática de VLDL-C, precursor da LDL-C. Ácidos graxos de cadeia curta também podem inibir a síntese de colesterol nos tecidos periféricos, resultando num aumento de receptores periféricos de LDL e de sua depuração.

A enzima hidroximetilglutaril-CoA redutase (HMG-CoA redutase*) é importante na síntese do colesterol. Foi descoberto que certos nutrientes podem afetar essa enzima[105,106]. O doutor Charles Elson, da Universidade de Wisconsin, observando que grãos ricos em fibra suprimem a síntese do colesterol, conclluiu que um constituinte menor da cevada, o **alfatocotrienol**, produz uma supressão dependente da dose da atividade da HMG-CoA redutase, com concomitante diminuição do colesterol sérico. Outros pesquisadores também descobriram que certos produtos secundários do metabolismo das plantas, como os isoprenoides, têm efeitos semelhantes[105].

Mecanismos que envolvem fatores de coagulação e substâncias afins também poderiam ser importantes. A diminuição dos níveis sanguíneos do fator VII, fibrinogênio e aumento da atividade do sistema fibrinolítico são indicadores de menor tendência a estados coaguláveis e, portanto, menor risco cardiovascular. Os fatores físicos, como menor viscosidade e, consequentemente, aumento do fluxo sanguíneo em indivíduos vegetarianos, desempenham um papel protetor.

* HMG-CoA redutase: enzima que limita a velocidade na síntese de colesterol, catalisando a conversão de HMG-CoA (3-hidroxi-3-metilglutaril coenzima A redutase) em ácido mevalônico (MVA).

OUTRAS DOENÇAS CARDIOVASCULARES

Como foi dito anteriormente, a aterosclerose é uma entidade que afeta difusamente todo o organismo. Pacientes com cardiopatia coronariana têm probabilidade cinco vezes maior de desenvolver doença arterial oclusiva periférica e pacientes com essa doença têm quatro vezes mais chance de desenvolver cardiopatia coronariana.

Num estudo caso-controle em Atenas, Katsouanni e seus colaboradores[94] estudaram cem pacientes com **doença arterial oclusiva periférica** e cem controles, e constataram que o consumo de gordura saturada e colesterol aumentava o risco da doença, enquanto fibra, vitamina C e gorduras poli-insaturadas diminuíam esse risco.

O "Estudo arterial de Edimburgo"[95], incluindo 1.592 pessoas entre 55 e 74 anos, examinou a relação entre um indicador de doença arterial oclusiva periférica, o índice de pressão tornozelo-braquial e fatores alimentares. O maior consumo de fibras, vitamina E e vitamina C foi associado a índices mais elevados (bom prognóstico); o maior consumo de carne e derivados foi associado a índices mais baixos (mau prognóstico).

No grande "Estudo de risco de aterosclerose em comunidades"[96], realizado entre 1987 e 1989, do qual participaram 5.907 homens e 7.241 mulheres com idade entre 45 e 64 anos, recrutados de quatro estados dos Estados Unidos, mediu-se a espessura da parede arterial (um indicador de aterosclerose) e pesquisou-se sua relação com fatores alimentares. Após o ajuste para idade e ingestão de energia, as gorduras animal, saturada e monoinsaturada e o colesterol foram associados positivamente com a espessura da parede, enquanto as gorduras vegetal e poli-insaturada foram inversamente relacionadas.

Evidências terapêuticas sobre a importância da dieta na doença vascular periférica foram estabelecidas pelo doutor Kenneth Hutchison e equipe[122], da Universidade de Alberta, no Canadá, que submeteram 45 pacientes com essa doença a um estudo clínico durante um ano. Vinte pacientes foram submetidos à dieta C para hiperlipidemia, da Associação Americana de Cardiologia, e 25 pacientes, a uma dieta pobre em gorduras e rica em fibras e carboidratos complexos, semelhante à dieta de Pritikin (70% a 75% de energia proveniente de carboidratos, 15% a 20% de proteína, 5% a 10% de gordura e uma ingestão de fibra de 40 a 45g/1.000 kcal). A distância de caminhada em pacientes aumentou significativamente em ambos os grupos, um indicador de bom desenvolvimento; houve uma tendência a menores níveis de lipídios séricos (LDL e colesterol total), que foi mais acentuada no grupo da dieta de Pritikin.

Anteriormente, os doutores Acheson e Williams[97] relataram um efeito protetor do consumo de frutas e verduras sobre a mortalidade por **doenças cerebrovasculares (derrame)** em duas cidades da Inglaterra. Volset e Bjelke[98], da Universidade de Bergen, Noruega, observaram o mesmo em 16.713 noruegueses.

O doutor Gillman e colaboradores[99] da Faculdade de Medicina de Harvard, em Boston, relataram um estudo que examinou o efeito do consumo de frutas e vegetais sobre o risco de acidente vascular cerebral em 832 homens de meia idade, monitorados por vinte anos, e constatou que esse consumo exerceu um efeito protetor tanto contra a doença cerebrovascular isquêmica como contra a hemorrágica.

As **varizes** e a **trombose venosa profunda** estão entre as doenças mais comuns em países desenvolvidos. As varizes estão presentes em 10% a 17% dos adultos na Grã-Bretanha e na América do Norte, contrastando com a sua raridade na África e na Índia, principalmente nas comunidades rurais. Webster encontrou apenas um caso em 30.000 pacientes de uma tribo africana. Burkitt observou apenas cinco casos em dez anos de prática médica. Em 1960, Thomas, comparando a incidência de eventos tromboembólicos em autópsias, constatou que nos americanos a ocorrência foi de 24% e em africanos de Uganda, apenas 2%[100].

O doutor Setti e seus colaboradores[101], em um estudo realizado em Bérgamo, na Itália, demonstraram o efeito terapêutico da fibra alimentar sobre a síndrome de varizes, em quinhentas gestantes.

Em relação à trombose venosa profunda, há mais de um século Virchow sugeriu que as possíveis causas podem ser divididas em três grupos: alterações locais na parede do vaso sanguíneo, estase venosa e alterações na coagulação do sangue. Atualmente, acredita-se que o principal fator etiológico seja um aumento da tendência para a coagulação sanguínea. Por exemplo, mostrou-se que o retorno venoso cai à metade de sua velocidade normal durante intervenções cirúrgicas, assim como durante o repouso pós-operatório.

Aqui é preciso lembrar que foi observado que vegetarianos têm uma tendência a ter menor coagulabilidade, o que explicaria, em parte, a menor incidência de problemas venosos em populações rurais cuja dieta é predominantemente vegetariana. Além disso, em 1959, Cleave propôs uma hipótese baseada na fibra alimentar para explicar a gênese das varizes, da trombose venosa profunda e das hemorroidas. Ele considerou que a causa fundamental é a detenção fecal resultante da reduzida quantidade de fibra na dieta, o que causa uma pressão devido à proximidade entre o cólon carregado de fezes e o sistema venoso (veia ilíaca externa) subjacente. Além disso, a dieta pobre em fibras aumenta a pressão intraluminal do cólon, resultando em constipação e forçando a pessoa a um maior esforço para defecar. Acredita-se que o aumento da pressão venosa devido a esse esforço poderia causar dilatação ou outras alterações no sistema venoso profundo, resultando em estase venosa.

CONCLUSÕES

Nas últimas décadas, a crescente evidência científica através de estudos epidemiológicos, experimentais e clínicos vem demonstrando o efeito benéfico de uma dieta vegetariana, quando equilibrada, sobre as doenças cardiovasculares, em comparação a uma dieta onívora. Assim, parece estranha a demora de associações médicas especializadas em reconhecer o papel protetor dessa dieta. Apesar disso, o peso das evidências "obrigou" a publicação, em 1988, do **"Primeiro relatório do painel de peritos na detecção, avaliação e tratamento do colesterol alto no sangue em adultos"**, com a participação de várias instituições acadêmicas, incluindo a Associação Americana do Coração, que fazia uma série de recomendações alimentares. Entre elas, a redução da ingestão de colesterol (menos de 300 mg na fase I e menos de 200 mg na fase II) e de gordura saturada. Posteriormente, apareceu o segundo relatório[102], que enfatiza a atividade física e a perda de peso.*

No entanto, parece que a quantidade de colesterol recomendada para consumo é um tanto arbitrária e provavelmente deva ser menor. Há estudos[103] que sugerem o pouco valor dessas dietas para pacientes com colesterol elevado. Talvez devêssemos ser mais rigorosos, como foi há mais de 3.000 anos Moisés, que aconselhou seus companheiros: "Todo o sebo (gordura animal) pertence a Deus. Essa é uma lei perpétua para vossos descendentes, onde quer que habitem. Não comereis gordura nem sangue".[104]

O professor Armand Ruffer, membro da Faculdade de Medicina do Cairo, publicou, em 1911, suas observações macro e microscópicas sobre lesões ateroscleróticas em múmias egípcias, incluindo aquelas que morreram ainda jovens.

Três anos depois, Shattuck descreveu as lesões ateromatosas do faraó Meneftah, que aparentemente não teria se afogado no mar Vermelho durante o êxodo dos hebreus, mas, provavelmente, morrido por aterosclerose.[123]

Embora os mecanismos através dos quais uma dieta vegetariana exerce sua influência sobre a prevenção e o tratamento de doenças cardiovasculares ainda não estejam totalmente esclarecidos, provavelmente eles são multifatoriais, como já foi comentado.

A importância de uma mudança no estilo de vida, que inclui uma dieta vegetariana, traria uma economia incalculável. Só nos Estados Unidos, os custos de cardiopatia coronariana, incluindo consultas médicas, hospitalização por síndrome coronariana isquêmica, avaliação de diagnóstico, cirurgia e angioplastia, múltiplos medicamentos e cuidados coronários crônicos, fora os salários perdidos devido à incapacidade ou doença crônica, estão entre 50 e 100 bilhões de

* Em 2001 foi publicado o Terceiro Relatório, que fomentava o uso de esteróis e estanóis vegetais, assim como fibra viscosa como medida terapêutica para a redução do LDL.

dólares. Não quero ser demagogo e propor que os programas de benefícios para as pessoas sem-teto poderiam ser feitos com esse dinheiro. Além disso, o custo emocional ou psicológico não pode ser calculado em dólares ou qualquer outra moeda. Basta dizer que cada um de nós, em algum momento da vida, pode ser afetado pela perda de um familiar ou amigo com essa doença.

Depois de tudo isso, se uma mulher grávida me perguntar hoje se, através de uma dieta vegetariana (balanceada), seu bebê estará mais protegido contra o desenvolvimento da aterosclerose, eu responderei que sim. Se um colega me perguntar se tal dieta combateria o processo aterosclerótico das artérias, eu diria que sim. E se um paciente crítico, nas visitas à unidade coronariana, me perguntar se ele também pode ter esperanças, diria algo como: "Claro que sim, irmão, sempre há esperança".

REFERÊNCIAS BIBLIOGRÁFICAS

1. Sacks FM et al. Blood pressure in vegetarians. Am J Epidemiol. 1974;100(5):390-8.
2. Malhotra SL. Dietary factors causing hypertension in India. Am J Clin Nutr. 1970;3:1353-63.
3. Ruiz L, Peñaloza. Altitud and hypertension. Mayo Clinic Proc. 1977;52:442-5.
4. Armstrong B et al. Blood pressure in Seventh-day Adventist vegetarians. Am J Epidemiol. 1977;10 (5):444-9.
5. Ko YC. Blood pressure in buddhist vegetarians. Nutr Rep Inter. 1983;28(6):1375-84.
6. Anholm AC. The relationship of a vegetarian diet to blood pressure. Prev Med. 1975;4:35.
7. Rouse IL et al. The relationship of blood pressure to diet and lifestyle in two religious populations. J Hipertens. 1983;1:65-71.
8. Rouse IL et al. Vegetarian diet, blood pressure and cardiovascular risk. Aust NZ J Med. 1984;14:439-43.
9. Ophir O et al. Low blood pressure in vegetarians: the possible rol of potasium. Am J Clin Nutr. 1983;37:755 – 62.
10. Melby CL et al. Blood pressure in vegetarians and nonvegetarians: a cross-sectional analysis. Nutr Res. 1985;5(10):1077-82.
11. Melby CL et al. Blood pressure and body mass index in elderly long-term vegetarians and nonvegetarians. Nutr Rep Inter. 1988;37(1):47-56.

12. Melby CL et al. Blood pressure differences in older black and white long-term vegetarians and nonvegetarians. J Am Coll Nutr. 1993;12(3):262-9.

13. Melby CL et al. Blood pressure and blood lipids among vegetarian, semivegetarian and nonvegetarian african americans. Am J Clin Nutr. 1994;59:103-9.

14. Ascheiro A et al. A prospective study of nutritional factors and hypertension among US men. Circulation. 1992;86:1475-84.

15. Schroeder HA et al. The effects of the "rice diet" upon the blood pressure of hypertensive individuals. Ann Intern Med. 1949;30:713-32.

16. Hatch FT et al. Effect of diet in essential hypertension. Am J Med. 1954;17:499-513.

17. Wright A et al. Dietary fibre and blood pressure. Br Med J. 1979;2:1541-3.

18 Armstrong B et al. Urinary sodium and blood pressure in vegetarians. Am J Clin Nutr. 1980;32:2472-6.

19. Ernst E et al. Blood rheology in vegetarians. Br J Nutr. 1986;56(3):55-60.

20. Rouse IL et al. Blood pressure lowering effect of a vegetarian diet: controlled trial in normotensive subjects. Lancet. 1983;1(8314-15):5-10.

21. Sanders TAB et al. Blood pressure plasma renin activity and aldosterone concentrations in vegans and omnivore controls. Hum Nutr Appl Nutr. 1987;41 A(3):204-11.

22. Trout DL. Vitamin C and cardiovascular risk factors. Am J Clin Nutr. 1991;53:322S-5S.

23. Sciarrone S et al. Ambulatory blood pressure and heart rate responses to vegetarian meals. J Hypert. 1993;11(3):277-85.

24. Lindahl O et al. A vegan regimen with reduced medication in the treatment of hypertension. Br J Nutr. 1984;52:11-20.

25. Margetts BM et al. Vegetarian diet in the treatment of mild hypertension a randomized controlled trial. J Hyperten Suppl. 1985(3 Suppl 3):S429-37.

26. Anderson JW. Plant fiber and blood pressure. Ann Intern Med. 1983;98(5 Pt 2):842-6.

27. Singh R et al. Effects of guava intake on serum total and high density lipoprotein cholesterol levels and on systemic blood pressure. Am J Cardiol. 1992;70:1287-91.

28. Crane M et al. Effect of a vegan diet of unrefined foods on hypertension. Am J Clin Nutr. 1988;48 (3):922.

29. Law CM et al. Initiation of hypertension in utero and its amplification throughout life. Br Med J. 1993;306(6869):24-7.

30. Fonnebo V. The healthy Seventh-day Adventist lifestyle: what is the norwegian experience? Am J Clin Nutr. 1994;59 (Suppl):1124S-9S.

31. Kaplan N. Clinical hypertension. 1990;81-232.

32. Joffres MR et al. Relationship of magnesium in take and other dietary factors to blood pressure: the Honolulu heart study. Am J Clin Nutr. 1987;45:469-75.

33. Walker WJ, Gregoratos. Am J Cardiol. 1967;19:339.

34. Phillips RL et al. Coronary heart disease mortality among Seventh-day Adventists with differing dietary habits: a preliminary report. Am J Clin Nutr. 1978;31:S191-8.

35. Snowdon DA. Animal product consumption and mortality because of all causes combined, coronary heart disease, stroke, diabetes and cancer in Seventh-day Adventists. Am J Clin Nutr. 1988;48:739-48.

36. Kromhout D et al. Dietary fibre and 10-year mortality from coronary heart disease, cancer and all causes. The Zutphen study. Lancet. 1982;2:518-21.

37. Burr ML, Butland. Heart disease in british vegetarians. Am J Clin Nutr. 1988;48:830-2.

38. Fraser GE et al. A possible protective effect of nut consumption on risk of coronary heart disease. The adventist health study. Arch Inter Med. 1992; 152:1416-24.

39. Chang C et al. Dietary and lifestyle determinants of mortality among german vegetarians. Int J Epidemiol. 1993;22(2):228-36.

40. Knekt P et al. Antioxidant vitamin intake and coronary mortality in a longitudinal population study. Am J Epidemiol. 1994;139:1180-9.

41. Wissler RW et al. Arterial lessions and blood lipids in rhesus monkeys (Macaca mulatta) fed human diets. Exp Mol Pathol. 1983;38(1):117-36.

42. Hardinge, Stare. Nutritional studies of vegetarians. I. Nutritional, physical and laboratory studies. J Clin Nutr. 1954;2;83-8.

43. Beveridge J et al. The effects of certain vegetable and animal fats on plasma lipids in humans. J Nutr. 1955;56:311.

44. Scrimshaw NS et al. Diet and serum cholesterol levels among the "black caribs" of Guatemala. Am J Clin Nutr. 1961;9:206.

45. Ahrens EH et al. Effect on human serum lipids of substituting plant for animal fat in diet. Proc Soc Exper Biol & Med. 1954;86:872.

46. Toor M et al. Serum lipids and atherosclerosis among yemenite immigrants to Israel. Lancet. 1957;272:1270.

47. Kirkeby K. Blood lipids, lipoproteins and proteins in vegetarians. Act Med Scand. 1966;179:443.

48. Glazunov IS. Kardiol. 1961;3:30.

49. Hansen P et al. Lancet. 1962;2:1193.

50. Walden RT et al. Effect of environment on the serum cholesterol – triglyceride distribution among Seventh-day Adventists. Am J Med 1964;36:269.

51. West H. Diet and serum cholesterol levels. A comparison between vegetarians in Seventh-day Adventist group. 1968;21:853-62

52. Konstantinov EN. Epidemiology of arterial hypertension and coronary atherosclerosis. Moscow ,1969;2:64.

53. Sacks FM et al. Plasma lipids and lipoproteins in vegetarians and controls. N Eng J Med. 1975;292(22):1148-51.

54. Ruys J et al. Serum cholesterol and triglyceride levels in Australian adolescent vegetarians. Br Med J. 1976;2(6027):87.

55. Burslem J et al. Plasma apoprotein and lipoprotein lipid levels in vegetarians. Metabolism. 1978;27(6):711-9.

56. Lock DR et al. Apolipoprotein E levels in vegetarians. Metabolism. 1982;31(9):917-21.

57. Sanders TAB et al. Studies of vegans: the fatty acid composition of plasma choline phosphoglycerides erythrocytes, adipose tissue, and breast milk and some indicators of susceptibility to ischemic heart disease in vegans and omnivore controls. Am J Clin Nutr. 1978;31:805-13.

58. Huybregts AW et al. Serum lipids, biliary lipid composition and bile acid metabolism in vegetarians as compared to normal control. Eur J Clin Invest. 1980;10(6):443-50.

59. Gear JS et al. Biochemical and hematological variables in vegetarians. Br Med J. 1980;280(6229):1415.

60. Thorogood M et al. Plasma lipids and lipoprotein cholesterol concentration in people with different diets in Britain. Br Med J. 1987;295(6594):351-3.

61. Liebman M et al. Plasma lipids of vegetarian and nonvegetarians males: effects of egg consumption. Am J Clin Nutr 1983;38(4):612-9.

62. Aurora RC et al. A study of high fat and cholesterol diet induced changes in plasma cholesterol and lipoprotein in healthy human volunteers vegetarians. Mater Med Pol 1986;18(4):198-202.

63. Lavy AM et al. Plasma lipids in vegetarians in Israel. Harefuah. 1982;102(4):142-4.

64. Mancilha-Carvalho et al. Lipid profiles of Yanomamo Indians of Brazil. Prev Med 1990;19(1):66-75.

65. Cooper R et al. The selective lipid-lowering effect of vegetarianism on low density lipoproteins in a crossover experiment. Atherosclerosis. 1982;44(3):293-306.

66. Lithell HA et al. Changes in lipoprotein metabolism during a supplemented fast and an ensuing vegetarian diet period. Upsala J Med Sci. 1985;90(1):73-84.

67. Ling WA et al. Shifting from conventional diet to a uncooked vegan diet reversibly alters serum lipid and apolipoprotein levels. Nutr Res. 1992;12(12):1431-40.

68. Nestel PJ et al. Low density and high density lipoprotein kinetics and sterol balance in vegetarians. Metabolism. 1981;30(10):941-5.

69. Locky DR et al. Apo A-I/Apo-II ratios in plasmas of vegetarians. Metabolism. 1983;32(12):1142-5.

70. Sacks FM et al. Ingestion of egg raises plasma low density lipoproteins in free-living subjects. Lancet. 1984;1(8378):647-9.

71. Hill P. Plasma hormones and lipids in men at different risk for coronary heart disease. Am J Clin Nutr. 1980;33:1010-8.

72. Haines AP et al. Hemostatic variables in vegetarian and nonvegetarians. Thromb Res. 1080;19(1-2):139-48.

73. Knutsen Md et al. Cholesterol lowering effect of a 12-day vegan diet. Am J Clin Nutr. 1988;48(3):920.

74. Sacks FM et al. Plasma lipoprotein levels in vegetarians. The effect of ingestion of fats from dairy products. JAMA. 1985;254:1337-41.

75. Nilsson TK et al.Reduced plasminogen activator inhibitor activity in high consumers of fruits, vegetable and root vegetable. J Intern Med. 1990;227(4):267-72.

76. Marckmann et al. Low fat, high fiber favorably affects several independent risk markers of ischemic heart disease: observations on blood lipids, coagulation and fibrinolysis from a trial of middle-aged Danes. Am J Clin Nutr. 1994;59:935-9.

77. Hostmark AT et al. Reduced plasma fibrinogen, serum, peroxides, lipids and apolipoproteins after a 3-week vegetarian diet. Plant Foods Hum Nutr. 1993;43(1):55-61.

78. Fisher M et al. The effect of vegetarian diets on plasma lipid and platelet levels. Arch Intern Med. 1986;146(6):1193-7.

79. Sanders TAB et al. Platelet phospholipid fatty acid composition and function in vegans compared with age and sex matched omnivore controls. Eur J Clin Nutr. 1992;46(11):823-31.

80. Kushi LH et al. Diet and 20-year mortality from coronary heart disease. N Eng J Med. 1985;312:811-8.

81. Gramenzi A et al. Association between certain foods and risk of acute myocardial infartion in women. Br Med J. 1990;300(6727):771-3.

82. Morrison LM. JAMA. 1960;173:884.

83. Ellis FR, Sanders TAB. Angina and vegan diet. Am Heart J. 1977;93(6):803-5.

84. Ornish D et al. Effects of stress management training and dietary changes in treating ischemic heart disease. JAMA. 1983;249:54-9.

85. Arntzenius AC et al. Diet, lipoproteins and the progression of coronary atherosclerosis. The Leiden Intervention Trial. N Eng J Med. 1985;312(3):805-11.

86. Ornish D et al. Can lifestyle changes reverse coronary heart disease? Lancet. 1990;336(8708):129-33.

87. Singh RB et al. Randomized controlled trial of cardioprotective diet in patients with recent acute myocardial infarction: results of one year follow up. Br Med J. 1992;304:1015-9.

88. Luc G, Fruchart J. Oxidation of lipoproteins and atherosclerosis. Am J Clin Nutr. 1991;53:206S-9S.

89. Second report of the expert panel on "Detection, evaluation and treatment of high blood cholesterol in adults" (Adult Treatment Panel II). Circulation. 1994 89(3):1329-445.

90. Cooke JP et al. Antiatherogenic effects of L-arginine in the hypercholesteolemnic rabbits. J Clin Invest. 1992;90:1168-72.

91. Anderson JW. Dietary fiber, lipids and atherosclerosis. Am J Cardiol. 1987;60(12):17G-22G.

92. Pronczuk A et al. Vegetarians have higher plasma alpha-tocopherol relative to cholesterol than do nonvegetarians. J Am Coll Nutr. 1992;11(1):50-5.

93. Krajcovicova K et al. Lipid and pro-oxidative and antioxidative parameters in the blood of vegetarians. Bratisl Lek Listy. 1994;95(8): 344-8.

94. Katsouanni K et al. Diet and peripheral arterial occlusive disease: the role of poly-, mono-, and saturated fatty acids. Am J Epidemiol. 1991;133: 24-31.

95. Donnan PT et al. Diet as factor for peripheral arterial disease in the general population: The Edinburgh artery study. Am J Clin Nutr. 1993; 57:917-21.

96. Tell G et al. Dietary fat intake and carotid artery wall thichness: the atherosclerosis risk in communities (ARIC) study. Am J Epidemiol. 1994;139:979-89.

97. Acheson RM, Williams D. Does consumption of fruit and vegetables protect against stroke? Lancet. 1983;1(8335):1191-3.

98. Vollset SE et al. Does consumption of fruit and vegetables protect against stroke? (carta) Lancet. 1983;2(8352):742.

99. Gillman MW et al. Protective effect of fruits and vegetables on development of stroke in men. JAMA. 1995;273:1113-7.

100. Burkitt D. Varicose veins, deep vein thrombosis and hemorrhoids: epidemiology and suggested etiology. Br Med J. 1972;2:556-61.

101. Setti M et al. Prevention and management of venous pathology in pregnancy with high fiber diets. Aliment Nutr Metab. 1981;2(3):189-97.

102. National Cholesterol Education Program. II Report of the expert panel on "Detection, valuation and treatment of high blood cholesterol in adults. Circulation. 1994;89(3):1329-1445.

103. Ramsay LE, Jackson WW. Dietary reduction of serum cholesterol concentration:time to think again. Br Med J. 1991;303(6808):953-7

104. Bíblia Sagrada. Livro Levítico: cap. 3, vers. 16.

105. Elson Ch. Supression of mevalonate pathway activities by dietary isoprenoids: protective roles in cardiovascular disease. J Nutr. 1995;125:1666S-72S.

106. Elson ChE. The chemoprevention of cancer by mevalonate-derived constituents of fruits and vegetables. J Nutr. 1994;124:607-614.

107. Stampfer MJ et al. Epidemiological evidence for vitamin E in prevention of cardiovascular disease. Am J Clin Nutr. 1995,62(Suppl):1365S-9S.

108. Riemersma RA et al. Risk of angina pectoris and plasma concentrations of vitamins A, C, and E and carotene. Lancet. 1991, 337:1-5.

109. Torun M et al. Evaluation of serum B-carotene levels in patients with cardiovascular diseases. J Clin Pharmacol. 1994;19:61-3.

110. Street DA et al. A population-based case-control study of the association of serum antioxidants and myocardial infarction. Am J Epidemiol. 1991;134:719.

111. Kardinaal AF et al. EURAMIC study: antioxidants in adipose tissue and the risk of myocardial infarction. Lancet. 1993;342:1379-84.

112. Singh RB. The diet and moderate exercise trial (DAMET) results after 24 weeks. Acta Cardiologica. 1993, 48:543-7.

113. Blot JW et al. Nutrition intervention trials in Linxian, China supplementation with specific vitamin/mineral combinations, cancer incidence and disease specific mortality in the general population. JNCI. 1993;85:1482-92.

114. Kritchevsky D. Dietary protein, cholesterol and atherosclerosis: a review of the early history. J Nutr. 1995;125:589S-93S.

115. Miyazima E et al. Effect of soy protein substituting diet on hyperlipoproteinemic state. Nutr Soy Protein (Japan). 1982;3:90-2.

116. Widhalm K et al. Effect of soy protein diet versus standard low fat, low-cholesterol diet on lipid and lipoprotein concentrations in children with familial or polygenic hypercholesterolemia. J Pediatr. 1993;123:30-4.

117. Lovati MR et al. Low-density lipoprotein (LDL) receptor activity is modulated by soybean globulins in cell culture. J Nutr. 1992, 122:1971-8.

118. Rimm EB et al. Vegetable, fruit and cereal fiber intake and risk of coronary heart disease among men. JAMA. 1996;275:447-51.

119. Mikeska JA et al. EEG evaluation of humaneness of asphyxia and decapitation euthanasia of the laboratory rat. Lab Anim Sci 1975;25:175-9.

120. Roberts WC. Preventing and arresting coronary atherosclerosis. Am Heart J. 1995, 130:580-600.

121. Gould KL et al. Changes in myocardial perfusion abnormalities by positron emission tomography after long-term, intense risk factor modification. JAMA. 1995, 274:894-901.

122. Hutchison K et al. Effects of dietary manipulation on vascular status of patients with peripheral vascular disease. JAMA. 1983, 249:3226-30.

123. Acierno LJ. The history of cardiology. Parthenon Publishing. 1994.

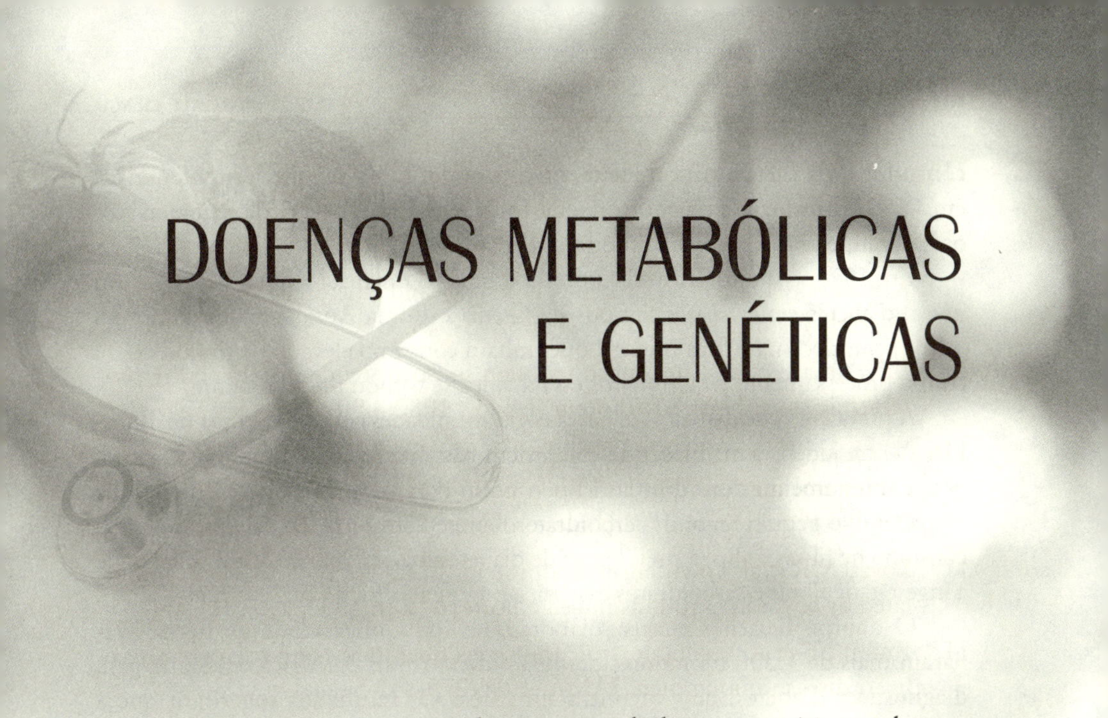

DOENÇAS METABÓLICAS E GENÉTICAS

Discutiremos aqui apenas doenças metabólicas e genéticas sobre as quais há indícios de que uma dieta vegetariana pode influenciar as suas evoluções clínicas.

DIABETES MELITO

A prevalência de diabetes melito*, por autorrelato e critérios clínicos, em indivíduos não diagnosticados foi estimada em 6,8% nos Estados Unidos, onde essa doença é a causa subjacente de 36.000 mortes anuais e contribui para outras 95.000. Os pacientes diabéticos têm maior risco de doença cardiovascular, problemas oculares e doenças renais. Especula-se que essas complicações sejam causadas principalmente por uma alteração do metabolismo celular, que ocorre em resposta à hiperglicemia crônica, que se acredita causar danos irreversíveis aos tecidos[1].

EVIDÊNCIA EPIDEMIOLÓGICA

Há mais de 2.000 anos, os médicos tratavam diabéticos obesos com dietas ricas em carboidratos contendo grãos de cereais e legumes. Há 1.900 anos, **Arateus da Capadócia** aconselhava pessoas com sintomas de diabetes a

* Diabetes melito: distúrbio metabólico caracterizado pela alteração na regulação e utilização da glicose, geralmente em decorrência de insulina insuficiente ou transporte ineficaz.

consumir uma dieta à base de leite, grãos e amidos. Na era moderna, Duering, em 1868, introduziu a dieta do arroz, Moose, em 1903, a dieta da batata, e Noorden Van, em 1912, recomendou a aveia[2].

Em 1975, o doutor Trowell conferiu um papel essencial à fibra. Ele observou que o diabetes era raro nos tempos da Grécia e Roma Antiga, assim como em povos primitivos na África oriental que tinham consumo elevado de fibra. Porém, com o processamento de alimentos essa doença se tornou predominante.

A prevalência de diabetes foi baixa em comunidades como os bantus do Transvaal e entre judeus iemenitas, que consomem bastante amido e fibra. No entanto, houve um aumento duas décadas após o início do consumo, por eles, de farinha refinada[3]. No Paquistão, onde carboidratos representam 83% das calorias totais e o consumo de fibras é alto, a prevalência de diabetes foi de 2%. Na Pensilvânia, onde a ingestão de fibras e carboidratos é baixa, a prevalência foi de 17,2%[4].

O doutor Teuscher e seus colaboradores[5] da Universidade de Berna avaliaram mais de 1.300 moradores de duas aldeias rurais da África ocidental para diagnosticar diabetes; não encontraram casos. Os resultados sugeriram que a dieta rica em carboidratos e mandioca, o principal alimento dessas populações, combinada com a baixa ingestão proteica, exercia um papel protetor contra o desenvolvimento da doença.

A possibilidade de haver outros fatores alimentares causais além da deficiência de fibras foi encontrada de uma maneira dramática. Um estudo de diabetes tipo I, na Islândia, mostrou em diabéticos diagnosticados entre as idades de 0 e 14 anos um excesso de homens nascidos no mês de outubro, sendo a faixa de concepção média em 17 de janeiro. Foram investigados os tipos de antígenos de histocompatibilidade (HLA)* e infecções virais como possíveis causas, mas parecia haver um fator sazonal atuando no período pré-natal. As evidências circunstanciais sugerem que esse fator era o conteúdo de composto N-nitroso na carne defumada de carneiro curada com nitrato ou nitrito e tradicionalmente consumida em grandes quantidades nas duas semanas após o Natal. A implicação de que esse aditivo alimentar contribuiu para a produção de diabetes tipo I não em quem o consumiu, mas em seus descendentes, foi confirmada em estudos com animais de laboratório que receberam a carne durante a gravidez, observando-se o mesmo dano em sua progênie[6].

A equipe dirigida pela doutora Gisela Dahlquist[7], do Instituto Karolinska, em Estocolmo, investigando a relação entre fatores alimentares e o risco de desenvolver diabetes tipo I, estudou 339 crianças entre 0 e 14 anos com diabetes e 528 crianças controles. Foi descoberto que o risco aumentou com o consumo de alimentos ricos em proteínas e nitrosaminas**. Um estudo

*A ntígenos de histocompatibilidade (HLA): grupo de antígenos determinados geneticamente que definem a compatibilidade do tecido para transplante, causando rejeições aos aloenxertos.

** Nitrosaminas: composto sintetizado no estômago através da combinação de nitritos e aminas.

semelhante de Verge e seus colaboradores[9], na Austrália, investigou pais de mais de duzentas crianças diabéticas e descobriu que o risco estava associado à alta ingestão de leite de vaca.

Em 1985, Snowdon e Phillips relataram os resultados de um estudo baseado em um grupo de 25.698 vegetarianos e onívoros, iniciado em 1960 e seguido por mais de vinte anos. O risco de diabetes como causa subjacente de morte entre eles era metade do registrado entre a população americana em geral. Dentro do grupo, os vegetarianos tiveram um risco substancialmente menor do que os onívoros. Além disso, observou-se uma associação positiva entre consumo de carne e a ocorrência de diabetes[8].

Colditz e sua equipe de colaboradores, em um estudo prospectivo que monitorou durante seis anos 84.360 mulheres norte-americanas, constataram que a ocorrência de diabetes tipo II estava negativamente associada ao consumo de gordura vegetal, potássio, cálcio e magnésio[10]. Shoff e seus pesquisadores[1] relataram um efeito protetor da ingestão de vitamina C. A doutora Feskens e equipe[77] da Universidade de Wageningen, na Holanda, relataram os resultados de um estudo de monitoramento que se estendeu por vinte anos sobre a dieta de pessoas que no início do estudo não tinham diabetes. Os resultados indicaram que a ingestão elevada de gordura, especialmente a saturada, contribuiu para o risco de intolerância à glicose e ao desenvolvimento de diabetes melito tipo II.

EVIDÊNCIA TERAPÊUTICA

Os principais objetivos no tratamento do diabetes tipo II incluem: melhoria no controle de glicose sanguínea, manutenção de níveis desejáveis de lipídios sanguíneos e redução de outros fatores de risco, como hipertensão e obesidade. Adiante revisaremos alguns estudos sobre o valor terapêutico de uma dieta predominantemente vegetariana, tanto para diabetes tipo I como tipo II.

Em 1976, dois grupos apresentaram dados sugerindo que uma ingestão generosa de fibras poderia ser útil no controle do diabetes. Jenkins e seus colaboradores[11] relataram que houve menor hiperglicemia em diabéticos após refeições suplementadas com fibras do que com alimentos controles. Kiehm e colaboradores[12] observaram que as dietas ricas em carboidratos e fibras diminuíram o requerimento de insulina ou sulfonilureia* em pacientes diabéticos. Em estudos subsequentes, Jenkins demonstrou que a adição de 25 g de goma de guar (um polissacarídeo extraído do feijão indiano) à dieta de pacientes diabéticos durante cinco dias reduziu 50% da glicosúria**[13].

* Sulfonilureia: fármacos que induzem a liberação de insulina pelo pâncreas.

** Glicosúria: presença de glicose na urina.

O doutor Anderson, outro especialista em fibra alimentar, e equipe de colaboradores[14] realizaram um estudo com vinte diabéticos magros tipo I e II com insulinoterapia e observaram que a dose de insulina diminuiu de 26 para 11 unidades com a dieta rica em carboidratos e fibras; também ocorreu uma diminuição dos níveis de colesterol. Diabéticos obesos também responderam bem a essas dietas; neles, os valores da glicemia em jejum diminuíram 26%, apesar de uma redução brusca da dose de insulina. Houve redução de 23% do colesterol sérico e 46% dos triacilgliceróis[15]. Já abordamos, aqui, estudos em que a pressão arterial também diminui com dietas ricas em fibras.

Os benefícios de dietas ricas em fibras e carboidratos podem durar anos, contanto que o paciente mantenha a dieta. Anderson e colaboradores[16] trataram seis diabéticos magros e quatro obesos com dietas ricas em carboidratos e fibras (70% da energia da dieta provenientes de carboidratos). Houve diminuição significativa dos níveis sanguíneos de glicose, colesterol e triacilgliceróis. Cinco pacientes foram capazes de interromper a terapia com insulina e três com sulfonilureias. Após uma média de quinze meses, sete pacientes obtiveram controle glicêmico sem insulina.

Em Oxford, a equipe liderada pelo doutor Simpson[17] observou que uma dieta rica em fibras de leguminosas seguida durante seis semanas produziu melhorias em todas as medidas de controle do diabetes em dezoito pacientes do tipo II e nove pacientes do tipo I. As melhorias incluíam diminuição dos níveis sanguíneos de glicose, colesterol e LDL-C. Mann[18] também comprovou o valor terapêutico das fibras de frutas, verduras e cereais.

O diabetes na gravidez possui problemas especiais, já que o desenvolvimento e crescimento fetal ocorrem em um ajuste de composição anormal de compostos metabólicos. Preocupados com isso, a doutora Ney e sua equipe[19], da Universidade da Califórnia, avaliaram cinco medidas quantitativas de controle do diabetes (hemoglobina A 1c, glicose plasmática de 24 h, amplitude da excursão da glicemia, perda de glicose na urina e requerimento exógeno de insulina) em vinte gestantes submetidas a dietas ricas em carboidratos e fibra alimentar em comparação a outras vinte gestantes com uma dieta controle. As pacientes do primeiro grupo tiveram melhor resultado pelos cinco parâmetros descritos. Kinmouth e colaboradores[20] demonstraram que crianças diabéticas também podem se beneficiar com essas dietas.

Os últimos quinze anos têm sido animadores quanto à publicação de trabalhos sobre a eficácia e os mecanismos da fibra no diabetes melito, sendo a maioria deles concordantes. Anderson[21] revisou os resultados de 53 estudos que analisaram em curto e longo prazo os efeitos da suplementação com fibra em pacientes diabéticos. Desses estudos, 36 (67%) registraram que os suplementos de fibras melhoraram o controle glicêmico, doze (22%) não observaram mudanças e seis não relataram a resposta glicêmica; além disso, 36 (67%) relataram diminuição do colesterol sérico. Anderson também analisou outros 53 estudos que examinaram os efeitos em curto e longo prazo de dietas com alto teor de fibras em diabéticos: 33 (62%) relataram melhora do controle glicêmico, oito (15%) não observaram mudanças e dois (4%) registraram piora dos sintomas. O colesterol sérico diminuiu em 22 e não se alterou em quatro estudos, enquanto os triacilgliceróis séricos diminuíram em doze e não tiveram alterações ou aumentaram em cinco.

MECANISMOS

É importante dizer que os fatores etiológicos do diabetes melito variam, seja do tipo I (início na juventude) seja do tipo II (início em adulto).

É reconhecido que o diabetes melito tipo I tem um forte componente genético de suscetibilidade, ao qual se adiciona um fator ambiental que origina um processo autoimune responsável pela destruição das células beta das ilhotas pancreáticas, produtoras de insulina. Suspeita-se que esse fator ambiental seja uma infecção viral, mas, como vimos, há evidências de que substâncias presentes na dieta (por exemplo, a proteína animal) desencadeiam esse processo imunológico. Outras substâncias, como as nitrosaminas, podem danificar diretamente células beta produtoras de insulina.

Em relação ao diabetes tipo II, o progresso no entendimento de sua patogênese é muito escasso. Ele também tem um mecanismo hereditário ainda desconhecido. Fatores adquiridos durante a vida, como a obesidade, podem desempenhar papéis importantes em sua patogênese.

PAPEL DA DIETA VEGETARIANA

A dieta vegetariana poderia influenciar o curso do diabetes através de mecanismos indiretos - tais como a obesidade, a hipertensão e a hiperlipidemia* - ou diretos, através de efeitos sobre o metabolismo da fibra e outros nutrientes.

Fibra

Os efeitos benéficos das fibras não só incluem, como vimos, a redução da glicemia pós-prandial**, como também das concentrações de glicose basal, colesterol e triacilgliceróis, e aumentam a sensibilidade à insulina. Agora veremos quais mecanismos podem estar por trás disso.

* Hiperlipidemia: concentrações elevadas de lipídeos (como colesterol, LDL-C ou triglicérides) no sangue.

** Glicemia pós-prandial: glicemia após uma refeição.

1. *Efeito sobre o esvaziamento gástrico.* Muitos pesquisadores[22,23] demonstraram um atraso no esvaziamento gástrico de líquidos e sólidos induzido pela fibra solúvel, mas havia pouca correlação com um efeito sobre o aumento da glicose ou da viscosidade da solução formada pelas fibras. Mecanicamente, não parecem ter tanta importância.
2. *Efeito sobre a camada imóvel adjacente à mucosa do lúmen intestinal.* Foi sugerido[24] que a chamada camada imóvel aumenta e que a difusão de glicose é afetada devido ao efeito da fibra.
3. *Efeito sobre a transferência convectiva de água e glicose para a borda em escova de células intestinais.* Representa o principal efeito dos géis viscosos, como a goma guar, que diminuem o movimento convectivo de glicose e água no lúmen intestinal para a superfície absortiva do intestino[25]. O movimento convectivo de ambas é facilitado pela ação de mistura da motilidade intestinal, de modo que a glicose presa na matriz fique "escondida" associada com a água antes que ela possa ser absorvida.
4. *Efeito sobre a velocidade de digestão enzimática dos alimentos no lúmen intestinal.* Especula-se que a fibra possa complexar as moléculas de carboidratos e isolá-las das enzimas digestivas, diminuindo o acesso à parede intestinal[26].
5. *Efeito sobre a liberação de hormônios reguladores intestinais na circulação,* os mesmos que regulam a motilidade e atividade secretora do estômago e do intestino e a atividade secretora do pâncreas. A resposta do polipeptídeo inibitório gástrico (PIG), um estímulo para a secreção de insulina, estava atenuada em diabéticos após refeições ricas em fibra[27]. Também se observou um aumento na liberação de somatostatina* plasmática com a fibra[28]. A somatostatina retarda a absorção de carboidratos e glicose no intestino delgado.
6. *Efeitos metabólicos periféricos.* Muitos estudos têm demonstrado que os menores níveis sanguíneos de glicose causados pela fibra estão associados a níveis de insulina diminuídos ou inalterados[27,29]. Esses efeitos agudos não podem ser atribuídos a uma velocidade lenta do trânsito intestinal e a um estímulo atenuado. No entanto, a observação em alguns estudos de que a ingestão crônica de fibra está associada a menores níveis sanguíneos de glicose e menor excreção urinária de peptídeo C[18,30] sugere um aumento na sensibilidade à insulina ou redução da demanda por insulina.
7. *Efeitos sobre substâncias orgânicas.* Tem sido sugerido que a fibra pode se unir ao colesterol e sais biliares no intestino, interferindo na circulação êntero-hepática de colesterol.

* Somatostatina: hormônio inibidor da liberação do hormônio de crescimento.

Outros mecanismos envolvendo o consumo de carne e gorduras saturadas na gênese do diabetes foram sustentados por Snowdon[8]. O consumo de gordura saturada pode aumentar a secreção de insulina e levar a uma insensibilidade a ela; também pode haver alteração na produção de esteroides, o que levaria à síntese de estrogênio, podendo alterar a sensibilidade à insulina.

Compostos N-nitrosos na carne podem atuar como agentes diabetogênicos, já que outros compostos, como, por exemplo, a estreptozootocina (uma nitrosamina), podem induzir o diabetes em animais de laboratório.

Antioxidantes

Um processo proposto como uma conexão bioquímica comum entre a hiperglicemia crônica e diversas funções biológicas relevantes para as complicações do diabetes é a ligação não enzimática da glicose à proteína. A formação excessiva de proteínas glicosiladas foi associada a alterações na captação de LDL e lesão vascular mediada por radicais livres. Novamente, a presença de vitaminas antioxidantes em grandes quantidades na dieta vegetariana desempenharia um papel importante.

OBESIDADE

A definição de obesidade, uma condição de excesso de gordura corpórea, é relativamente arbitrária e normalmente baseada em uma aproximação da gordura corpórea, o índice de massa corporal (IMC): um valor de 30 ou mais é um critério comumente usado para definir a obesidade em ambos os sexos.

EVIDÊNCIA

A obesidade é um problema comum em países desenvolvidos. Aparentemente, o desenvolvimento tecnológico aplicado à alimentação contribuiu para isso de alguma maneira.

Em 1954, Hardinge e Stare[31], num estudo sobre o estado nutricional de 112 vegetarianos e 88 onívoros, relataram que os vegetarianos tinham, em média, 9 kg a menos, além de não mostrarem deficiências nutricionais. Em 1970, o doutor Ellis constatou que o peso médio de um grupo de 24 vegetarianos era cerca de 4 kg menor que o da população em geral. Em 1978, o estudo do doutor Sanders com 22 pares de vegetarianos e onívoros igualados em altura, sexo e idade obteve resultados semelhantes. Além disso, relatou que a espessura de dobras cutâneas também foi menor em vegetarianos.

Em 1986, um debate polêmico aconteceu devido aos resultados obtidos pelo doutor Sacks[32] em um estudo com 75 lactovegetarianos – 32 homens e 43 mulheres –, com um peso médio de 67 e 59 kg, respectivamente, que mostrou que a ingestão calórica diária era de 1.511 e 1.233 kcal (representando 22,6 e 20,9 kcal/kg de peso corpóreo), respectivamente, mantendo o peso corpóreo. O doutor Mann[33] disse que esses resultados desafiavam a primeira lei da termodinâmica, já que os parâmetros de referência para o gasto energético basal demonstram um requerimento médio de 1.764 kcal para homens de 30 a 40 anos, com altura média de 1,75 m, e de 1.438 kcal para as mulheres da mesma idade e altura média de 1,65 m.

Posteriormente, outros pesquisadores relataram diferenças semelhantes. O doutor Melby[34], estudando seis vegetarianos e 29 onívoros idosos, encontrou um IMC significativamente menor nos vegetarianos: 24 contra 28, respectivamente. Dados semelhantes foram relatados sobre vegetarianos negros[35].

O valor de uma dieta vegetariana para o tratamento de doentes obesos também tem sido demonstrado. A equipe liderada pelo doutor Sorbris[36], da Universidade de Lund, Suécia, tratou catorze pacientes extremamente obesos com um programa de jejum e dieta vegetariana estrita por cinco semanas. A redução média de peso foi de 13,4 kg (de 132,0 para 118,6 kg) e acompanhou um aumento efetivo dos níveis de HDL-C.

Na Itália, o doutor Carrilla[37] demonstrou o efeito terapêutico da fibra (goma xantana) em vinte obesos (IMC entre 30 e 40). Além da redução no peso corpóreo, também foi obtida uma diminuição dos níveis sanguíneos de colesterol e triacilgliceróis. Gropper e seus colaboradores[38] também aproveitaram os efeitos da fibra para o tratamento de crianças obesas.

O doutor Karlsson e sua equipe[39] trataram sessenta mulheres moderadamente obesas (IMC igual a 33 e idade média de 43 anos) com uma dieta lactovegetariana ou uma dieta redutora de peso com 1.300 kcal durante 24 meses. A perda de peso daquelas que seguiram a dieta vegetariana foi de 3,9 kg, em comparação ao ganho de 1,8 kg daquelas que não a seguiram.

MECANISMOS

Para manter um peso estável, o consumo de energia deve ser balanceado por uma quantidade equivalente de gasto energético, como mostrado na seguinte equação:

E (ingestão) – E (gasto) = E (depósito)

Portanto, um desequilíbrio entre os dois fatores resultará em uma alteração, gerando déficit ou superávit de depósito de energia no organismo.

Ingestão de energia

Diversos estudos sobre a composição de nutrientes de dietas vegetarianas têm demonstrado que, em geral, elas oferecem menos calorias totais do que as dietas onívoras. Como visto anteriormente, foram relatadas ingestões calóricas tão baixas que desafiariam os parâmetros estabelecidos como normais.

No clássico experimento de inanição de Minnesota, realizado em 1950, 32 homens americanos com um peso inicial de 69,4 kg foram mantidos com uma ingestão diária de 1.570 kcal, o equivalente a 22,6 kcal/kg de peso corpóreo (para comparar com a ingestão dos vegetarianos estudados por Sacks). Os homens perderam 24% de seu peso corpóreo num período de 24 semanas[33].

A fibra pode desempenhar outro papel importante, pois alguns tipos (por exemplo, polissacarídeos viscosos) têm a propriedade de reduzir a velocidade de esvaziamento gástrico, produzindo uma sensação de saciedade e evitando uma maior ingestão de alimentos. Além disso, alguns dados sugerem que alguns tipos de fibra podem inibir a atividade de enzimas que digerem carboidratos, lipídios e proteínas.

Gastos de energia

O gasto energético envolve vários fatores, como mostrado na seguinte equação:

E (gasto) = TMR + EE (atividade) + ETA

TMR = taxa metabólica de repouso

EE (atividade) = gasto energético associado à atividade física

ETA = efeito térmico dos alimentos.

Os baixos requerimentos de energia por vegetarianos poderiam ser explicados com base nos resultados do doutor Contaldo[78], que, estudando o efeito da fibra sobre a termogênese pós-prandial, demonstrou que a produção de calor estava inversamente relacionada com o conteúdo de fibra na dieta, ou seja, maior teor, menor produção de calor pós-prandial e, portanto, menor gasto energético e menor necessidade de energia.

Os resultados do estudo do doutor Poehlman[40] esclarecem mais sobre esse assunto. Foram avaliados TMR, ETA e alterações hormonais associadas em doze vegetarianos e onze onívoros e foi constatado que a TMR foi semelhante em ambos os grupos, mas o ETA foi menor em vegetarianos (58 contra 76 kcal/180min), confirmando os achados anteriores de Contaldo. Também foi observado que os níveis plasmáticos do hormônio T3 foram ligeiramente mais baixos nos vegetarianos. É sabido que os hormônios da tireoide desempenham um papel decisivo na termogênese. Até que ponto a dieta vegetariana poderia afetar os níveis hormonais e, assim, alterar diversos processos fisiológicos, incluindo o envelhecimento, é uma questão que se coloca aqui.

DISLIPIDEMIAS

As **hiperlipoproteinemias** (chamadas também hiperlipidemias ou dislipidemias) são alterações do transporte lipídico produzidas pelo aumento da síntese ou atraso da degradação de lipoproteínas que transportam colesterol e triacilgliceróis no plasma. Isso se traduz clinicamente em duas principais doenças: aterosclerose e pancreatite. As dislipidemias são classificadas em dois grandes grupos:

1. Transtornos de um único gene que se transmitem por mecanismos dominantes ou recessivos simples;
2. Transtornos multifatoriais com um padrão hereditário complexo, que afeta diversos genes, cada um com um efeito diferente que interage com fatores ambientais, principalmente a dieta, originando diversos graus de hiperlipoproteinemia em membros da mesma família.

EVIDÊNCIA

Além da tradicional dieta com baixo teor de gordura (incluindo colesterol e gorduras saturadas) para o tratamento de hiperlipidemia, foram realizadas inúmeras pesquisas que demonstraram efeitos terapêuticos de diversos nutrientes vegetais.

O papel da proteína no metabolismo do colesterol tem sido muito estudado no homem e em animais experimentais. Nesses animais, foi claramente demonstrado que a adição de proteína vegetal de soja à dieta reduz os níveis de colesterol sanguíneo, enquanto que a substituição da proteína vegetal de soja pela proteína caseína resulta em hipercolesterolemia grave[41-46].

Em 1974, em um de seus estudos, o doutor Sacks[47] relatou o caso de um indivíduo de 24 anos com hiperlipoproteinemia tipo III que, através de uma dieta vegetariana, apresentou melhoras ostensivas em seus níveis lipídicos.

Em 1977, o doutor Sirtori e seus colaboradores[48], do Instituto Grosso Paoletti, da Universidade de Milão, na Itália, observou uma queda de 14% nos níveis de colesterol plasmático após duas semanas e 21% após três semanas de dieta com proteína de soja em vinte pacientes com hiperlipoproteinemia tipo II. A comparação da dieta de proteína de soja com uma dieta pobre em lipídios nos mesmos pacientes, de acordo com um experimento cruzado, indicou que o efeito hipocolesterolêmico não foi devido a diferenças na composição lipídica das dietas. Em outro estudo[49], com um número maior de pacientes com hiperlipidemias dos tipos II e III, também foi observado o mesmo efeito hipocolesterolêmico de proteína vegetal de soja.

Nos Estados Unidos, a equipe liderada pelo doutor Goldberg[50], estudando doze pacientes com hipercolesterolemia tipo II e quatro indivíduos controles, mostrou que a proteína vegetal de soja diminuiu os níveis de LDL-C de forma mais eficaz nos pacientes, em comparação à proteína animal.

Num grande estudo multicêntrico europeu[51], 127 pacientes com hiperlipoproteinemia tipo II, selecionados a partir de oito clínicas italianas e uma suíça, foram submetidos a uma dieta pobre em lipídios e colesterol, na qual a proteína animal foi substituída por proteína vegetal da soja. Após oito semanas com a dieta modificada, o colesterol plasmático diminuiu 23,1% nos homens e 25,3% nas mulheres. Em Nápoles, Verrillo e seus colaboradores[52] também encontraram resultados semelhantes em 57 pacientes com a doença.

Hipercolesterolemia na infância apresenta sérios problemas terapêuticos, pois o tratamento com drogas preocupa o médico que deseja evitar o tratamento crônico durante o crescimento. Além disso, é reconhecido o alto risco de desenvolvimento de aterosclerose nessas crianças. Assim, em 1989, a Academia Americana de Pediatria, através de sua seção de nutrição, recomendou que uma avaliação lipídica completa fosse realizada em crianças com histórico familiar de cardiopatia coronariana prematura e/ou hipercolesterolemia, e que elas fossem tratadas com dietas modificadas[53]. Alguns pesquisadores já haviam sugerido o uso de tais dietas vegetarianas para o tratamento de crianças com esses transtornos.

Em 1981, o doutor Fernandes e equipe[54] demonstraram o efeito da dieta vegetariana livre de colesterol e rica em ácido linoleico em 39 crianças heterozigotas para hipercolesterolemia tipo II-A (ou hipercolesterolemia familiar). Foi observada uma redução de 10% do colesterol sanguíneo total, LDL-C e apo B. Em um estudo do doutor Gaddi e colaboradores[55], após um período de estabilização com uma dieta controlada pobre em lipídios e colesterol e com proteína animal, um grupo de dezesseis crianças com hipercolesterolemia familiar recebeu uma dieta à base de proteína de soja com teor de lipídios semelhante. Todas as crianças tiveram reduções significativas no colesterol total (-21,8%) em relação aos valores iniciais, após oito semanas de tratamento. O crescimento das crianças durante o período foi normal. Mais tarde, em outro estudo[56] com 21 crianças com hiperlipidemia tipo II, a dieta com proteína de soja causou uma diminuição acentuada do colesterol total (-20%), LDL-C (-25,8%) e apolipoproteína B (-14,1%).

A fibra solúvel possui propriedades hipolipemiantes bem documentadas, como vimos anteriormente. De acordo com um relatório elaborado pela Federação das Sociedades Americanas para a Biologia Experimental (FASEB), descrevendo mais de cinquenta estudos com fibra solúvel, conclui-se que fibras solúveis como a pectina, goma guar, goma de alfarroba, goma de aveia ou muciloide de Psyllium reduzem significativamente os níveis séricos de colesterol total e LDL-C, com pouco efeito sobre o HDL-C[57]. Em estudos alimentares de curto prazo, a adição de fibra solúvel de aveia, farelo de aveia, Psyllium, pectina e gomas selecionadas guar, acácia, karaya e alfarroba reduziu, em média, de 6% a 19% do colesterol total. Essas reduções foram mantidas em estudos de longo prazo[58].

Um programa de tratamento baseado na dieta recomendada pela Associação Americana do Coração (AHA), com restrição da porcentagem de energia consumida a partir de gordura saturada e suplementação de fibras solúveis, foi testado por Glassman e seus colaboradores[59], do Departamento de Pediatria da Faculdade de Medicina de Nova York, em 36 crianças com hipercolesterolemia tipo II-A. Após oito meses com uma modificação dessa dieta, obteve-se uma redução dos níveis de colesterol total de 249,2 para 207,1 mg/dl (18%) e de LDL-C de 184,7 para 142,6 mg/dl (23%). Não houve mudanças significativas nos níveis de HDL-C ou de triacilgliceróis. A redução nas concentrações lipídicas resultantes dessa dieta modificada foi significativamente superior à redução na concentração resultante da dieta original da AHA.

MECANISMOS

Os mecanismos da dieta vegetariana envolvidos na prevenção ou tratamento dos casos de hiperlipidemia baseiam-se principalmente na sua menor quantidade de gorduras totais, gordura saturada e colesterol. No entanto, evidências atuais apoiam também um papel importante das proteínas vegetais e fibras alimentares.

Os mecanismos de ação da proteína de soja, em oposição à proteína animal (normalmente a caseína), incluem:

1. *Melhoria no catabolismo das lipoproteínas ricas em colesterol.* Observou-se[60] que a dieta com proteína vegetal de soja aumentou drasticamente a degradação do LDL por células mononucleares de pacientes com hiperlipoproteinemia tipo II; o aumento foi de dezesseis vezes em relação à atividade basal e de oito vezes em relação à dieta padrão, pobre em lipídios e com proteína animal. Em outro estudo também foi constatado que a velocidade catabólica de VLDL aumentou com a proteína de soja[61].
2. *Aumento da excreção de colesterol biliar* na dieta com proteína vegetal de soja, em comparação à dieta com proteína animal.
3. *Redução da síntese de colesterol* na dieta com proteína vegetal de soja.
4. *Aumento da excreção fecal de esteroides* na dieta com proteína vegetal de soja[62].
5. *Provável mediação hormonal* dos efeitos hipocolesterolêmicos da proteína vegetal. Gibney[63] demonstrou um aumento da liberação pós-prandial de insulina em seres humanos, após a ingestão de uma refeição com proteína de soja. A elevação da insulina pode afetar a síntese de colesterol ou velocidade de depuração de lipoproteínas. Forsythe[64] constatou que a proteína de soja, comparada à caseína, aumentou os níveis plasmáticos de insulina, tiroxina e hormônio estimulador da tireoide, mas diminuiu os níveis de glucagon em macacos. Ele sugeriu que mudanças nos níveis de tiroxina podem explicar em parte o efeito hipocolesterolêmico da proteína de soja.

OSTEOPOROSE

A osteoporose é um transtorno multifatorial em que o esqueleto é tão frágil que se rompe quando exposto a forças mecânicas e acidentes que fazem parte da rotina diária. A nutrição é apenas um dos vários fatores que influenciam a resistência óssea, mas de importância vital. Outros fatores são a falta de estrogênio, uso de corticosteroides*, histórico familiar, tabagismo e consumo de álcool e café.

EVIDÊNCIA

Em 1972, o doutor Ellis e colaboradores[65], do Hospital Kingston, na Inglaterra, realizaram um estudo de densidade óssea em 25 ovolactovegetarianos e os compararam com um número igual de indivíduos controles de mesma idade e sexo (idades entre 53 anos e 79 anos). Encontraram uma densidade óssea significativamente maior em vegetarianos. Mazess e Mather[66], comparando esquimós - que têm uma ingestão elevada de carne - com onívoros brancos - que consumiam menos carne -, perceberam que as mulheres esquimós jovens tinham uma massa óssea semelhante às das mulheres brancas da mesma idade, mas as esquimós mais velhas tinham uma massa significativamente menor.

Em 1980, a equipe liderada pelo doutor Marsh[67] estudou mais de 1.600 mulheres ovolactovegetarianas em Michigan, com média de vinte anos de vegetarianismo, e as comparou a mulheres onívoras. As mulheres jovens não tinham diferenças significativas; no entanto, entre as de idade de 50 a 87 anos, apareceram diferenças crescentes na massa óssea, de modo que, ao final de quatro décadas, as onívoras tinham massa óssea 35% menor, enquanto as vegetarianas, 18% menor. Outro estudo[68], com homens vegetarianos e onívoros de 20 a 79 anos, não mostrou diferenças significativas.

Os doutores Tylavsky e Anderson, da Universidade da Carolina do Norte, investigaram a relação entre fatores alimentares e índices ósseos do osso rádio em 282 mulheres onívoras e 88 ovolactovegetarianas pós-menopáusicas. Eles descobriram que a dieta vegetariana contribuiu positivamente para uma maior massa óssea.

A fratura do quadril em mulheres é mais frequente em países desenvolvidos. Interessados nesse aspecto, o doutor Abelow e sua equipe[69] examinaram a relação entre o consumo de proteína animal e a incidência de fratura do quadril. Quando a incidência de fraturas em mulheres de 34 estudos publicados em dezesseis países foi relacionada às estimativas de ingestão de proteína animal, uma forte associação foi encontrada. Essa associação não pôde ser explicada pela ingestão de cálcio nem pela ingestão calórica total.

* Corticosteroides: hormônios esteroides sintetizados pelo córtex da adrenal.

MECANISMOS

Wachman e Bernstein[70] propuseram, em 1968, a hipótese de que "a dissolução óssea é considerada um possível mecanismo para tamponar* a carga ácida imposta pela ingestão de uma dieta rica em resíduos ácidos". Assim, uma dieta que contém carne como fonte primária de resíduos ácidos conduziria a um maior grau de dissolução óssea do que uma dieta vegetariana.

Ao analisar a ingestão de nutrientes de uma dieta vegetariana e uma onívora, observa-se que a segunda tem maior teor de enxofre. Em 1956, o doutor Hunt[71] sugeriu que a oxidação metabólica de enxofre para sulfato na dieta foi responsável por um aumento da acidez titulável da urina. Relman [72] e Lennon[73] relataram que o alto teor de enxofre na dieta com carne produz uma elevada carga ácida endógena que o corpo deve tamponar.

A carne da dieta, ao provocar uma mudança na acidez da urina, produz um balanço negativo de cálcio como resultado da maior perda urinária de cálcio. Assume-se que as dietas vegetarianas têm um menor conteúdo de resíduos ácidos devido ao menor conteúdo de proteína e fósforo, os principais contribuintes de resíduos ácidos. A proteína contribui para o resíduo ácido devido a seus aminoácidos que contêm enxofre, encontrados em menores concentrações na proteína vegetal do que na proteína animal.

A diferença significativa na massa mineral óssea entre idosas vegetarianas e onívoras e a ausência de diferenças entre homens e mulheres jovens sugerem uma interação entre o consumo de carne e a perda de produção de estrogênio, levando à perda de massa óssea. Como veremos mais adiante, agora há muitas evidências de que existem grandes diferenças hormonais entre uma dieta com e outra sem carne. Além disso, o efeito protetor de uma dieta vegetariana em mulheres mais velhas poderia ser outro indício de uma mudança no processo de envelhecimento.

O papel de outros fatores na dieta vegetariana - como cálcio, fósforo, proteínas e outros nutrientes e não nutrientes - e suas interações complexas serão mais esclarecidos no futuro.

GOTA

Gota é um termo que define um grupo heterogêneo de doenças que se manifestam por aumento dos níveis séricos de ácido úrico, crises agudas de artrite, presença de tofos e cálculos renais de ácido úrico.

* Tamponar: capacidade de resistência a alterações do pH; consiste de um par conjugado ácido-base.

O ácido úrico se forma pela oxidação das bases purinas* de origem exógena ou endógena. Nos seres humanos, parece que a maior parte das purinas nos ácidos nucleicos (proveniente das carnes) ingeridos é convertida diretamente em ácido úrico, sem ter sido previamente incorporada aos ácidos nucleicos do organismo. Parece que nenhuma das purinas e pirimidinas livres da dieta serve como precursora direta de ácidos nucleicos dos tecidos. A **hiperuricemia** (característica bioquímica fundamental da gota) corresponde a um aumento exagerado da produção de ácido úrico, a uma diminuição de sua eliminação renal ou combinação de ambos. Desse ponto de vista, uma dieta vegetariana que não contenha carne, fonte de ácidos nucleicos na dieta, é altamente benéfica para os pacientes que sofrem de gota, que inclui algumas doenças genéticas como a Síndrome de Lesch-Nyham e a Doença de von Gierke.

DOENÇA DE WILSON

A doença de Wilson é uma anomalia autossômica recessiva da não eliminação hepática de cobre, que produz uma acumulação tóxica desse metal no fígado, cérebro e outros órgãos. Há evidências de que o cobre é menos biodisponível** em uma dieta vegetariana do que em uma dieta onívora. Com isso em mente, o doutor Brewer e colaboradores[75] sugeriram que uma dieta vegetariana seria uma terapia adequada para pacientes com a doença de Wilson. Acompanhamento de dois de seus pacientes que mantiveram uma dieta lactovegetariana sustentam essa ideia.

CONCLUSÕES

Como vimos, a dieta é fundamental para uma série de doenças metabólicas de alta morbidade e mortalidade.

As dietas para diabéticos deveriam procurar alcançar um peso corpóreo ideal com normoglicemia e normolipidemia. As recomendações conjuntas de diversas associações de diabetes, como a Associação Americana de Diabetes e a Associação Europeia de Diabetes, sugerem que esses objetivos serão mais alcançados provavelmente com dietas ricas em carboidratos complexos e fibras e pobres em gor-

* Bases purinas: base nitrogenada heterocíclica encontrada em nucleotídeos e ácidos nucleicos.
** Biodisponível: taxa de absorção e utilização de um nutriente.

dura, como é uma dieta vegetariana, geralmente. Uma dieta típica para diabetes, contendo 55% a 60% de energia a partir de carboidratos (pelo menos 66% de carboidratos complexos), menos de 30% de energia de gordura, 0,8 g de proteína para cada quilo de peso corpóreo e mais de 40 g de fibra por dia, melhora o controle glicêmico, reduz os níveis séricos de lipídios aterogênicos, diminui a pressão arterial em pacientes hipertensos e reduz o peso corpóreo de obesos[76].

Os efeitos no longo prazo de uma dieta vegetariana em diabéticos resultariam na prevenção das complicações que normalmente se desenvolvem neles, como cardiopatia coronariana, doença vascular periférica (pé diabético), nefropatia, neuropatia, retinopatia etc., como já abordamos e também veremos mais adiante. Da mesma forma, além da importância da prevenção da obesidade como um aspecto estético (que já é importante para qualquer um), através de uma dieta vegetariana, há a possibilidade de modificação de outras doenças muito mais letais associadas à obesidade, como aterosclerose e câncer.

As consequências das diferenças na fragilidade óssea entre mulheres idosas vegetarianas e onívoras poderiam ser traduzidas em diferenças em sua capacidade física. Vegetarianos podem ser fisicamente mais fortes do que onívoros? Essa é uma pergunta interessante.

A possibilidade de que outros distúrbios genéticos, além dos aqui descritos, possam obter vantagem através de uma dieta vegetariana é muito presente.

REFERÊNCIAS BIBLIOGRÁFICAS

1. Shoff SM et al. Glycosylated hemoglobin concentrations and vitamin E, vitamin C and B-carotene intake in diabetic and nondiabetic older adults. Am J Clin Nutr. 1994;58:412-6.

2. Vinik AI et al. Dietary fiber in management of diabetes. Diabetes Care. 1988;11(2):160-73.

3. Trowell H. Diabetes mellitus and dietary fiber of starchy foods. Am J Clin Nutr. 1978;31:S53-7.

4. West KM et al. Influence of nutritional factors on prevalence of diabetes. Diabetes. 1971;20:99-108.

5. Teuscher T et al. Abscence of diabetes in a rural West African population with a high carbohydrate/cassava diet. Lancet. 1987;1(8536):765-8.

6. Helgason T et al. Diabetes produced in mice by smoked/cured mutton. Lancet. 1982;2 (8306):1017-22.

7. Dahlquist G et al. Dietary factors and the risk of developing diabetes in children. Br Med J. 1990;300 (6735):1302-6.

8. Snowdon DA, Phillips R. Does a vegetarian diet reduce the ocurrence of diabetes? Am J Public Health. 1985;75(5):507-12.

9. Verge CHF et al. Environmental factors in childhood IDDM. Diabetes Care. 1994;17(12):1385-9.

10. Colditz GA et al. Diet and risk of clinical diabetes in women. Am J Clin Nutr. 1992;55(5):1018-23.

11. Jenkins DJ et al. Unabsorbable carbohydrates and diabetes: decreased post-prandial hyperglycaemia. Lancet. 1976;2:172-4.

12. Kiehm TG et al. Benefical effects of a high carbohydrate, high fiber diet on hyperglycemic diabetic men. Am J Clin Nutr. 1976;29:895-9.

13. Jenkins DJ et al. Treatment of diabetes with guar gum. Lancet. 1977;2:779-80.

14. Anderson JW et al. High carbohydrate, high fiber diets for insulin treated men with diabetes mellitus. Am J Clin Nutr. 1979;32:2312-21.

15. Anderson JW et al. High fiber diets for obese diabetic patients. Obesity Bariatric Med. 1980;9:109-13.

16. Anderson JW et al. Long-term effects of high carbohydrate, high fiber diets on glucose and lipid metabolism: a preliminary report on patients with diabetes. Diabetes Care. 1978;1:77-82.

17. Simpson HC et al. A high carbohydrate leguminous fibre diet improves all aspects of diabetic control. Lancet. 1981;1:1-5.

18. Mann JI. Lines to legumes: changing concepts of diabetic diets. Diabetic Med. 1984;1:191-8.

19. Ney D et al. Decreased insulin requirement and improved control of diabetes in pregnant women given a high carbohydrate, high fiber, low fat diet. Diabetes Care. 1982;5:529-33.

20. Kinmouth AL et al. Whole foods and increased dietary fibre improve blood glucose control in diabetic children. Arch Dis Child. 1982;57:187 94.

21. Anderson JW et al. Health benefits and practical aspects of high-fiber diets. Am J Clin Nutr. 1994;59 (Suppl):1242S-47S.

22. Holt S et al. Effect of gel fibre on gastric emptying and absorption of glucose and paracetamol. Lancet. 1979;1: 636-9.

23. Schwartz SE et al. Sustained pectin ingestion: effect on gastric emptying and glucose tolerance in non-insulin dependent diabetic poatients. Am J Clin Nutr. 1988;48:1413-7.

24. Flurie B et al. Effect of pectin on jejunal glucose absorption and unstirred layer thichness in normal man. Gut. 1984;25:936-41.

25. Blackburn NA et al. The mechanism of action of guar gum in improving glucose tolerance in men. Clin Sci. 1984;66:329-36.

26. Jenkins DJ et al. Rate of digestion of foods and postprandial glycaemia in normal and diabetic subjects. Br Med J. 1980;281:14-7.

27. Kay RM et al. Diets rich in natural fiber improve carbohydrate tolerance in maturity-onset, on insulin dependent diabetics. Diabetology. 1981;20:18-21.

28. Shimoyama R et al. Effects of guar intake on plasma somatostatin like immunoreactivity in diabetic patients. Hokkaido Igaku Zasshi. 1982;57:727-32.

29. Jenkin DJ et al. Decrease in postprandial insulin and glucose concentrations by guar and pectin. Ann Intern Med. 1977;86:20-23.

30. Jenkins DJ et al. Improved glucose tolerance four hours after taking guar with glucose. Diabetologia. 1980;19:21-4.

31. Hardinge M, Stare. Nutritional studies of vegetarian. 1. Nutritional, physical and laboratory studies. Am J Clin Nutr. 1954;2:73-82.

32. Sacks FM et al. Plasma lipoprotein levels in vegetarians. The effect of ingestion of fats from dairy products. JAMA. 1985;254(10):1337-41.

33. Mann GV. Dietary intake, the first law of thermodynamics and the properties of yoga. JAMA. 1986;255(9):1136-7.

34. Melby CL. Blood pressure and body mass index in elderly long-term vegetarians and nonvegetarians. Nutr Rep Int. 1988;37(1):47-56.

35. Melby CL et al. Blood pressure differences in older black and white long-term vegetarians and nonvegetarians. J Am Coll Nutr. 1993;12(3):262-9.

36. Sorbris R et al. Vegetarian fasting of obese patients: a clinical and biochemichemical evaluation. Scand J Gastroenterol. 1982;17 (3):417-24.

37. Carrilla M et al. Clinical observations on the use of xanthan gum in obesity. Clin Diabetol. 1986;13(1):37-40.

38. Gropper S et al. The therapeutic effect of fiber in treating obesity. J Am Coll Nutr. 1987;6(6):533-6.

39. Karlsson J et al. Predictors and effects of long term dieting on mental wellbeing and weigth loss in obese women. Appetite. 1994;23(1):15-26.

40. Poehlman ET et al. Resting metabolic rate and postprandial thermogenesis in vegetarians and nonvegetarians. Am J Clin Nutr. 1988;48(2):209-13.

41. Carroll KK. Soya protein and atherosclerosis. J Am Oil Chem Soc. 1981;58:916-9.

42. Kritchevsky D et al. Experimental atherosclerosis in rabbits fed cholesterol free diets. Part 7. Interaction of animal or vegetal protein with fiber. Atherosclerosis. 1977;26:397-403.

43. Kim DN et al. Effects of a soya protein product on serum and tissue cholesterol concentrations in swine fed high fat, high cholesterol diets. Excp Mol Pathol. 1978;29:385-99.

44. Terpstra AHM et al. The effect of semipurified diets containing proportions of either casein or soybean protein on the concentration of cholesterol in whole serum, serum lipoproteins and liver in male and female rats. Atherosclerosis. 1982;42:85-95.

45. West CE et al. The effect of age on the development of hypercholesterolemia in rabbits fed semipurified diets containing casein. J Nutr. 1982;112:1287-95.

46. Nagata Y et al. Effects of soya-bean protein and casein on serum cholesterol levels in rats. Br J Nutr. 1980;44:113-21.

47. Sacks FM et al. Plasma lipids and lipoproteins in vegetarians and controls. N Eng J Med. 1975;292(22):1148-52.

48. Sirtori CR et al. Soybean protein diet in the treatment of type II hyperlipoproteinemia. Lancet. 1977;1:2757.

49. Sirtori CR et al. Clinical experience with soybean protein diet in the treatment of hypercholesterolemia. Am J Clin Nutr. 1979;32:1645-58.

50. Goldberg AP et al. Soy protein independently lowers plasma cholesterol levels in primary hypercholesterolemia. Atherosclerosis. 1982;43(2/3):355-682.

51. Descovich GC et al. Multicentre study of soybean protein diet for outpatient hypercholesterolaemic patients. Lancet. 1980;2(8197):709-12.

52. Verrillo A et al. Soybean protein diets in the management of type II hyperlipoproteinemia. Atherosclerosis. 1985;54(3):321-32.

53. American Academy of Pediatrics. Section on nutrition. Indications for cholesterol testing in children. Pediatrics. 1989;83:687-91.

54. Fernandes J et al. The effect of a virtually cholesterol free, high linoleic and vegetarian diet on serum lipoproteins of children with familial hypercholesterolemia (type II-A). Acta Paediatr Scand. 1981;70(5):677-82.

55. Gaddi A et al. Hypercholesterolemia treated by soybean protein diet. Arch Dis Child. 1987;62 (3):274-8.

56. Gaddi A et al. Dietary treatment for familial hypercholesterolemia - differential effects of dietary soy protein according to the apolipoprotein E phenotypes. Am J Clin Nutr. 1991;53(5):1191-6.

57. Pilch SM. Physiological effects and health consequences of dietary fiber. Bethesda; Federation of American Societies for Experimental Biology. 1987.

58. Bell LP et al. Cholesterol-lowering effects of soluble-fiber cereals as part of a prudent diet for patients with mild to moderate hypercholesterolemia. Am J Clin Nutr. 1990;52:1020-6.

59. Glassman M et al. Treatment of type II-A hyperlipoidemia in childhood by a simplified American Heart Association diet and fiber supplementation. Am J Dis Child. 1990;144(9):973-6.

60. Lovatti MR et al. Soybean protein diet increases LDL receptor activity in mononuclear cells from hypercholesterolemic patients. J Clin Invest. 1987;80(5):1498-502.

61. Huff MW et al. Turnover of VLDL apoprotein B is increased by substitution of soybean protein for meat and dairy protein in the diets of hypercholesterolemic men. Am J Clin Nutr. 1984;39:888-97.

62. Erdman JW, Fordyce. Soy products and the human diet. Am J Clin Nutr. 1989;49:725-37.

63. Gibney MJ. Hypocholesterolemic effect of soya-bean proteins. Proc Nutr Soc. 1982;41:19-26.

64. Forsythe WA. Comparison of dietary casein or soy protein effects on plasma lipids and hormone concentrations in the gerbil (Meriones Unguiculatus). J Nutr. 1986;116:1165-71.

65. Ellis FR et al. Incidence of osteoporosis in vegetarians and omnivores. Am J Clin Nutr. 1972;25:555-8.

66. Mazess RB, Mather. Bone mineral content of North Alaskan Eskimos. Am J Clin Nutr. 1974;27:916-20.

67. Marsh AG et al. Vegetarian lifestyle and bone mineral density. Am J Clin Nutr 1988;48:837-41.

68. Marsh AG et al. Bone mineral mass in adult lacto-ovo vegetarian and omnivorous males. Am J Clin Nutr. 1983;37:453-6.

69. Abelow BJ et al. Cross-cultural association between dietary animal protein and hip fracture: a hypothesis. Calcif Tissue Int. 1992;50(1):14-8.

70 . Wachman A, Bernstein. Diet and osteoporosis. Lancet. 1968;1:958.

71. Hunt NJ. The influence of dietary sulfur on the urinary output of acid in man. Clin Sci. 1956;15:119-34.

72. Relman AS et al. Endogenous production of fixed acid and the measurement of the net balance of acid in normal subjects. J Clin Invest. 1961;40:1621-30.

73. Lennon EJ et al. The effects of phosphoproteins on acid balance in normal subjects. J Clin Invest. 1962;41:637-45.

74. Martin DW et al. Bioquímica de Harper. Editorial El Manual Moderno. Mexico. 1982;331.

75. Brewer G et al. Does a vegetarian diet control Wilson's disease? J Am Coll Nutr. 1993;12(5):527-30.

76. Anderson JW, Akanji. Dietary fiber - an overview. Diabetes Care. 1991;14(12):1126-36.

77. Feskens EJ et al. Dietary factors determining diabetes and impaired glucosetolerance. Diabetes Care. 1995,18:1104-12.

78. Contaldo F et al. Yoga or fiber? Thermodynamics in the vegetarians. (carta) JAMA. 1987;257 (10):1330.

5

DOENÇAS RENAIS

O rim é um órgão nobre com múltiplas funções, sendo uma das principais a filtragem sanguínea, e pode ser afetado positiva ou negativamente pela dieta ao longo dos anos. Revisaremos três entidades com diferentes manifestações clínicas, complicações e prognósticos, mas com a característica comum de poderem ser atenuadas por mudanças nos hábitos alimentares: a litíase renal, a insuficiência renal e a síndrome nefrótica.

LITÍASE RENAL

A nefrolitíase (litíase renal ou cálculos renais) é uma doença relativamente comum que somente nos Estados Unidos atinge de 1% a 20% da população, sendo responsável por 1% das hospitalizações.

EVIDÊNCIA

Em 1973, Robertson[1] sugeriu que a formação de cálculos renais de oxalato de cálcio é essencialmente uma doença de países desenvolvidos. Robertson e seus colaboradores[2], do Departamento de Urologia de Leeds, na Inglaterra, demonstraram que o único fator da dieta correlacionado consistentemente em todos os níveis demográficos com a ocorrência de cálculos urinários é uma alta ingestão de proteína animal.

O mesmo doutor Robertson[1] constatou que, entre a população masculina, os indivíduos que tinham formações recorrentes de cálculos consumiam mais proteína animal do que indivíduos saudáveis; além disso, aqueles que pela primeira vez apresentavam cálculos urinários tinham uma ingestão média de proteína animal que era um meio termo entre as ingestões dos dois primeiros grupos. Em outro estudo experimental, foi demonstrado que o consumo elevado de proteína animal causou um aumento significativo na excreção urinária de cálcio, oxalato e ácido úrico (principais fatores de risco para cálculos renais). A probabilidade relativa total de formação de cálculos, calculada a partir da combinação dos principais fatores de risco urinários, aumentou significativamente com uma dieta rica em proteína animal. Inversamente, a baixa ingestão de proteína animal, uma característica da dieta vegetariana, foi associada à baixa excreção de cálcio, oxalato e ácido úrico e uma baixa probabilidade de formar cálculos.

Em outro estudo realizado na Grã-Bretanha[3], observou-se que a prevalência de cálculos urinários em vegetarianos foi de apenas 40% a 60% do previsto para a população geral, igualados por idade, sexo e classe social.

A equipe do doutor Breslau[4], da Universidade do Texas, nos Estados Unidos, realizou observações semelhantes. Foram estudados quinze jovens saudáveis em três períodos de doze dias, durante os quais suas dietas continham proteína vegetal, proteína vegetal e ovos, ou proteína animal. Essas dietas tinham quantidades semelhantes de sódio, potássio, cálcio, fósforo, magnésio e proteínas, mas tinham teores de enxofre progressivamente elevados. A excreção urinária diária de cálcio foi de 103 mg na dieta vegetariana e 150 mg na dieta com proteína animal. Além disso, a dieta com proteína animal foi associada a uma maior excreção do ácido úrico não dissociado, devido a uma redução do pH urinário, conferindo um risco aumentado para a formação de cálculos de ácido úrico.

No Japão, houve um aumento progressivo na incidência de litíase renal a partir de meados do século XX. O número de pacientes com essa doença aumentou três vezes em relação aos registros anteriores aos da Segunda Guerra Mundial. Depois que o Japão experimentou um rápido crescimento econômico e mudanças nos hábitos alimentares, a quantidade de açúcar, produtos de origem animal, carne e leite e seus derivados consumida pelos japoneses aumentou três, quatro, nove e dezesseis vezes, respectivamente. Inversamente, a quantidade de cereais e verduras consumida diminuiu gradualmente[5]. Essas mudanças no estilo de vida após a Segunda Guerra Mundial podem ter afetado a incidência de litíase renal, como sustenta o estudo do doutor Iguchi e sua equipe de colaboradores[6], da Universidade de Kinki, em Osaka, Japão, que pesquisaram o consumo diário de vários nutrientes por 241 pacientes com cálculos renais. Foi constatado que eles consumiam grande quantidade de proteína animal.

Alguns estudos demonstraram a eficácia terapêutica de certos nutrientes presentes em boa quantidade numa dieta vegetariana. A equipe coordenada pelo doutor Ohkawa[7], da Faculdade de Medicina Wakayama, no Japão, relatou a eficácia do farelo de arroz em sete pacientes hipercalciúricos* com urolitíase. Depois de administrar farelo de arroz em doses diárias de 20 g durante quatro semanas, a excreção urinária diária de cálcio diminuiu de 402 para

* Hipercalciúricos: nível elevado de excreção de cálcio na urina.

291 mg. Em outro estudo[8] com um número maior de pacientes, os mesmos pesquisadores demonstraram o mesmo efeito terapêutico durante um período de três anos. Tizzani e sua equipe[9], da Universidade de Turim, na Itália, também demonstraram o efeito terapêutico da fibra do farelo de trigo (14 g diariamente durante três meses) a dezoito pacientes hipercalciúricos. Na Índia, o doutor Anasuya[10] demonstrou o desaparecimento de cristais de oxalato de cálcio na urina de indivíduos propensos a cálculos após a ingestão de extrato de tamarindo.

MECANISMOS

Bioquimicamente, o efeito de uma dieta rica em proteína animal é uma maior excreção urinária de cálcio, oxalato e ácido úrico. As teorias atuais atribuem o aumento da excreção urinária de cálcio a uma reabsorção óssea elevada; o aumento da excreção de oxalato ao metabolismo aumentado dos aminoácidos fenilalanina, tirosina e triptofano, os quais estão presentes em maiores proporções na proteína animal; e o aumento da excreção de ácido úrico ao nitrogênio das purinas adicionais que acompanham a proteína da carne[1]. Dessa forma, uma dieta rica em proteína animal contribui para o aumento dos principais fatores de risco para a formação de cálculos.

O efeito terapêutico da fibra em pacientes hipercalciúricos pode ser devido à sua capacidade de formar um complexo insolúvel com o cálcio no intestino e reduzir o tempo de trânsito intestinal, diminuindo, assim, a absorção de cálcio.

INSUFICIÊNCIA RENAL

A insuficiência renal crônica é resultado da destruição progressiva e irreversível dos néfrons, independentemente de sua causa (por exemplo, diabetes, hipertensão, glomerulonefrite, idade). Antes dos recursos da diálise e do transplante renal, a dieta era usada no tratamento de pacientes com nefropatias terminais para diminuir os sintomas.

EVIDÊNCIA

A restrição de proteína como parte do tratamento de insuficiência renal foi sugerida em meados do século XIX. Em 1869, Beable escreveu: "Grande parte do excesso de carne ingerido é eliminado pelo corpo na forma de ureia e outros constituintes urinários, o que exige um trabalho especial do rim para retirá-los do sangue. Obviamente, é de extrema importância aliviar os rins desse trabalho desnecessário e inútil nos casos desses doentes, já que sua função está seriamente deteriorada[11]".

Embora a popularidade das dietas com restrição de proteínas tenha aumentado nas primeiras décadas do século XX, recentemente essas dietas estão praticamente esquecidas devido a relatos de deficiências nutricionais e ao surgimento da diálise.

O doutor Malhotra e seus colaboradores[12], em Nova Délhi, na Índia, tratando 25 pacientes com insuficiência renal de nível moderado a severo com uma dieta vegetariana com 30 g de proteínas e 1.880 kcal diárias, durante um período de seis a dez semanas, observaram uma notável melhora clínica em quinze deles. O doutor Yatzides[13], da Universidade de Atenas, na Grécia, relatou um efeito terapêutico da fibra da goma de alfarroba em 198 pacientes urêmicos tratados com e sem diálise. Ele observou uma melhora significativa na condição clínica, diminuição da pressão arterial elevada e redução dos níveis séricos de ureia, creatinina e fósforo em todos os pacientes. A equipe do doutor Rampton[14], do Instituto Rayne, em Londres, na Inglaterra, demonstrou que as fibras arabinogalactano e ispaghula (hemiceluloses) dadas por um período de seis e oito semanas reduziram a ureia plasmática em 11% e 19%, respectivamente, em pacientes com insuficiência renal crônica. Pender[15] avaliou os efeitos de crescentes quantidades de fibra na dieta de vinte pacientes num programa de hemodiálise; suplementos com 15 g de farelo de trigo administrados por 28 dias produziram uma notável melhora clínica nesses pacientes.

Na Rússia, o doutor Petrushina e sua equipe[16] demonstraram pela primeira vez o efeito benéfico da gordura vegetal sobre o metabolismo lipídico, oxidação fosfolipídica e conteúdo de antioxidantes em 43 crianças com glomerulonefrite crônica.

Aproximadamente um terço dos pacientes diabéticos de longa data desenvolveu nefropatia diabética. A aparição de disfunção renal manifestada clinicamente é um indicador de mau prognóstico. Rivellese e seu grupo de pesquisadores[17], da Universidade de Nápoles, na Itália, demonstraram em cinco pacientes diabéticos com insuficiência renal crônica que uma dieta rica em fibras (50% carboidratos, 38% gordura, 12% proteínas; 65 g de fibras por dia), comparada a uma dieta pobre em fibras (semelhante à anterior, mas com apenas 27 g de fibra), melhorou o controle da glicemia e o perfil lipídico dos pacientes urêmicos. Além disso, a dieta rica em fibras não teve efeito deletério sobre a ureia plasmática ou o estado nutricional, como aconteceu com a dieta pobre em fibras.

O doutor Parrilla e seus colaboradores[18] compararam os efeitos metabólicos de uma dieta predominantemente vegetariana rica em carboidratos e fibras, e com restrição moderada de proteínas, aos efeitos de uma dieta pobre em carboidratos e fibras, e com baixo teor de proteínas, em seis pacientes diabéticos com insuficiência renal crônica. A primeira dieta produziu uma série de efeitos metabólicos benéficos, que incluíram uma melhora significativa no controle da glicemia, redução do colesterol sérico e aumento significativo da perda de nitrogênio fecal.

MECANISMOS

Uma vez danificados por doenças, agentes lesivos ou, até mesmo, envelhecimento normal, os rins terão uma diminuição progressiva da capacidade fisiológica com o passar do tempo. Essa deterioração eventualmente causa insuficiência renal e morte.

O doutor Brenner e seus colaboradores[19] levantaram uma hipótese para explicar a deterioração progressiva das nefropatias. Eles propuseram que dietas ricas em proteínas, que aumentam a pressão e o fluxo sanguíneo intrarrenais, assim como a taxa de filtração glomerular (TFG)*, também aumentam a carga de trabalho renal, acelerando a evolução da insuficiência dos rins já lesionados. Também disseram que o aumento da pressão e do fluxo sanguíneo intrarrenais foi acompanhado por uma maior proliferação das células mesangiais** glomerulares e lesão direta dos néfrons, o que acelera ainda mais a evolução da insuficiência renal. É provável que os mecanismos responsáveis pelos aumentos agudos no fluxo sanguíneo e TFG sejam também, por efeito acumulativo, responsáveis pela hiperfiltração sustentada e hipertrofia renal acompanhante, observadas em animais mantidos com dietas ricas em proteína.

Em indivíduos normais ou em animais, a dieta hipoproteica foi acompanhada de uma diminuição da TFG, a qual foi aumentada quando eles receberam dietas com proteína animal ou uma solução de aminoácidos. Kontessis e sua equipe[21], num estudo cruzado com indivíduos normais, observaram que a TFG e a filtração de albumina foram maiores após três semanas com uma dieta com 70% da proteína de origem animal, em comparação a uma dieta vegetariana estrita com a mesma quantidade de proteína total. Bosch e seus colaboradores[22] também observaram que indivíduos normais que consumiram uma dieta com proteína animal tiveram uma depuração de creatinina*** significativamente maior que os que consumiram uma dieta vegetariana.

De acordo com tal teoria, podemos deduzir que os vegetarianos com uma menor TFG medida por uma menor filtração de creatinina protegeriam seus

* Taxa de filtração glomerular (TFG): volume de água filtrada pelos capilares glomerulares por unidade de tempo. Esta é a primeira etapa na formação da urina.

** Células mesangiais: células aderidas à parede de capilares glomerulares, cuja função é de ligação entre os capilares.

*** Depuração de creatinina: volume de plasma saguíneo que é depurado por unidade de tempo, ou seja, é a remoção da creatinina do corpo. Clinicamente, a depuração de creatinina é uma medida útil para estimar a taxa de filtração glomerular.

néfrons de uma carga aumentada ou hiperfiltração, resultando em um menor dano glomerular. Isso poderia ser explicado não só por seu menor conteúdo proteico em geral, como também pelo tipo de proteína.

Outros fatores que lesam o rim, como a hipertensão e o diabetes, também são combatidos, através de outros mecanismos, por uma dieta vegetariana.

Os mecanismos de ação da fibra na uremia envolveriam um efeito sobre a ureia e/ou amônia absorvidos dentro do lúmen intestinal, evitando sua entrada na corrente sanguínea. A fibra pode reduzir a geração de amônia bacteriana colônica, inibindo, dessa forma, a síntese hepática de ureia[13,14]. Além disso, a melhoria no controle glicêmico e no perfil lipídico pode influenciar beneficamente o curso da insuficiência renal ao menos nos diabéticos.

Evidências foram acumuladas indicando que a redução da ingestão de fósforo em pacientes com insuficiência renal diminui as concentrações de hormônio da paratireoide e melhora a resposta esquelética de absorção do cálcio. Como as fontes principais de fósforo da dieta são as carnes e os laticínios, é aconselhável uma dieta com restrição desses alimentos. É importante lembrar que pacientes com insuficiência renal avançada devem ter cuidado, já que tendem a elevar os níveis séricos de potássio. Por isso, devem restringir os alimentos ricos nesse nutriente como, por exemplo, frutas.

SÍNDROME NEFRÓTICA

A síndrome nefrótica é uma alteração renal causada por diferentes doenças; nela, há uma elevada excreção de proteínas através da urina, diminuição da albumina, elevação do colesterol no sangue e edema generalizado.

No passado, recomendava-se uma alta ingestão proteica, mas foi observado que isso não melhorava a hipoalbuminemia e, até mesmo, poderia acelerar o dano renal progressivo. Em contraste, observou-se que dietas pobres em proteína reduzem a proteinúria e preservam a função renal em modelos renais experimentais de síndrome nefrótica. Motivados por isso, o doutor Barsotti e seus colaboradores[23], do Instituto Médico de Pisa, na Itália, trataram vinte pacientes nefróticos resistentes a esteroides com uma dieta vegetariana estrita pobre em proteína e suplementada com aminoácidos essenciais durante quatro meses. Antes desse estudo, os pacientes haviam seguido uma dieta sem restrição de proteínas, porém pobre em sal. Os pesquisadores observaram melhora de diversos parâmetros clínicos, como diminuição da proteinúria, da excreção de nitrogênio pela urina, da filtração de creatinina e do nível sérico de colesterol.

Uma característica importante da síndrome nefrótica é a hiperlipidemia, caracterizada por aumentadas concentrações plasmáticas de VLDL e LDL e, conforme a doença progride, por hipertriacilglicerolemia e concentrações diminuídas de HDL. Essas anormalidades lipídicas podem promover o desenvolvimento de aterosclerose, que aumenta o risco de cardiopatia coronariana e pode predispor a uma progressão mais rápida da doença renal. A equipe do doutor Giuseppe D'Amico[24] tratou vinte pacientes com síndrome nefrótica que, depois de um período basal de oito semanas com suas dietas usuais, consumiram uma dieta vegetariana com proteína de soja durante oito semanas. A dieta era pobre em gorduras (28% da energia total) e proteínas (0,71g por quilo de peso corpóreo), livre de colesterol e rica em ácidos graxos mono e poli-insaturados (P/S = 2,5) e em fibras (40g). Após essa dieta, os pacientes reassumiram suas dietas usuais por outras oito semanas – período de lavagem (desaparecimento dos efeitos prévios). Durante a dieta vegetariana, houve diminuições significativas nas concentrações sanguíneas de colesterol total, LDL, HDL e apolipoproteínas A e B. A excreção de proteínas pela urina também diminuiu significativamente. Todas essas modificações benéficas foram perdidas quando os pacientes reassumiram suas dietas usuais. Os mesmos pesquisadores, em outro estudo[25], confirmaram os benefícios de uma dieta vegetariana e que a adição moderada de suplementos orais de óleo de peixe não potencializava o efeito benéfico.

CONCLUSÕES

O valor de uma dieta adequada para a prevenção e o tratamento de doenças renais não pode ser estimado sob o aspecto financeiro, mas todos conhecem o alto custo de procedimentos como a litotripsia ultrassônica*, a diálise e o transplante renal. Logicamente, não estou dizendo que através de uma dieta vegetariana não haverá pacientes com cálculos renais ou insuficiência renal que necessitem de uma diálise de urgência, já que são vários os fatores causais desses problemas, mas podemos afirmar que a frequência e a gravidade deles, em linhas gerais, podem diminuir significativamente.

As diferenças observadas nos parâmetros fisiológicos renais entre vegetarianos e onívoros, somadas às diferenças observadas para outros sistemas, poderiam apontar, talvez, uma mudança mais global, com capacidade de influenciar processos biológicos aos quais está sujeito o ser humano, como crescimento, reprodução e envelhecimento.

* Litotripsia ultrassônica: procedimento para o tratamento de cálculos renais. Consiste na fragmentação dos cálculos por um pequeno transdutor de ultrassom e sua remoção diretamente.

REFERÊNCIAS BIBLIOGRÁFICAS

1. Robertson WG et al. Should recurrent calcium oxalate stone formers become vegetarians? Br J Urol. 1979;51(6):427-31.
2. Robertson WG et al. The role of affluence and diet in the genesis of calcium-containing stones. Fortschritte der Urologie und Nephrologie. 1978;11:5-14.
3. Robertson WG et al. Prevalence of urinary stone disease in vegetarians. Eur Urol. 1982;8 (6):334-9.
4. Breslau NA et al. Relationship of anima-rich diet to kidney stone formation and calcium metabolism. J Clin Endocrinol Metab. 1988;66(1):140-6.
5. Iguchi M et al. Nutritional risk factors in calcium stone disease in Japan. Urol Int. 1984;39:32.
6. Iguchi M et al. Dietary intake and habits of Japanese renal stone patients. J Urol. 1990;143 (6):1093-5.
7. Ohkawa T et al. Rice bran treatment for hypercalciuric patients with urinary calculous disease. J Urol. 1983;129(5):1009-11.
8. Ohkawa T et al. Rice bran treatment for patients with hypercalciuric stones:experimental and clinical studies. J Urol. 1984;132(6):1140-5.
9. Tizzani A et al. Wheat bran in the selective therapy of absorptive hypercalciuria study performed on 18 lithiasic patients. J Urol. 1989;142(4):1018-20.
10. Anasuya A et al. Tamarind ingestion and lithogenic properties of urine: study in men. Nutr Res. 1990;10(10) 1109-18.
11. Wasserstein AG. Changing patterns of medical practice: protein restriction for chronic renal failure. Ann Intern Med. 1993;119(1):79-85.
12. Malhotra KK et al. Clinical and biochemical evaluation of low protein diet in chronic renal failure in India. Indian J Med Res. 1976;64(10):1462-73.
13. Yatzides H et al. Treatment of chronic renal failure with dietary fiber (carta). Clin Nephrol. 1985;23(2):106-7.
14. Rampton DS et al. Treatment of chronic renal failure with dietary fiber. Clin Nephrol. 1984;21 (3):159-63.
15. Pender F et al. The effect of increasing the dietary fiber content of diets with chronic renal failure treated by hemodialysis at home. J Human Nutr Diet. 1989;2(6):423-8.

16. Petrushina AD et al. Lipid metabolism and free radical oxidation in children suffering from glomerulonephritis kept on a diet of vegetable fats. Vopr Pitan. 1983;0(4):35-7.

17. Rivellese A et al. A fiber-rich diet for the treatment of diabetic patients with chronic renal failure. Diabetes Care. 1985;8(6):620-1.

18. Parrilla M et al. Metabolic consequences of feeding a high carbohydrate, high fiber diet to diabetic patients with chronic kidney failure. Am J Clin Nutr. 1988;48:255-8

19. Brenner BM et al. Dietary protein restriction and the progressive nature of renal disease. N Eng J Med. 1982 307:652-7.

20. Epstein FH. Dietary protein intake and the progressive nature of kidney disease. N Eng J Med. 1982;307 (11):652-9.

21. Kontessis P et al. Renal, metabolic and hormonal responses to ingestion of animal and vegetable proteins. Kidney Int. 1990;38:136-44.

22. Bosch JP et al. Renal function reserve in humans: effect of protein intake on glomerular filtration rate. Am J Med. 1983;75 (6):943-50.

23. Barsotti G et al. A special, supplemented "vegan" diet for nephrotic patients. Am J Nephrol. 1991;11(5):380-5.

24. D'Amico G et al. Effect of vegetarian soy diet on hyperlipidemia in nephrotic syndrome. Lancet. 1992;339(8802):1131-4.

25. Gentile MG et al. Treatment of proteinuric patients with vegetarian soy diet and fish oil. Clin Nephrol. 1993;4(6):315-20.

CÂNCER

O câncer representa um dos maiores problemas de saúde em todo o mundo. Somente nos Estados Unidos, um terço da população desenvolverá câncer.

Nos países desenvolvidos, o câncer permanece como a segunda maior causa de morte, atrás apenas das doenças cardiovasculares. Vinte por cento das mortes de americanos são por câncer, sendo que metade delas é devida aos três tipos mais frequentes: pulmão, mama e colorretal. Em homens, o câncer de pulmão é o mais frequente; em mulheres, o câncer de mama. As incidências de câncer de cólon e de reto são semelhantes em homens e mulheres.

Os padrões de incidência de câncer variam de acordo com sexo, idade, raça e localização geográfica. Atualmente, considera-se que fatores alimentares, exposição a certos agentes físicos e químicos e uma predisposição genética combinam-se em graus variáveis, contribuindo para a formação de tumores.

EVIDÊNCIA EPIDEMIOLÓGICA E CLÍNICA

Basicamente, há quatro tipos de estudos epidemiológicos empregados na pesquisa da relação entre dieta e câncer:

1. Estudos ecológicos;
2. Estudos caso-controle;
3. Estudos de coorte;
4. Estudos experimentais.

Em 1916, Rolo Russell afirmou que a mortalidade por câncer era mais alta nos países que consumiam mais carne[1].

Em 1972, Drassar e Irving[2], estudando a disponibilidade de alimentos em 37 países e sua relação com a incidência de câncer, constataram que o consumo elevado de proteína e gordura de origem animal estava associado positivamente ao câncer de mama e de cólon. Graham[3], em estudos caso-controle no Instituto Memorial Roswell Park, de Buffalo, nos Estados Unidos, concluiu que o consumo de verduras crucíferas estava relacionado a um menor risco de câncer de cólon, reto e bexiga, e o consumo de vitamina C, a um menor risco de câncer de boca, laringe e esôfago. Kolonel e sua equipe de colaboradores[4] avaliaram grupos étnicos no Havaí (brancos, japoneses, filipinos e havaianos) e encontraram associações significativas entre a ingestão de proteína animal e gorduras (incluindo gordura animal, saturada e insaturada) e o câncer de mama, de endométrio e de próstata. A ingestão de colesterol demonstrou uma correlação positiva com o câncer de pulmão e de laringe. Também foi encontrada uma associação entre a incidência de câncer de estômago e o consumo de peixe seco ou salgado e menor ingestão de vitamina C. Colditz e sua equipe[5], num estudo prospectivo com 1.271 maiores de 65 anos residentes de Massachusetts, nos Estados Unidos, observaram que aqueles com maior consumo de verduras tiveram menor risco de morte por câncer.

O doutor Rose e colaboradores[6], da Fundação Americana da Saúde, em Nova York, correlacionaram a taxa de mortalidade (1978-1979) por câncer de mama, próstata, ovário e cólon, em aproximadamente trinta países, ao consumo de alimentos, e confirmaram a relação descrita previamente entre mortalidade por câncer de mama e consumo de gordura animal, relação que pode, também, ser aplicada aos outros três tipos de câncer. As comparações internacionais concordam com as evidências de experimentos em animais, nos quais dietas com azeite de oliva como principal fonte de gordura foram associadas a um menor risco de câncer de mama. Correlações positivas entre alimentos e taxa de mortalidade por câncer foram particularmente fortes no caso das carnes para câncer de mama e cólon e do leite para câncer de próstata, ovário e mama. Esses quatro tipos de câncer demonstraram uma correlação negativa com a ingestão de vegetais.

O papel das vitaminas antioxidantes foi avaliado pela equipe liderada por Stahelin[7], da Universidade da Basileia, na Suíça, num estudo iniciado em 1959, em que foram medidos os níveis plasmáticos das vitaminas antioxidantes e betacaroteno em 2.974 homens. Durante doze anos de monitoramento (de 1973 a 1985), 553 homens morreram, sendo 204 mortes por câncer. Foram encontrados níveis significativamente menores de betacaroteno em todos os casos de câncer, quando comparados com os 2.421 sobreviventes.

Mills e sua equipe[8] pesquisaram a incidência de câncer em 34.000 vegetarianos e encontraram um risco para todos os tipos de câncer, tanto em homens como em mulheres, menor que o risco da população geral. Na Alemanha, Frentzel-Beyme[9], do Instituto Bremen, num estudo coorte com 1.904 vegetarianos monitorados durante onze anos, observou que o risco de mortalidade por câncer foi muito menor entre eles do que na população em geral e que isso estava relacionado ao tempo de prática de vegetarianismo.

A doutora Gladys Block e colaboradores[10] da Universidade da Califórnia analisaram duzentos estudos em que foi examinada a relação entre a ingestão de frutas e verduras e o câncer de pulmão, cólon, mama, cérvix, esôfago, cavidade oral, estômago, bexiga, pâncreas e ovário. Um efeito protetor estatisticamente significativo do consumo de frutas e verduras foi encontrado em 128 de 156 estudos. Para a maioria dos tipos de câncer, as pessoas com baixa ingestão tinham o risco dobrado em relação às pessoas com alta ingestão, mesmo depois do controle para fatores de confusão. Para o câncer de pulmão, foi encontrada uma proteção significativa em 24 dos 25 estudos, depois do controle do hábito de fumar na maioria dos casos. Frutas, em particular, foram significativamente protetoras contra o câncer de esôfago, cavidade oral e laringe em 28 dos 29 estudos. O mesmo efeito protetor do consumo de frutas e verduras foi observado para o câncer de pâncreas e estômago em 26 dos 30 estudos e para o câncer colorretal e de bexiga em 23 dos 38 estudos. Um efeito protetor significativo foi observado em onze dos treze estudos para o câncer de cérvix, ovário e endométrio. Em uma meta-análise, foi encontrado um efeito protetor consistente contra o câncer de mama.

CÂNCER DE CÓLON E RETO

O câncer colorretal é a segunda maior causa de morte por câncer nos Estados Unidos. Embora um componente genético esteja bem estabelecido[11] como fator a ser considerado, evidências indiretas baseadas principalmente em diferenças na incidência de câncer entre os países e mudanças no estilo de vida entre migrantes também colocam a dieta como fator importante. Fatores alimentares específicos, os quais podem explicar a variação de 90% na incidência entre os países, não estão totalmente esclarecidos, mas evidências sugerem que as dietas ricas em gordura animal (ou carne) e álcool e pobres em frutas e verduras podem aumentar o risco dessa doença.

Em 1933, Stocks estudou a relação de diversos tipos de câncer com a ingestão de verduras e descobriu que pacientes com câncer colorretal relataram menores consumos de cenoura, cebola, couve, beterraba e nabo do que indivíduos sem câncer. Em 1957, um estudo na Grã-Bretanha[9] com maior número de indivíduos obteve o mesmo resultado.

O papel agressivo de produtos de origem animal também começou a ser estudado. Em 1967, Wynder e Shigematzu[12], num estudo internacional, encontraram uma correlação positiva com o consumo de gordura animal. Em 1969, Gregor e equipe de colaboradores[13], num estudo semelhante, descobriram que o câncer de cólon estava correlacionado a uma dieta rica em proteína animal. Mc Illmurray, no Reino Unido, embora não tenha mencionado explicitamente a carne, implicou as gorduras saturadas[14]. McLenan, num estudo da Agência de Pesquisa do Câncer de Lyon, na França, culpou enfaticamente a carne vermelha[15].

Equipe liderada por Haenszel[16], num estudo com 179 pacientes japoneses com câncer de cólon e 357 controles, no Havaí, observou que havia um risco aumentado para quem consumia carne frequentemente. Phillips[17], num estudo caso-controle com vegetarianos da Califórnia, nos Estados Unidos, encontrou um risco três vezes maior com o consumo de carne. Friedman[18], avaliando 105 pacientes com câncer colorretal, encontrou maior risco com o consumo elevado de gorduras saturadas (principalmente provenientes de carne de porco) e menor risco com o consumo de alimentos ricos em fibras. Fonseca e seus colaboradores[19], num estudo retrospectivo no Rio de Janeiro, constataram que pacientes com câncer colorretal tinham dietas ricas em gordura e pobres em fibras, em comparação a indivíduos saudáveis. Resultados semelhantes foram observados em Nova York, por Graham e seus colaboradores[20], em 428 pacientes com câncer de cólon. Whittemore e equipe[21], estudando o câncer colorretal da população chinesa nos Estados Unidos e na China, descobriram que em 905 casos o risco aumentou com a ingestão de gorduras saturadas.

Em 1980, num grande estudo prospectivo, o doutor Walter Willet e grupo de pesquisadores[22] do Hospital Brigham avaliaram 88.751 mulheres entre 34 e 59 anos. Em 1986, depois de 512.488 anos-pessoa* de acompanhamento, 150 casos de câncer de cólon foram documentados. Encontrou-se uma associação entre a ingestão de gordura animal (através do consumo de carne de vaca, cordeiro e porco) e o risco de câncer de cólon; já um alto consumo de fibras demonstrou um efeito protetor.

Mas quais modificações poderiam ser produzidas no intestino pelos alimentos de origem animal? Interessados nisso, em 1971, Hill e Aries[23] analisaram os esteroides ácidos e neutros e a urobilina** nas fezes de ingleses, escoceses, hindus e ugandenses. Das quatro populações, as duas primeiras tinham alta incidência de câncer de cólon e dietas ricas em produtos de origem animal, enquanto as outras duas tinham baixa incidência e dietas predominantemente vegetarianas. Eles encontraram concentrações de esteroides ácidos e neutros e urobilina, assim como suas degradações microbiológicas, muito maiores nas fezes dos ingleses e escoceses. Em outro estudo complementar[24], eles pesquisaram o efeito da dieta em um grupo de vegetarianos estritos e onívoros; observaram que as fezes dos vegetarianos tinham menos espécies de bacteroides (microrganismos que têm a enzima 7-hidroxila e podem desidroxilar ácidos colânicos di e tri-substituídos) e menor quantidade de esteroides ácidos e de ácidos biliares totais.

---

* Anos-pessoa: é a soma, expressa em anos, do tempo de exposição de todos os indivíduos de um determinado grupo em um determinado ano ou período.

** Urobilina: pigmento amarelo-alaranjado presente, normalmente, em pequena quantidade na urina.

Reddy e colaboradores[25], da Fundação Americana para a Saúde, estudaram o efeito de uma dieta ocidental com carne e uma sem carne sobre a atividade da betaglucuronidase bacteriana intestinal em humanos e encontraram uma deposição significativamente maior dessa enzima nas deposições dos indivíduos com dieta com carne. Dessa maneira, a microbiota intestinal desses indivíduos foi mais capaz de hidrolisar os conjugados de glucoronido, aumentando a quantidade de substâncias carcinógenas na luz do cólon. O doutor Maier e sua equipe[26], da Universidade de Missouri, nos Estados Unidos, em um estudo semelhante, observaram que uma dieta rica em carne elevou a população de microrganismo bacteroides na microbiota intestinal. A equipe liderada por Reddy[27], em outro estudo complementar, registrou que a contagem total da microbiota anaeróbia, assim como a de bacteroides, de *bifidobacterium*, de *peptococcus* e de lactobacilos anaeróbios, foi significativamente maior durante uma dieta rica em carne; além disso, a excreção fecal de ácidos biliares microbiologicamente modificados e esteróis neutros foi reduzida quando os indivíduos que tinham uma dieta rica em carne consumiram uma dieta sem carne. A equipe liderada pelo doutor Goldin[28] pesquisou as enzimas bacterianas fecais conhecidas por catalisar as reações que podem resultar na formação de carcinógenos potenciais e constatou que, comparados a vegetarianos, onívoros com uma dieta típica ocidental têm maiores níveis de betaglucoronidase, nitrorredutase, azorredutase e 7-desidroxilase.

Em 1975, o doutor Gershon Hepner[29] estudou a cinética dos ácidos biliares em um grupo de vegetarianos e em um grupo controle. A taxa de reposição fracionária diária de ácido cólico e o depósito de ácido desoxicólico foram significativamente menores nos vegetarianos. Os dados sugeriram que a conservação êntero-hepática de ácido cólico é mais eficiente nos vegetarianos, resultando em uma menor absorção de ácido desoxicólico.

Na Holanda, Van Faasen e colaboradores[34], em um estudo metabólico controlado em que doze indivíduos saudáveis consumiram três tipos de dieta - uma ocidental, uma lactovegetariana e uma vegetariana estrita -, alternadas aleatoriamente, por um período de vinte dias, observaram que as concentrações de ácido desoxicólico, litocólico e ácidos biliares totais nas fezes dos que receberam as dietas lactovegetariana e vegetariana estrita foram significativamente menores que na dos que seguiram dieta ocidental. O número de lactobacilos e enterococos fecais na dieta vegetariana estrita foi significativamente menor que nas outras dietas. Esse estudo demonstrou uma diminuição na concentração de ácidos biliares secundários fecais nas dietas vegetarianas e uma alteração na composição da microbiota fecal.

No Canadá, Kuhnlein e sua equipe[30], da Universidade da Columbia Britânica, em Vancouver, mediram os mutagênicos nos extratos aquosos de fezes de vegetarianos e onívoros e observaram que os vegetarianos tinham níveis significativamente menores de mutagênicos fecais. Na Austrália, Nadir e seus colaboradores[31], pesquisando a atividade de agentes modificadores de DNA em extratos de fezes de vegetarianos e onívoros, encontraram uma notável atividade nos últimos.

Tendo em conta que o colesterol e a gordura da dieta são componentes suspeitos de promover a formação de tumores e que o betassitosterol, um esterol vegetal relativamente não absorvido, causa uma redução na incidência de tumores colônicos em animais experimentais, o doutor Padmanabhan Nair e seu grupo de colaboradores[32] pesquisaram a composição de esteróis na dieta das populações humanas com baixo risco de câncer de cólon. Os grupos estudados eram de uma comunidade adventista (dezoito vegetarianos estritos, cinquenta ovolactovegetarianos, cinquenta onívoros) e mais 35 onívoros da população geral de Los Angeles. Foi observado que o índice mais significativo do estado de esterol é a proporção betassitosterol + estigmasterol/colesterol (ou seja, a proporção de esteróis vegetais/colesterol); a maior proporção foi alcançada por vegetarianos estritos. Os dados demonstraram que somente as quantidades absolutas de colesterol consumidas poderiam não ser tão significativas quanto sua proporção em relação aos esteróis vegetais da dieta.

Duas das principais características das células neoplásicas* são a proliferação e a diferenciação anormal. Estudos em indivíduos com alto rico de desenvolver câncer de cólon demonstraram que essas anormalidades parecem predizer o desenvolvimento do tumor. O doutor Lipkin e colaboradores[33] demonstraram que os vegetarianos têm uma menor taxa de proliferação de células retais que indivíduos com alto risco de câncer de cólon, sugerindo que a dieta vegetariana pode reduzir os níveis de proliferação celular no cólon.

Evidências epidemiológicas têm sido acumuladas sugerindo um efeito protetor das fibras contra o câncer de cólon. O primeiro estudo que demonstrou isso foi coordenado pela Agência Internacional de Pesquisa do Câncer (IARC) de Copenhague, Dinamarca, e pela IARC de Kuopio[35], na Finlândia, áreas com uma variação quádrupla na incidência de câncer de cólon. A ingestão de fibras foi significativamente maior em Kuopio, onde a incidência de câncer foi menor. Freudenheim e equipe[36], em um estudo caso-controle em três condados de Nova York, encontraram um menor risco de câncer colorretal com a ingestão crescente de carotenoides, vitamina C e fibras.

Os pólipos adenomatosos antecedem o diagnóstico clínico de câncer colorretal em uma média de aproximadamente dez anos. Giovannucci e equipe de colaboradores[37], da Faculdade de Medicina de Harvard, nos Estados Unidos, determinaram a relação entre fatores alimentares e o risco de adenoma colorretal em 170 casos e 7.284 indivíduos saudáveis; foi documentado que a ingestão

* Células neoplásicas: células autônomas, sem controle, com proliferação anormal e com perda ou redução da capacidade de diferenciação celular.

de gordura saturada de origem animal estava associada positivamente ao risco de adenoma colorretal e as fibras estavam associadas negativamente. Sandler e equipe[38], da Universidade da Carolina do Norte, em um estudo caso-controle avaliando 236 casos e 409 controles, constataram que a ingestão de frutas e fibras foi relacionada inversamente a adenomas; além disso, havia uma associação positiva com a gordura total e a gordura saturada. O papel protetor da fibra contra adenomas colorretais também foi observado por Little, em Lyon, na França[39], e Anand[40] e Neugut[41], em Nova York.

Howe e pesquisadores[42] da Universidade de Toronto, no Canadá, examinaram os efeitos da ingestão de fibras, vitamina C e betacaroteno sobre o risco de câncer colorretal em uma análise combinada de treze estudos caso-controle conduzidos em populações com diferentes taxas de câncer colorretal e hábitos alimentares diversos. Dados de 5.287 casos e 10.470 controles demonstraram que o risco diminuiu conforme o aumento da ingestão de fibras; essa associação inversa foi obtida em doze dos treze estudos.

Um possível papel da vitamina C na prevenção ou redução de mutagênicos tem sido observado em alguns estudos. Em um estudo[43] de dieta e níveis de fecapentaenos conduzido pelo Instituto Nacional do Câncer dos Estados Unidos, foi observado um notável efeito protetor da vitamina C, tanto de alimentos como de suplementos. O consumo de frutas cítricas e de vitamina E suplementada também foi associado negativamente aos níveis de fecapentaenos. Dessa forma, se mutagênicos fecais estão associados à carcinogênese do cólon, a vitamina C pode desempenhar um papel independente ou atuar sinergicamente com a vitamina E. Apoiando essas observações, estão os resultados do doutor Kune e sua equipe[44], que, em um grande estudo na Austrália com 715 pacientes com câncer colorretal e 715 controles, demonstraram um efeito protetor da vitamina C, com um risco três vezes maior para quem a consumiu em menor quantidade. Potter e McMichael[45] também encontraram um efeito protetor da vitamina C em um estudo com duzentos casos e duzentos controles. Heilbrun e seus colaboradores[46], examinando 102 pacientes com câncer de cólon no Havaí, constataram que a ingestão de vitamina C foi significativamente menor naqueles que desenvolveram câncer de cólon em um período subsequente de dezesseis anos, em comparação àqueles que não desenvolveram tumor. Em Marselha, Macquart-Moulin e equipe de pesquisa[47] examinaram 399 casos de câncer colorretal e controles e, após o ajuste para idade e peso, foi observado um efeito protetor altamente significativo do consumo de vitamina C e de fibra. Na Bélgica, Tuyns e colaboradores[48] conduziram um estudo com 365 pessoas com câncer retal e observaram um efeito significativamente protetor da vitamina C.

OUTROS CÂNCERES DO SISTEMA DIGESTIVO: ORAL E ESOFÁGICO

Esses tipos de câncer são vistos principalmente em fumantes e alcoólatras. No entanto, sete estudos caso-controle sobre o câncer oral foram realizados[49-55], a maioria deles grandes e bem controlados, pesquisando o papel dos fatores alimentares. Todos, exceto um, encontraram efeitos protetores significativos para a ingestão crescente de vitamina C e frutas. A maioria dos estudos incluiu controle para fatores como o tabaco e o álcool.

O câncer esofágico também foi estudado por diversos pesquisadores e, outra vez, a maioria encontrou notáveis relações estatisticamente significativas mostrando um efeito protetor das frutas e da fibra. Tuyns[56], em um grande estudo caso-controle numa região de alto risco na França, encontrou um efeito protetor significativo das frutas cítricas e da vitamina C. Quatro estudos mostraram que o consumo de frutas cítricas era menor em pessoas que desenvolveram câncer esofágico. Decarli[58] pesquisou o papel da dieta em 105 casos de câncer esofágico e indivíduos-controles e observou um efeito protetor das frutas e verduras. Cook-Mozaffari[57] estudou 357 pacientes no Irã, uma área com alta incidência de câncer esofágico, e encontrou a mesma tendência. O doutor Wei Zheng e equipe[195], da Universidade de Minnesota, nos Estados Unidos, relataram os resultados de um estudo prospectivo sobre a associação da ingestão de micronutrientes e o risco de desenvolver câncer do trato digestivo superior (boca, faringe, esôfago e estômago): após sete anos de monitoramento no "Estudo de Saúde de Mulheres de Iowa", de 1986 a 1992, 59 das 34.691 mulheres estudadas desenvolveram esse tipo de câncer. Após os ajustes, considerando idade, tabaco e ingestão energética total, maiores ingestões de vitamina C e E foram relacionadas a um menor risco de desenvolver todos esses cânceres.

CÂNCER DE ESTÔMAGO

O estômago é o primeiro órgão que entra em contato prolongado com os alimentos. Já que a dieta humana contém uma variedade de carcinógenos e anticarcinógenos, parece razoável assumir que a variação nas práticas ou exposições alimentares afeta o risco de câncer de estômago e que a modificação adequada da dieta pode reduzir esse risco.

Dados epidemiológicos e experimentais sugerem que o câncer de estômago tem uma etiologia ambiental da qual a dieta parece ser o componente principal.

Um risco maior foi associado à baixa ingestão de frutas e verduras, aumento do consumo de alimentos ricos em nitratos ou nitritos e alta ingestão de sal e carne.

Graham e colaboradores[59] observaram um consumo muito menor de verduras frescas em 228 pacientes com câncer de estômago, em comparação ao mesmo número de controles em um estudo no Instituto Memorial Roswell Park de Buffalo, nos Estados Unidos. Pelayo e sua equipe[60], em um estudo na Louisiana, constataram que o consumo de alimentos defumados e carnes curadas aumentou o risco de câncer de estômago em 391 pacientes. Risch e seus colaboradores[61], em um estudo em Toronto, no Canadá, avaliando 246 casos de câncer de estômago e igual número de controles, observaram que o consumo de fibras e frutas cítricas diminuiu o risco para esse tipo de câncer.

Diversos estudos sugeriram um papel protetor para a ingestão de frutas ou vitamina C contra o câncer de estômago. Demonstrou-se que o ácido ascórbico tem uma concentração três vezes maior no plasma e no suco gástrico de pessoas com histologia gástrica normal, em comparação a pacientes com câncer[62]. Em um estudo na Louisiana, Correa e colaboradores[63] constataram que frutas e vitamina C são significativamente protetoras contra o câncer de estômago, tanto em pessoas negras como brancas. Em uma região de alto risco na China, estudada pelo doutor You[64], e em outra na Itália, estudada pelo doutor La Vecchia[65], foram encontradas tendências semelhantes.

O papel da dieta na gênese do câncer de estômago baseia-se na hipótese de que fatores alimentares irritantes, como a ingestão de sal, além de uma oferta inadequada de micronutrientes, levam à atrofia gástrica. Nessas condições, o pH aumenta, as bactérias proliferam na cavidade gástrica e facilitam a conversão de nitratos em nitritos, aumentando, assim, o depósito de nitritos e a formação de componentes nitrosos. Essa formação de nitrosaminas pode ser inibida por alguns nutrientes, como as vitaminas A, C e E encontradas predominantemente em frutas e verduras.

O doutor Ramón e colaboradores[66], em um estudo caso-controle em Barcelona, observaram que em 117 casos de câncer de estômago, comparados a 234 controles, um alto risco foi associado à alta ingestão de sal e alimentos defumados, e um menor risco, ao consumo frequente de verduras verdes. Gonzáles e equipe[67], em outro estudo envolvendo 354 casos e igual número de controles, encontraram um maior risco com o alto consumo de nitrosaminas exógenas, nitritos, gordura e colesterol. Uma associação inversa foi observada para o consumo de fibras, vitamina C e carotenos.

CÂNCER DE PÂNCREAS

Somente nos Estados Unidos, mais de 24.000 pessoas morrem por câncer de pâncreas todo ano, representando a quinta maior causa de morte por essa doença. Há evidências de que a incidência aumentou da última metade do século XX para cá. Sua importância é enfatizada pelo prognóstico ruim dado aos pacientes, já que a média de sobrevivência é somente de três meses. O único fator de risco estabelecido é o hábito de fumar, mas estudos epidemiológicos e experimentais mostram a possibilidade de que fatores alimentares desempenhem um papel decisivo.

O doutor Falk e equipe[68] do Instituto Nacional do Câncer de Bethesda, nos Estados Unidos, pesquisando 363 casos de câncer pancreático e 1.234 controles, constataram que o consumo de carne de porco aumentava o risco, enquanto o consumo de frutas o diminuía. A equipe do doutor Mills, da Universidade de Loma Linda, na Califórnia, avaliando 34.000 membros de uma comunidade adventista entre 1976 e 1983, observou que o risco aumentava conforme o aumento do consumo de carne, ovo e café, enquanto o consumo de alimentos vegetais demonstrou um efeito protetor. O doutor Norrel e seus colaboradores[69], em um estudo realizado na Suécia com 99 casos e mais de duzentos controles, encontraram maior risco com um maior consumo de carne frita e menor risco com um consumo frequente de frutas e verduras, particularmente, cenouras e frutas cítricas. Em Adelaide, na Austrália, equipe liderada por Baghurst[70], avaliando 104 casos e 253 controles, também observou um menor risco com o consumo crescente de alimentos vegetais. Mack e colaboradores[71] e Gold [72], estudando 490 e 201 pacientes com câncer de pâncreas, respectivamente, também encontraram um efeito protetor notável proporcionado pelo consumo de frutas e verduras.

CÂNCERES HORMÔNIO-DEPENDENTES EM MULHERES

CÂNCER DE MAMA E ÚTERO

O câncer de mama é mais frequente na América do Norte e na Europa ocidental em termos de incidência e mortalidade. Em décadas recentes, a incidência de câncer de mama também aumentou consideravelmente em muitos países em desenvolvimento. Estudos epidemiológicos, clínicos e em animais demonstraram claramente que o câncer de mama é uma doença mediada por hormônios, e diversos fatores que influenciam o estado hormonal (por exemplo, idade do primeiro parto) ou que são marcadores de mudança no estado hormonal (por exemplo, idade da menarca ou idade da menopausa) mostraram estar associados ao risco de câncer de mama. No entanto, devido ao fato de esses fatores não serem modificados rapidamente, a atenção foi voltada para fatores que podem ser modificados e consequentemente reduzir o risco desse câncer. Nesse contexto, há interesse considerável nas possíveis associações entre o risco de câncer de mama e fatores alimentares, particularmente a ingestão de gordura.

Diversos estudos ecológicos[73-77] sugerem que o câncer de mama é mais comum em países com alto consumo de gordura total e saturada, proteína (principalmente de origem animal) e calorias totais. Estudos intranacionais mostram resultados semelhantes. O doutor Hirayama[78], usando dados de consumo e mortalidade compreendidos em um mesmo ano, demonstrou fortes correlações positivas entre o consumo *per capita* de carne de porco e gordura animal e a mortalidade por câncer de mama em doze distritos do Japão. No Reino Unido, Ingram e colaboradores[79] estudaram as correlações entre mortalidade por câncer de mama e ingestão de carne, gordura, açúcar, cereais, frutas e verduras. Os três primeiros alimentos foram associados positivamente com a mortalidade por câncer de mama, enquanto os cereais foram associados negativamente.

O doutor Phillips e equipe[17,80] observaram que as mulheres adventistas, dentre as quais a maioria é vegetariana, têm menores taxas de câncer de mama que as onívoras da população geral.

Estudos caso-controle proporcionam mais dados. O doutor Nomura e seu grupo de colaboradores[81], no "Estudo Cardíaco de Honolulu", compararam os hábitos alimentares de 86 homens japoneses cujas esposas tinham desenvolvido câncer de mama e 6.774 japoneses cujas esposas não tinham desenvolvido; os primeiros consumiam uma dieta mais próxima à dieta americana (rica em carne, manteiga, margarina e queijo). No Canadá, Miller e equipe[82] conduziram um estudo caso-controle no qual quatrocentos casos de câncer de mama foram igualados a controles; havia aumento no risco de câncer em associação à alta ingestão de calorias, gordura total, gordura saturada e colesterol.

Lubin e colaboradores[83], estudando 577 casos e 826 controles, encontraram uma tendência significativa de maior risco de câncer de mama com a crescente ingestão de carne de vaca e carne de porco. Na Itália, o doutor Talamini[84], com dados da ingestão de alimentos de 368 mulheres com câncer de mama e 373 controles, constatou que o risco aumentou com o maior consumo de carne e laticínios. Rohan, em um estudo na Austrália[85] envolvendo 451 casos de câncer de mama, observou um menor risco quanto maior o consumo de fibras e betacaroteno.

As semelhanças epidemiológicas entre o câncer de mama e o de cólon fizeram com que já no começo da década de 1970 o doutor Hill estendesse sua hipótese sobre o papel da gordura ingerida, bactérias intestinais e esteroides biliares na etiologia do câncer de cólon, para a influência desses fatores também no câncer de mama. Observou-se que pessoas com dietas ricas em gordura tendem a ter alta proporção de bactérias anaeróbias em sua microbiota intestinal e altas concentrações de esteroides ácidos e neutros, devido a bactérias anaeróbias produzirem estrógenos a partir de esteroides biliares. Com sua equipe de colaboradores, o doutor Hill[86] sugeriu que uma dieta rica em gordura poderia estar implicada na carcinogênese mamária.

Dez anos depois (1980), a equipe liderada por Bruce Armstrong[87], da Universidade da Austrália Ocidental, proporcionou dados confirmando o papel da dieta no estado hormonal. Foi observado que mulheres vegetarianas pós-menopáusicas comparadas a onívoras tinham menores níveis de estrógenos totais e estriol na urina, menores níveis plasmáticos de prolactina e maiores níveis plasmáticos de globulina ligadora dos hormônios sexuais (SHBG). Essas diferenças não foram explicadas por diferenças no peso corpóreo ou pela obesidade. O doutor Goldin e colaboradores[88], da Universidade de Tuffs, em Boston, estudaram os níveis plasmáticos, urinários e fecais de dez mulheres americanas vegetarianas e dez onívoras e observaram que a excreção fecal de estrógenos (estrona, estradiol e estriol) foi maior nas vegetarianas. Além disso, a excreção fecal de estrógenos foi associada inversamente aos níveis urinários e plasmáticos de estrógenos. As vegetarianas consumiam mais fibras que as onívoras e tinham deposições mais volumosas, o que levou os autores a sugerirem que isso poderia "esconder" os estrógenos fecais e evitar sua desconjugação e reabsorção. Observaram também uma atividade reduzida da betaglucoronidase nas vegetarianas, o que os levou a pensar que as dietas vegetarianas poderiam reduzir a capacidade de a microbiota intestinal decompor os conjugados de estrógenos biliares e deteriorar sua reabsorção.

Mulheres pré-menopáusicas também foram estudadas. Em Helsinki, o doutor Adlercreutz e equipe[89] pesquisaram o perfil de estrógenos urinários em vegetarianas e onívoras e constataram que a ingestão de fibras totais foi associada negativamente à excreção de dez dos treze estrógenos avaliados. Posteriormente, os mesmos pesquisadores[90] estudaram 27 mulheres pós-menopáusicas, sendo nove vegetarianas, dez onívoras e oito pacientes com câncer de mama tratadas cirurgicamente. Os níveis plasmáticos de SHBG foram menores nas pacientes quando comparadas às onívoras saudáveis; já as vegetarianas tiveram maiores concentrações de SHBG que todos os grupos. A análise alimentar demonstrou que as mulheres pós-menopáusicas com uma dieta rica em gorduras e proteínas, mas pobre em fibras e carboidratos, tiveram altos níveis plasmáticos de testosterona livre e androstenediona, mas baixas concentrações plasmáticas de SHBG. A importância dos níveis elevados de esteroides androgênicos para o risco de câncer de mama estabelece a capacidade de a testosterona ser convertida em estradiol e a androstenediona, em estriol.

Se maiores níveis plasmáticos de testosterona livre – hormônio que dá as características de masculinidade aos homens – em mulheres onívoras pode ter um efeito virilizante, é uma pergunta que no futuro será respondida. No entanto, a evidência de uma influência da dieta sobre os ciclos menstruais já é possível. Hill e colaboradores relataram que uma dieta vegetariana diminuiu a liberação noturna de prolactina[91], bem como a prolactina plasmática durante o ciclo menstrual, e encurtou a duração desse ciclo[92]. O efeito de uma dieta ocidental sobre o ciclo menstrual em mulheres negras sul-africanas (predominantemente vegetarianas) também foi estudado. Observou-se que houve um aumento da duração da fase folicular*[93].

O câncer uterino (endometrial) está fortemente relacionado ao sobrepeso e, consequentemente, aos hábitos alimentares. Foram relatadas altas correlações positivas entre a incidência de câncer uterino e a disponibilidade *per capita* de gordura, carne e ovos[94] ou ingestão de gordura (total, saturada e animal) e proteína animal por grupos étnicos[95]. O doutor La Vecchia e sua equipe[96], da Universidade de Milão, avaliando 206 pacientes com câncer uterino e igual número de controles, constataram que o risco aumentava com o maior consumo de gordura e diminuía com o maior consumo de verduras verdes, frutas e grãos integrais. Em outro estudo caso-controle no Alabama, nos Estados Unidos, Barbone e colaboradores[97], avaliando 168 casos e 334 controles, observaram que a alta ingestão de vitaminas provenientes de verduras estava associada a um risco diminuído. Em Xangai, China, a equipe do doutor Shu[98] relatou que, em um estudo investigativo de 268 casos e igual número de controles, o risco estava associado diretamente a dietas ricas em gordura e proteína animal. O doutor Fabio Levi e sua equipe[99], em um estudo realizado na Suíça e na Itália com 274 pacientes com câncer e 572 controles, concluíram que, além dos efeitos adversos da ingestão excessiva de alimentos e do sobrepeso, alguns aspectos qualitativos da dieta habitual poderiam estar associados ao risco de desenvolver câncer uterino, principalmente a ingestão de proteína e gordura de origem animal, diretamente, e a ingestão de frutas, verduras frescas e fibras, inversamente. O doutor Wei Zheng e seu grupo de apoio[196], no "Estudo de Saúde de Mulheres de Iowa", com mais de 23.000 mulheres pós-menopáusicas, observaram que a ingestão energética de alimentos vegetais estava inversamente associada ao risco de câncer uterino.

O câncer de ovário é uma doença altamente letal, afetando quase 2% da população feminina. Nos últimos vinte anos, um bom número de hipóteses sobre a patogênese desse câncer foi sugerido e explorado. Exposição a dietilbestrol**, uso de estrógenos não contraceptivos, menopausa precoce, obesidade e histórico de câncer de mama mostraram aumentar o risco dessa doença.

Altas ingestões de alimentos ricos em gordura foram associadas a um risco maior, enquanto alimentos ricos em fibras e vitamina A mostraram diminuir o risco. Comparações internacionais[6,74] demonstraram correlações diretas entre a ingestão de calorias totais e de gordura animal *per capita* e a mortalidade por

---

* Fase folicular: período entre o início da menstruação até a liberação do óvulo (duração média de quinze dias).

** Dietilbestrol: hormônios estrogênicos de uso veterinário utilizados para aumentar a produção pecuária.

câncer de ovário. Outros estudos epidemiológicos observacionais[100,102] relataram que o consumo de gordura animal por pacientes com câncer de ovário foi muito maior do que por controles. O doutor La Vecchia e sua equipe[101], avaliando 455 casos de câncer de ovário e 1.385 controles, observaram que os pacientes relataram maior consumo de carne e menor consumo de alimentos vegetais. Slatter e colaboradores[103], avaliando 85 casos e 492 controles, observaram um efeito protetor do maior consumo de betacaroteno. O doutor Risch[104], da Universidade de Yale, nos Estados Unidos, pesquisando 631 casos de câncer de ovário e 564 controles, constatou que o consumo de gordura saturada aumentava o risco, enquanto o consumo de fibras tinha o efeito contrário. A doutora Kathy Helzlsouer e colaboradores[197], da Universidade John Hopkins, de Baltimore, nos Estados Unidos, em um estudo abrangendo mais de 20.000 moradores de Washington, encontraram altos níveis de colesterol sérico associados a um risco maior de desenvolver câncer de ovário.

Múltiplos fatores etiológicos foram descritos para o câncer cervical (câncer do colo do útero), os mais importantes relacionados à conduta sexual e reprodutiva, levando à suspeita de que agentes transmitidos sexualmente (provavelmente um ou mais vírus) estejam envolvidos. No entanto, foram identificados outros fatores de risco independentes (tabaco e uso de contraceptivos orais). O fato de que diferenças socioeconômicas persistam após o ajuste para fatores conhecidos sugere que componentes alimentares possam estar envolvidos na etiologia desse tumor epitelial. Diversas pesquisas relataram que uma variedade de micronutrientes - incluindo vitamina A, carotenoides, vitamina C, vitamina E e folacina - tem efeitos protetores contra o câncer cervical e seus precursores. A importância desse problema de saúde é ilustrada pelo fato de que na América Latina o câncer cervical permanece como uma das principais causas de morbidade e mortalidade, com um número de mortes anuais estimado em 30.000.

O doutor Brock e equipe[114], da Universidade de Sidney, na Austrália, pesquisando 117 mulheres com câncer cervical *in situ* e 196 controles, observaram que os índices alimentares e os níveis plasmáticos de vitamina C, betacaroteno, assim como os sucos de frutas, demonstraram efeitos protetores. O doutor Herrero e colaboradores[115], do Seguro Social da Unidade Nacional de Câncer da Costa Rica, estudaram 748 casos e 1.411 controles e relataram um efeito protetor do consumo de frutas com alto teor de vitamina C e betacaroteno. O papel do ácido ascórbico na condição pré-cancerígena, a displasia cervical, foi examinado por Wassertheil-Smoller[116], e ele constatou que os níveis plasmáticos de vitamina C foram de, em média, 0,36 mg/dl em mulheres com displasia cervical e 0,75 mg/dl em mulheres controles, mesmo após o ajuste de outros fatores de confusão (múltiplos parceiros, múltiplas gravidezes, início precoce da atividade sexual e nível socioeconômico). Verreault[117], examinando 189 mulheres com câncer cervical invasivo e controles, observou que uma baixa ingestão de frutas ricas em vitamina C e betacaroteno estava associada a um risco maior.

CÂNCER DE PRÓSTATA

O câncer de próstata é o segundo câncer mais comum nos Estados Unidos, atrás somente do câncer de pulmão. Entre os homens, 20% dos cânceres recentemente diagnosticados são de próstata, responsável por 11% das mortes por câncer em homens. Sua incidência tem aumentado nas últimas décadas[105]. Apesar disso, pouco se sabe sobre sua etiologia e sua causa ainda não foi identificada. Atualmente, há bastante interesse na relação hormônio-dieta e o risco de câncer de próstata.

Dietas ricas em gordura animal parecem estar associadas a um maior risco de câncer de próstata. Em estudos ecológicos[74], há uma significativa correlação positiva entre a ingestão de gordura e a incidência desse câncer. Estudos anteriores[17] realizados na Califórnia com vegetarianos encontraram taxas mais baixas para câncer de próstata, em comparação a outros homens. O doutor Hirayama[106], em um grande estudo prospectivo epidemiológico realizado no Japão, observou, após dez anos de acompanhamento de 122.261 homens com mais de 40 anos, que houve uma menor taxa de câncer de próstata nos que consumiam frutas e verduras amarelas diariamente. Dados da Inglaterra e do País de Gales sugerem que os açougueiros tinham maior risco de morte por câncer de próstata. O doutor James[107], da Universidade de Londres, levantou a hipótese de que os andrógenos usados pelos pecuaristas como promotores de crescimento do gado sejam responsáveis pelo risco adicional de câncer de próstata nesses trabalhadores. Nos Estados Unidos, a incidência de câncer de próstata está relacionada epidemiologicamente ao consumo de gordura de carne, ovos e laticínios[108].

Em 1976, o doutor Paul Mills e sua equipe[109], da Universidade de Loma Linda, na Califórnia, avaliaram 14.000 homens, acompanhados durante seis anos. Detectaram 180 casos de câncer de próstata diagnosticados histologicamente, observando um aumento do risco com o consumo de produtos de origem animal e uma diminuição com o consumo de alimentos vegetais. Em um estudo caso-controle realizado pela equipe do doutor Mettlin[110] com 371 pacientes com câncer de próstata e igual número de controles, no Instituto Roswell Park, em Buffalo, no estado de Nova York, observou-se um efeito protetor da alta ingestão de betacaroteno.

A evidência mostrada sugere a hipótese de que o tipo de dieta consumida por uma pessoa poderia influenciar o metabolismo hormonal não só em mulheres, mas também em homens. Interessados nisso, os doutores Howie e Shultz[111], do Departamento de Bioquímica da Universidade de Loma Linda, na Califórnia, pesquisaram a relação entre os nutrientes dietéticos e os níveis plasmáticos dos hormônios testosterona, 5-alfa-dihidrotestosterona, 17-betaestradiol, luteinizante e prolactina em doze homens vegetarianos e dezoito homens onívoros. Os níveis plasmáticos de testosterona e 17-betaestradiol foram significativamente menores nos vegetarianos. Além disso, os níveis desses hormônios estiveram relacionados negativamente com a maior ingestão de fibras.

A possibilidade de que a fibra possa influenciar o metabolismo de estrógenos e andrógenos, alterando a circulação êntero-hepática através da ligação e subsequente excreção fecal, foi explorada por Ross e colaboradores[112] da Universidade de Vermont, em Burlington, nos Estados Unidos, que pesquisaram a ingestão e a excreção fecal de fibra em 53 homens: quinze vegetarianos estritos, vinte ovolactovegetarianos e dezoito onívoros. A ligação *in vitro* de estrona (E1), 17-betaestradiol (E2) e testosterona (T) a uma fração de fibra insolúvel obtida dessas dietas foi correlacionada com a ingestão de componentes específicos da dieta. Os vegetarianos estritos consumiram e excretaram mais fibras que os outros grupos. A lignina dietética foi correlacionada positivamente com a ligação de testosterona no grupo dos vegetarianos estritos. Houve relações significativas para todos os grupos entre a lignina e a ligação de fibra insolúvel a E1, E2 e T. Em outro estudo[113] com os mesmos indivíduos, todos homens jovens (em média 25 anos), pretendeu-se pesquisar o papel da dieta sobre o metabolismo hormonal precocemente na vida dos homens. Embora o nível plasmático de hormônios esteroides não tenha diferido, os vegetarianos estritos tiveram concentrações fecais de estrógenos significativamente maiores que os outros grupos. Além disso, as concentrações de prolactina plasmática foram significativamente menores nesse grupo. Para os grupos combinados, as concentrações de prolactina estavam correlacionadas positivamente com a ingestão de gordura saturada.

CÂNCER DE PULMÃO

Embora o hábito de fumar seja o maior responsável pelo câncer de pulmão, somente uma fração de fumantes desenvolve essa doença, indicando a importância de outros fatores; talvez a dieta seja um deles.

Pesquisas epidemiológicas prospectivas na Noruega[118] e no Japão e estudos caso-controle em Cingapura, Estados Unidos e Reino Unido demonstraram uma associação inversa entre a ingestão de alimentos ricos em vitamina A e o risco de câncer pulmonar. Apesar de alguns resultados serem apresentados para grupos selecionados de alimentos, esses estudos não determinaram claramente se o risco foi associado com a ingestão de vitamina A pré-formada (retinol), pró-vitamina A (caroteno; convertido em vitamina A pelo organismo) ou de ambas. O retinol ocorre naturalmente somente em alguns alimentos de origem animal (principalmente leite integral, queijo, manteiga, gema de ovo e fígado); já as fontes de caroteno são principalmente verduras verdes, cenouras e certas frutas amarelas e vermelhas.

O doutor Hirayama[119] avaliou a ingestão de verduras verdes e amarelas em um grupo de 265.118 japoneses e observou 807 mortes por câncer pulmonar em dez anos de acompanhamento. Um menor risco de câncer pulmonar foi observado tanto para fumantes como para não fumantes que consumiam verduras diariamente, em comparação com aqueles que não consumiam. Um efeito protetor da ingestão de verduras foi observado para todos os níveis de consumo de cigarro durante toda a vida, particularmente para os fumantes mais antigos.

Em um estudo prospectivo[123] da Sociedade Americana do Câncer com mais de 1 milhão de indivíduos, foi observado um forte efeito protetor naqueles que consumiam saladas verdes ou frutas (incluindo sucos) de cinco a sete vezes por semana. Cinco estudos distinguiram os efeitos da vitamina A e do betacaroteno. Shekelle e colaboradores[124] acompanharam prospectivamente, durante dezenove anos, 2.107 homens; 33 desenvolveram câncer pulmonar, sendo que todos tinham uma ingestão de vitamina A pré-formada semelhante ao grupo total, mas uma ingestão de betacaroteno significativamente inferior. O doutor Samet e sua equipe[125] observaram um efeito protetor significativo do betacaroteno após o ajuste para idade e consumo de tabaco. A ingestão de vitamina A pré-formada, no entanto, não foi associada a um risco diminuído. De maneira semelhante, Wu[126] e Ziegler[127], com suas respectivas equipes, observaram um efeito protetor do betacaroteno, mas não da vitamina A pré-formada.

O perigo a que se expõem os trabalhadores envolvidos na comercialização de carnes foi ilustrado pelo doutor Fox com base em dados de mortalidade ocupacional entre 1970 e 1972 em Londres, onde se observou que os açougueiros tinham uma alta incidência de câncer pulmonar. Uma alta incidência também foi observada na análise dinamarquesa de mortalidade ocupacional entre 1970 e 1975. Um estudo maior, realizado na Suécia entre 1961 e 1973, encontrou resultados consistentes com os estudos anteriores[128]. Griffith também observou uma alta incidência entre açougueiros durante o período de 1959 a 1963[129] na Grã-Bretanha. Os doutores Doerken e Rehpenning, do Hospital Universitário de Hamburgo, na Alemanha, estudaram a morbidade e mortalidade em 398 açougueiros e as compararam às de 399 padeiros entre 1954 e 1966; ambos os grupos eram semelhantes em idade e outros fatores de confusão. Foram encontrados 36 casos de câncer do trato respiratório em açougueiros e somente quinze casos em padeiros. Os dermatologistas sabem há muito tempo que os açougueiros têm verrugas virais, particularmente nas mãos. O doutor Pegum[130], afirmando que o vírus da verruga humana causador de papilomas benignos da pele e laringe também pode produzir mudanças malignas como a epidermodisplasia verruciforme, verrugas genitais, papilomas laríngeos e papilomatose oral florida, sugeriu a hipótese de que o vírus da verruga seja responsável pelo excesso de câncer pulmonar em açougueiros.

Evidências dos efeitos prejudiciais dos alimentos de origem animal no risco de câncer pulmonar foram proporcionadas pelo doutor Byers e sua equipe[131], que compararam as dietas de 450 pacientes com câncer e 902 controles de três condados de Nova York e constataram que o risco aumentava com a ingestão de gordura, principalmente colesterol, e diminuía com a ingestão de caroteno de frutas e verduras. No Havaí, a equipe do doutor Goodman[132], estudando 226 homens com câncer e 597 controles, observou que o risco aumentava em razão direta da ingestão de colesterol dietético.

Aparentemente, não só o betacaroteno desempenharia um papel protetor, mas também outros nutrientes, como pode ser deduzido do estudo de Holst e seus colaboradores[133], realizado na Holanda, com 49 pacientes com câncer e o mesmo número de controles. Após o ajuste para tabaco e outros fatores de risco, as pessoas com um índice de consumo de vitamina C menor que 50 mg/dia tiveram um risco 4,3 vezes maior que aquelas com maior ingestão. O doutor Kromhout[134], analisando os resultados de um estudo prospectivo iniciado em 1960 com 970 homens entre 40 e 59 anos, acompanhados durante 25 anos, observou que, dos 63 homens que morreram por câncer pulmonar nesse período, aqueles que consumiam mais de 100 mg/dia de vitamina C tinham um risco três vezes menor que aqueles que consumiam menos de 60mg/dia. Fontham e equipe[135], em um estudo caso-controle com 1.253 casos e 1.274 controles, encontraram uma associação inversa para a ingestão de betacaroteno, mas havia um efeito protetor mais notável da ingestão de vitamina C.

Em outro grande estudo realizado na Finlândia[136], no qual foram estudados 4.538 homens entre 20 e 69 anos, inicialmente (entre o período de 1966 e 1972) sem câncer e acompanhados por vinte anos, foram diagnosticados 117 casos de câncer pulmonar. Foram observados efeitos protetores de uma maior ingestão de carotenoides, vitamina C e E. Por outro lado, baixos níveis séricos de betacaroteno e vitamina E foram considerados marcadores de carcinoma pulmonar[137].

CÂNCER NASOFARÍNGEO

O câncer nasofaríngeo é raro na Europa e América do Norte, mas é um dos mais comuns na China. Acredita-se que fatores ambientais inerentes à cultura tradicional chinesa sejam responsáveis pela taxa extraordinariamente alta dessa doença.

A inalação de fumo ou pó contendo carcinógenos como um fator de risco de carcinoma nasofaríngeo tem sido pesquisada em muitos estudos. Há 25 anos, o doutor Ho[138] foi o primeiro a sugerir que a ingestão de peixe salgado ao estilo cantonês, um dos pratos favoritos dos chineses, poderia ser um fator de risco de câncer nasofaríngeo. Estudos posteriores confirmariam essa hipótese. Em Los

Angeles, um número maior de pacientes chineses relatou um maior consumo desse prato, em comparação a controles[139]. Em Hong Kong, esse prato foi dado a crianças durante o desmame com maior frequência em famílias com caso de câncer nasofaríngeo do que em famílias controles[140]. Na Malásia, históricos de ingestão desse prato por crianças e adolescentes foram fatores de risco desse tipo de câncer[141]. Em outro estudo caso-controle[142] que investigou 250 casos de carcinoma nasofaríngeo em chineses de Hong Kong menores de 35 anos e igual número de controles, foi constatado que o consumo desse prato estava associado diretamente ao risco de câncer. Os pesquisadores estimaram que mais de 90% desse tipo de neoplasia pode ser atribuído ao consumo desse alimento durante a infância. Moradores das ilhas da Polinésia imigrantes de países asiáticos que mantinham seus costumes sociais e alimentares tinham um alto risco de carcinoma nasofaríngeo[143].

CÂNCER DE LARINGE

O hábito de fumar é o principal determinante de câncer de laringe na maior parte do mundo. Em alguns estudos, o consumo de álcool, assim como a exposição a certos agentes ocupacionais, como o amianto, foram vinculados ao aumento do risco de câncer de laringe. Outros estudos sugeriram que a alta ingestão de frutas e verduras pode diminuir esse risco.

O doutor Graham e colaboradores[144], estudando 374 pacientes com câncer de laringe e 381 controles, no Instituto Memorial Roswell Park, de Buffalo, nos Estados Unidos, encontraram um alto risco associado ao consumo de tabaco e álcool e um efeito protetor resultante da ingestão de vitamina A e C. Em um estudo em Montevidéu, Uruguai, país com uma das mais altas taxas de incidência desse câncer, o doutor De Stefani e sua equipe[145] pesquisaram 107 pacientes com câncer de laringe e 290 controles e constataram que o consumo infrequente de verduras e frutas triplicou o risco de desenvolver essa doença. Em outro estudo no Texas, a equipe liderada pelo doutor Mackerras[146], estudando 151 casos e 178 controles, observou uma associação inversa entre a baixa ingestão de betacaroteno e o risco de câncer de laringe. Na Itália, a equipe do doutor La Vecchia[147], pesquisando 110 casos e 843 controles, observou um notável efeito protetor do consumo de frutas. O doutor Zheng e colaboradores[148], em um estudo caso-controle em Xangai, na China, avaliando 201 casos de câncer de laringe e 414 controles, também constataram que o hábito de fumar foi o principal fator de risco, mas havia um notável efeito protetor do consumo de frutas e verduras e um risco aumentado pelo consumo de carnes.

LEUCEMIA E LINFOMA

Todas as hipóteses etiológicas pesquisadas envolveram somente a etiologia de câncer ocorrendo relativamente tarde na vida. Além disso, os cânceres mais associados com a dieta, como o de pulmão, de mama e de próstata e colorretal, não são doenças que ocorrem normalmente em crianças. No entanto, não podemos igualar a ausência de evidência de efeito da dieta no câncer em crianças com a evidência de ausência de efeito.

Em 1966, em um estudo internacional, o doutor Lea[149], utilizando dados de 24 países, observou correlações altamente positivas entre o consumo de gorduras e colesterol e a mortalidade por neoplasia de mama, de ovário e de reto e leucemia. A possibilidade de transmissão de vírus produtores de leucemia através do consumo de alimentos de origem animal é apoiada por evidências em chimpanzés que foram alimentados com leite não pasteurizado, de vacas infectadas com vírus da leucemia bovina, e desenvolveram leucemia aguda acompanhada por pneumonia[150]. A leucemia do gado começou a ser observada no início do século XX, quando a doença chegou à Prússia oriental e à Alemanha. Embora chamada de leucemia, a doença em animais é mais apropriadamente considerada um linfossarcoma e é conhecida nos matadouros da Europa, da ex-União Soviética e dos Estados Unidos e chegou a causar a proibição do consumo dessa carne. Vírus desse tipo podem não ser detectados adequadamente no controle de inspeção e podem ser transmitidos ao ser humano.

O doutor Cunningham[193], realizando comparações geográficas com base em dados sobre o consumo *per capita* de fontes de proteína animal publicados pela Organização para o Desenvolvimento e Cooperação Econômica, observou uma correlação positiva entre o consumo de proteína animal, particularmente da carne bovina, e a mortalidade por linfomas.

CÂNCER UROLÓGICO

Muitos pesquisadores demonstraram que o ácido ascórbico inibe a nitrosação, em humanos e animais, e tumores na bexiga, em animais[153]. O doutor Kolonel examinou 164 pacientes com câncer de bexiga, 123 homens e 41 mulheres, e indivíduos controles de dois grupos étnicos da população do Havaí. A ingestão de vitamina C pelos pacientes foi menor[154].

O doutor Chow e colaboradores[155], pesquisando a relação entre a dieta e o câncer renal, estudaram 690 pacientes e 707 controles e encontraram riscos significativamente maiores naqueles acostumados ao consumo de alimentos ricos em proteína, principalmente a carne vermelha.

CÂNCER CEREBRAL

Somente um estudo foi relatado. O doutor Sinks entrevistou os pais de cem crianças com tumores cerebrais e duzentos controles a respeito da dieta das mães durante a gravidez. Um risco três vezes maior de dar a luz a uma criança que posteriormente poderia desenvolver câncer cerebral foi associado a uma baixa ingestão de vitamina C pelas mães, durante a gravidez, uma constatação que se manteve após o ajuste de outros fatores de confusão[156]. Lamentavelmente, não só a aterosclerose poderia ser um problema de origem precoce, durante a gestação, mas também problemas piores e até fatais, como o câncer infantil, capazes de afetar o futuro da criança.

EVIDÊNCIA TERAPÊUTICA DA DIETA SOBRE O CÂNCER

Em contraste com a abundante evidência epidemiológica, experimental e clínica do papel da dieta na gênese dos processos neoplásicos, há pouca informação sobre os efeitos de fatores dietéticos sobre o processo cancerígeno já desenvolvido. No entanto, relatos de casos não documentados sugerem que pacientes no Ocidente, com diversos cânceres vinculados à dieta, como o de próstata e o de pâncreas, têm uma progressão mais lenta da neoplasia quando seguem uma dieta vegetariana pobre em gordura e rica em frutas e verduras[157].

O doutor De Cosse e sua equipe[158], durante os quatro anos em que desenvolveram um estudo de quimioprevenção de neoplasia no cólon, trataram 58 pacientes de **polipose adenomatosa familiar** com suplementos de vitaminas C e E e fibras. Observaram um notável benefício do suplemento de fibra (22 g por dia) para a inibição da neoplasia benigna do cólon. Benner[159] demonstrou que a vitamina E previne a transformação maligna da **leucoplasia oral**. Stich e seus colaboradores[160] demonstraram que o betacaroteno induziu a remissão da leucoplasia oral em pescadores da Índia que mascavam tabaco.

A dieta também pode servir como indicador de prognóstico dos pacientes com câncer. Em relação ao câncer de mama, pesquisadores relataram um aumento no comprometimento dos nódulos linfáticos com uma dieta rica em gordura saturada[161], um tamanho reduzido do tumor com uma dieta rica em fibra[162] e um estado positivo de receptor de estrógenos com a alta ingestão de betacaroteno[163]. Além disso, o doutor Jain e a doutora To[164], do Instituto Nacional do Câncer do Canadá, estudando 678 pacientes com câncer de mama, constataram que o risco de morte foi menor nos casos com maiores ingestões de betacaroteno e vitamina C e maior com o aumento da ingestão de gordura saturada.

A busca por mais benefícios da alimentação para a cura do câncer continuará e, talvez, sejam encontrados na Pré-História: a alimentação dos macacos. Observou-se que primatas não humanos parecem ser resistentes aos efeitos carcinogênicos dos estrógenos após longos períodos de exposição a eles, às vezes combinados com carcinógenos potentes. Os doutores Pfeiferr e Allen foram incapazes de induzir câncer em macacos *rhesus* após administrar estrógenos somados aos potentes carcinógenos benzopireno e dibenzoantraceno por mais de oito anos. O doutor Paul Musey e equipe[198], estudando em chipanzés a excreção urinária de compostos difenólicos pertencentes à classe de lignanos e isoflavonoides – as mesmas substâncias que são formadas por bactérias intestinais a partir de fitoestrógenos e lignanos vegetais –, propuseram que os parentes mais próximos do *Homo sapiens* podem estar protegidos de certas formas de câncer hormônio-dependentes devido a suas dietas vegetarianas.

MECANISMOS

Com o passar dos anos, foram acumuladas evidências demonstrando que a carcinogênese humana é um processo de natureza multifatorial e múltiplos passos que se estendem durante um ou vários anos. Fatores dietéticos poderiam representar os mais críticos em muitos tipos de câncer.

As características qualitativas e quantitativas da dieta vegetariana explicariam os diversos mecanismos propostos através dos quais os vegetarianos teriam maior proteção contra o desenvolvimento de câncer. Aqui estão os mais importantes:

1. Presença de substâncias cancerígenas em aditivos de alimentos de origem animal, como os nitritos – substâncias que conservam a carne e que estão relacionadas à gênese do câncer de estômago.
2. A alta proporção de gordura e outros fatores na dieta ocidental que poderiam diminuir a resistência do corpo ao câncer.
3. O tipo de gordura e seus metabólitos formados no organismo, como os ácidos biliares secundários, que estão envolvidos em neoplasias digestivas, como o câncer de cólon.
4. A presença de vírus, que causam neoplasias malignas em animais – como leucemia ou linfoma –, na carne de animais doentes.
5. A modificação do balanço hormonal através da dieta desempenha um papel chave nos processos neoplásicos hormônio-dependentes, como o câncer de mama e de próstata.
6. A dieta ocidental rica em alimentos de origem animal pode produzir maturação precoce e aumentar o risco de câncer de mama.

7. A carência de fibras com suas repercussões fisiopatológicas, como o caso do câncer de cólon.
8. A presença de maior quantidade de vitaminas antioxidantes, como as vitaminas C e E e betacaroteno, na dieta vegetariana.

ETAPAS DA CARCINOGÊNESE

Atualmente, sabe-se que o processo carcinógeno tem pelo menos três etapas: iniciação, promoção e progressão. Acredita-se que o câncer se desenvolva em etapas discretas, cada uma delas regulada independentemente, em diferentes momentos, por diferentes agentes.

O **início**, como é compreendido atualmente, envolve uma breve e irreversível interação entre um carcinógeno e o material genético de seu tecido alvo. A reação resulta em uma lesão molecular ou mutação, que pode alterar algumas células, mas não gera um tumor clinicamente observável, a menos que sofra a ação de outra classe de agentes, os chamados promotores. Um carcinógeno determinado, usualmente, requer metabolismo bioquímico para ter uma forma reativa. A maioria dos químicos sofre destoxificação para metabólitos que podem ser facilmente excretados. Certas reações bioquímicas estão sujeitas a modificações por vitaminas específicas, afetando, dessa forma, o processo carcinogênico total. Os metabólitos reativos têm características eletrofílicas ou são radicais hidroxi que podem reagir com os nucleófilos na célula. A partir daí, os metabólitos reativos podem ser pegos por micronutrientes, como o betacaroteno e a vitamina E. Proteínas, RNA e, principalmente, DNA em sítios específicos e suscetíveis são alvos dos eletrófilos reativos. Se o sistema celular está em repouso, enzimas específicas detectam o DNA anormal e modificado e o reparam. No entanto, se a célula com o DNA anormal se duplica, a anormalidade pode levar a uma célula alterada com códons reordenados e translocação de segmentos de genes específicos, incluindo oncogenes. Essa nova sequência de códon dá à célula um caráter neoplásico precoce, incluindo a expressão de proteínas específicas[157].

Um **promotor** pode fazer com que as células transformadas se proliferem e formem um tumor, mas ele não é mutagênico nem carcinogênico. Essas células, através de sua estrutura específica de genes, podem possuir DNA-polimerases com uma menor fidelidade e então levar à alteração progressiva para um genoma mais maligno do sistema celular. Células cancerígenas precoces rodeadas por células normais podem crescer controlando elementos das células normais através de *gap junctions*. Alguns químicos têm a propriedade específica de romper as *gap junctions* e então eliminar a transferência de fatores de controle de crescimento normal. Dessa forma, a célula neoplásica aumenta sua propagação através da divisão celular. O papel de micronutrientes específicos, como os retinoides, de ajudar a permeabilidade de *gap junctions*, diminuindo o crescimento de células neoplásicas precoces, foi demonstrado. Talvez tecidos como o pulmão, mama ou bexiga possam ser protegidos através desse mecanismo[157].

A seguinte sequência de passos foi descrita como **progressão**, envolvendo o desenvolvimento para um estágio mais maligno. Isso pode significar alterações adicionais no genoma e resultar em uma célula mais diferenciada e anaplásica. Essas células têm propriedades de divisão em uma forma menos controlada, capaz de invadir estruturas vizinhas e finalmente produzir focos metastáticos em locais de câncer primário.

RADICAIS LIVRES

A formação de espécies moleculares altamente reativas contendo oxigênio é uma consequência normal de uma variedade de reações bioquímicas essenciais. Se uma molécula reativa contém um ou mais elétrons não pareados em sua última órbita, a molécula é chamada "radical livre". Essas espécies incluem radical ânion superóxido, peróxido de hidrogênio, radical hidróxilo e oxigênio molecular simples. Como um resultado da instabilidade dos radicais livres e seu potencial para danificar as células e tecidos, há enzimas e moléculas de baixo peso molecular com capacidades antioxidantes que podem proteger dos efeitos adversos das reações dessas substâncias. Portanto, há um balanço crítico entre a geração de radicais livres e as defesas antioxidantes. Muitos dos antioxidantes protetores são nutrientes essenciais ou têm nutrientes essenciais como parte de sua molécula. No campo da nutrição, o termo essencial é dado àqueles nutrientes que devem ser consumidos, pois o corpo não pode sintetizá-los - como, por exemplo, as vitaminas.

Os radicais livres podem causar danos no tecido reagindo com os ácidos graxos poli-insaturados nas membranas celulares, nucleotídeos no DNA e radicais sulfidrilas nas proteínas. Esses radicais podem originar-se endogenamente a partir de reações metabólicas normais, exogenamente como componentes do fumo de tabaco, contaminantes no ar e, indiretamente, através do metabolismo de certos solventes, drogas e pesticidas, assim como através da exposição à radiação. Há muitas evidências de que o dano causado pelos radicais livres contribui com a etiologia de muitas doenças crônicas, como a aterosclerose, o câncer, a catarata e o próprio envelhecimento[165]. Somente três nutrientes essenciais podem eliminar diretamente os radicais livres: vitaminas C e E e betacaroteno.

ANTIOXIDANTES DIETÉTICOS

Betacaroteno

Vitamina A é um termo não específico que inclui duas famílias diferentes de fatores dietéticos, uma compreendendo os diversos tipos de vitamina A pré-formada (principalmente ésteres de retinol, mas também retinol e retinal) e outra compreendendo os diversos tipos de pró-vitamina A (principalmente betacaroteno, mas também outros carotenoides que podem ser precursores metabólicos de retinol)[166]. Em sistemas celulares, foi observado que os carotenoides podem evitar intercâmbios de cromátides irmãs, assim como a transformação maligna produzida por oxidantes ou radicais livres, por alguns compostos genotóxicos ou tratamento com raios-X. Há evidências recentes de que os carotenoides acrescentados diretamente às células podem modificar suas propriedades imunológicas, incluindo a estimulação da liberação de materiais citotóxicos. Muitos pesquisadores apoiam a ideia de que os carotenoides podem prevenir o surgimento de tumores da pele induzidos por raios ultravioleta ou por uma combinação com carcinógenos químicos e podem também ter um efeito sobre tumores internos induzidos por carcinógenos. Além disso, há a possibilidade de que os carotenoides possam atuar como agentes imunopromotores na prevenção da disseminação de tumores desenvolvidos. O mecanismo de ação dos carotenoides pode disseminar a capacidade desses componentes de eliminar tanto as espécies excitadas eletronicamente como as reações dos radicais[167].

Vitamina C (ácido ascórbico)

O ácido ascórbico está sendo reconhecido cada vez mais como um agente com várias funções biológicas importantes. Funções bem estabelecidas incluem a síntese de hormônios e neurotransmissores, atividade de citocromo P-450 e destoxificação de compostos exógenos e metabolismo de colesterol, assim como suas funções antioxidantes. Diversos mecanismos de ação foram descritos. Esse ácido desempenha um papel fundamental na eliminação de radicais livres e proteção contra a peroxidação lipídica, parece ter um papel na preservação e reconstituição das formas ativas da vitamina E e também na preservação de outros antioxidantes importantes. Diversas funções sobre o sistema imune também foram descritas, incluindo uma promoção da quimiotaxia* de leucócitos, estimulação da produção de interferons** e atividade do complemento C1q***. Seu papel na síntese de colágeno, na integridade da membrana basal e na inibição da hialuronidase**** pode ser importante para inibir a disseminação do tumor e nas micrometástases[156].

Vitamina E (alfatocoferol)

Vitamina E é um termo que compreende um pequeno grupo de tocoferóis relacionados. É o principal antioxidante lipossolúvel responsável pela proteção

* Quimiotaxia: detecção da célula para a movimentação na direção ou no afastamento de um agente químico específico.

** Interferons: classe de glicoproteínas com atividades antivirais.

*** Complemento C1q: o sistema complemento é composto por proteínas da membrana plasmática e solúveis no sangue; participa das defesas inatas e adquiridas do sistema imunológico. Os ativadores são reconhecidos por C1q, uma das três proteínas do complexo C1.

**** Hialuronidase: enzima facilitadora da difusão de líquidos injetáveis, agindo na redução temporária da viscosidade do tecido conjuntivo, tornando-o mais permeável à difusão de líquidos.

de ácidos graxos poli-insaturados nas membranas contra a peroxidação lipídica. A vitamina E destrói o nitrito, componente essencial na cadeia alimentar associada com a produção do câncer de estômago, esôfago e, em alguns casos, fígado. A vitamina E, especialmente associada à vitamina C, é um excelente agente sequestrador de nitrito[157].

As defesas antioxidantes disponíveis dentro e fora da célula deveriam ser adequadas para proteger do dano oxidativo. No entanto, o equilíbrio pode ser perdido por exposição a fontes que excedam as defesas ou por ingestão inadequada de nutrientes necessários ao sistema de defesa. Vale recordar que as frutas e verduras são fontes exclusivas desses três micronutrientes.

PAPEL DA FIBRA

Inicialmente, o efeito protetor da fibra foi considerado para o câncer de cólon devido à sua capacidade de aumentar o volume das deposições e diminuir o tempo de trânsito, afetando a quantidade, a concentração e a atividade das substâncias nocivas nas fezes através da diluição, do tempo de exposição reduzido e da microbiota fecal alterada. Gradualmente, uma rede de fatores inter-relacionados que podem alterar a incidência não só do câncer de cólon foi construída com base em evidências epidemiológicas e experimentais.

Muitos elementos dessa hipótese foram adaptados de uma hipótese anterior – de que as dietas ricas em gorduras aumentam o risco de câncer através de uma concentração aumentada de esteroides fecais e uma degradação bacteriana de ácidos biliares a carcinógenos.

- O efeito do aumento de volume das deposições da fibra está bem estabelecido através de numerosos estudos clínicos. As fibras de cereais têm um efeito de aumento do volume das deposições muito mais evidente que as fibras de frutas e verduras. As fibras insolúveis estimulam o crescimento bacteriano e, assim, contribuem para o aumento do peso fecal[168]. Tudo isso leva à diluição de solutos nas fezes.
- O tempo de trânsito e o volume das deposições estão inversamente relacionados, mas o curto tempo de trânsito diminuiria o tempo para a formação e ação de carcinógenos intestinais.
- A fermentação anaeróbica da fibra produz ácidos graxos voláteis, gases e energia para o crescimento bacteriano. Os ácidos graxos voláteis – principalmente os ácidos acético, propiônico e butírico – podem reduzir o pH colônico e a concentração de amônia livre, que é também reduzida através do consumo para a síntese bacteriana. Como a amônia aumenta a reposição celular e suspeita-se que favoreça o crescimento de células malignas em vez de células normais[169], uma baixa concentração de amô-

nia colônica seria um objetivo a se alcançar. O butirato, especialmente, modifica o metabolismo de muitos tipos de células e afeta a atividade de muitas enzimas.

- O baixo pH colônico inibe a 7-alfa-hidroxilase, que hidroxila ácidos biliares e acredita-se ter influências positivas em relação ao câncer. Acredita-se também que os ácidos biliares desempenhem um papel central na etiologia do câncer de cólon. Foi mostrado que os ácidos desoxicólico e litocólico, os dois principais ácidos biliares secundários, são carcinogênicos em ratos. Dietas ricas em gordura estimulam a secreção de bile, levando a uma alta produção fecal e concentração de ácidos biliares, enquanto que muitos tipos de fibra diluem a concentração de ácidos biliares fecais e ainda podem aumentar a excreção diária[170].
- A fibra também exibe propriedades de adsorção*, que são modificadas através da fermentação. O fenômeno de adsorção pode ser responsável pelas virtudes de destoxificação atribuídas à fibra[171].
- A fibra poderia modular o número e proporção de espécies bacterianas e sua atividade enzimática. Dessa maneira, os *Clostridium* desidrogenadores nucleares - bactérias capazes de desidrogenar os ácidos biliares - e as enzimas bacterianas, como a betaglucuronidase, nitrorredutase e azorredutase - que podem converter pró-carcinógenos em carcinógenos - foram implicados na gênese do câncer de cólon[172].
- A fibra poderia reduzir a reabsorção de estrógenos biliares. Os estrógenos sofrem reciclagem êntero-hepática, alcançando o intestino através da bile. Normalmente, quase todos os estrógenos biliares são conjugados e quase 80% desses conjugados são reabsorvidos, mas só depois da hidrólise e do metabolismo, inibindo a reabsorção de estrógenos biliares. Isso é demonstrado pela menor excreção urinária de estriol em vegetarianas[87,88], cujas urinas contêm menos estriol-3--glucoronido, um metabólito específico das células mucosas intestinais. Muitos fatores podem estar envolvidos no fato de estrógenos permanecerem nas fezes. A hidrólise é necessária antes que os estrógenos biliares possam ser reabsorvidos para que o volume desses componentes seja conjugado com o ácido glucurônico. A atividade da betaglucuronidase fecal é muito menor em vegetarianas do que em onívoras[88] e aumenta com a dieta com carne[25]. Além disso, há uma correlação significativa entre o peso fecal e a excreção de estrógenos fecais, sugerindo que volumes fecais maiores escondem os estrógenos, os quais, dessa forma, não são reabsorvidos.

* Adsorção: adesão de moléculas do fluido a uma superfície sólida.

Lignanas

Pesquisas demonstraram que um grupo de compostos chamados lignanas, conhecidos anteriormente como constituintes de plantas superiores, também estão presentes em animais e seres humanos, mas com uma estrutura ligeiramente diferente. Os principais componentes encontrados são a enterolactona e o enterodiol, formados no trato intestinal pelas bactérias, a partir de precursores presentes em alimentos ricos em fibras[173,174]. Foi mostrado que os precursores são lignanas das plantas, especialmente abundantes em diversas sementes; um precursor presente na linhaça foi identificado como um glicosídio[175].

Muitas lignanas de plantas mostram propriedades fisiológicas, incluindo efeitos anticancerígeno[176], antibacteriano, antifúngico[177], antiviral[178] e inseticida, que podem beneficiar não só as plantas, mas também os animais, incluindo os seres humanos, que consomem alimentos de origem vegetal. Estudos indicam que a maioria deles provavelmente estimula a produção de globulina ligadora de hormônios sexuais (GLHS) no fígado e pode, dessa forma, influenciar significativamente a atividade biológica dos hormônios sexuais. Os maiores valores de GLHS observados em vegetarianas provavelmente são devidos aos efeitos desses compostos sobre a síntese hepática de proteína[87,89].

A excreção de enterolactona e enterodiol na urina se correlaciona com a ingestão de fibras. Em cinco grupos de mulheres pré e pós-menopáusicas, com diferentes dietas habituais, incluindo um grupo de pacientes com câncer de mama cirurgicamente tratado, a excreção de lignanas urinárias se correlacionou significativamente com a ingestão de produtos de grãos, sendo a ingestão mais baixa no grupo de pacientes e mais alta entre as vegetarianas[179]. Enterolactona, a lignana animal quantitativamente mais importante, tem uma estrutura que se assemelha aos estrógenos sintéticos, como estilbestrol e hexestrol, mas não mostra atividade estrogênica. Essa lignana, no entanto, liga-se fracamente ao citosol uterino de ratas, e estudos proporcionam evidências de que esses compostos têm propriedades antiestrogênicas[180]. A significativa menor excreção de lignanas urinárias por mulheres pós-menopáusicas com câncer de mama, comparadas com controles onívoras e vegetarianas, sugere que a alta produção de lignanas animais antiestrogênicas no intestino serve para proteger do câncer de mama[179].

MEDICAÇÃO HORMONAL

Diferentes tipos de estudos demonstraram correlações consistentes entre as dietas ricas em energia, especialmente ricas em gordura, e o risco de câncer de mama. Tais dietas também predispõem à obesidade, que está associada a um maior risco em mulheres pós-menopáusicas[181]. A gordura dietética também foi mostrada como promotora do desenvolvimento de tumores mamários em animais experimentais. Já que a ocorrência de câncer de mama parece estar relacionada aos hormônios sexuais circulantes e seus metabólitos, altas ingestões de gordura podem ser associadas adicionalmente com:

1. menarca precoce e menopausa tardia, levando, consequentemente, a uma alta exposição estrogênica acumulativa e risco aumentado[182];
2. reabsorção estimulada de estrógenos dentro da circulação êntero-hepática;
3. secreção aumentada e elevados níveis plasmáticos de prolactina[91], que é um cocarcinógeno ou promotor em modelos de câncer animal. Foi mostrado que altas concentrações de prolactina plasmática estão associadas a um risco aumentado de câncer de mama;
4. alteração da estrutura e função da membrana celular[183];
5. supressão da resposta imunológica[184];
6. efeito sobre o metabolismo de alguns carcinógenos químicos.

O uso de esteroides anabólicos na produção da carne (para o rápido crescimento dos animais) pode trazer sérias consequências para a saúde, especificamente sobre os tumores hormônio-dependentes. A doutora Saenz[186] relatou em Porto Rico – onde produtos como o dietilestilbestrol (DES) e zeranol são vendidos sem prescrição veterinária – que havia uma incidência alarmante de telarca* prematura e cistos ovarianos. É importante dizer que o DES e outros estilbenos não podem ser destruídos no intestino ou na primeira passagem pelo fígado, de modo que os resíduos ingeridos com a carne podem ter efeitos hormonais e, consequentemente, influenciar o risco de câncer. Ainda antes que a Agência Internacional de Pesquisa do Câncer concluísse que o DES está associado à causa de câncer em homens e animais experimentais, alguns países já tinham proibido seu uso na produção de carne[187]. No entanto, na maioria dos países essa lei ainda não está em vigor.

A doutora Devra Lee Davis e o doutor Leon Bradlow[199], do Instituto de Recursos Mundiais, propuseram a hipótese de que o uso indiscriminado de químicos com efeitos hormonais no ambiente não só pode contribuir para o aumento da casuística do câncer de mama (através do consumo de carne de animais que receberam injeções hormonais para aumentar seu crescimento), mas também é responsável pelas anomalias reprodutivas que foram encontradas em animais dentro de ecossistemas contaminados por esses hormônios, que são chamados de xenoestrógenos. Aves com quatro patas ou duas cabeças não são apenas criação da ficção da mente humana, são realidade.

O risco de câncer de próstata também pode ser mediado por mudanças no metabolismo hormonal. Esse tipo de câncer afeta principalmente homens de idade avançada. A atividade prostática é dependente dos níveis plasmáticos

* Telarca: é o momento do primeiro sinal da puberdade nas meninas – o aparecimento do broto mamário.

de testosterona, prolactina e estrógenos em homens saudáveis e em alguma extensão da atividade adrenal em homens com câncer de próstata. Os principais hormônios reguladores do crescimento da próstata são a testosterona e seu metabólito dihidrotestosterona. A hipótese do excesso de testosterona para a etiologia do câncer de próstata sugere que os níveis elevados de testosterona e dihidrotestosterona ao longo de décadas pode levar à hiperplasia prostática e, finalmente, ao carcinoma[111]. No entanto, talvez a mais forte evidência a favor da hipótese hormonal foi a observação de Noble[185], de que o tratamento com testosterona só produziu adenocarcinoma em ratos. Os estrógenos também podem ter um papel na carcinogênese prostática. O hormônio 17-betaestradiol atua sinergicamente com os andrógenos para induzir crescimento prostático em cães. O 17-betaestradiol é conhecido por aumentar com a idade devido à produção extraglandular, proporcionando uma explicação potencial da maior incidência de hipertrofia benigna prostática com o avanço da idade. Parece provável que tanto andrógenos como estrógenos possam estar envolvidos na patogênese do câncer de próstata e que a descoberta de menores níveis plasmáticos desses hormônios em homens vegetarianos em comparação a onívoros[111] confirme a evidência epidemiológica de menor incidência do processo neoplásico em vegetarianos.

CARCINÓGENOS E ANTICARCINÓGENOS EM ALIMENTOS

Aminas heterocíclicas. São formadas na carne e no peixe cozidos a baixas temperaturas. Após a ativação microssomal, elas são altamente mutagênicas (no teste modificado de Ames) e carcinogênicas[188].

Hidrocarbonetos aromáticos polinucleares. Essas substâncias estão amplamente distribuídas nos alimentos e o benzo(a)pireno é um potente carcinogênico usado para indução química de câncer em estudos com animais. A associação com a carne é devido ao fato de a carne defumada na brasa conter benzo(a)pireno. Os hidrocarbonetos policíclicos estão particularmente implicados no câncer do trato digestivo superior, já que estão em contato direto com ele e são inativados pela formação de glucuronido ao alcançar o fígado. O glucoronido, no entanto, é secretado na bile e a betaglucuronidase bacteriana pode reativá-lo.

Componentes nitrosos. Muitas espécies animais são conhecidas por serem suscetíveis ao câncer induzido por componentes N-nitrosos; os seres humanos estão particularmente vinculados ao câncer de esôfago, estômago e pulmão.

Por outro lado, os alimentos são uma fonte de agentes **anticarcinogênicos naturais** que evitam a formação de carcinógenos ou que atuam protetoramente para amenizar ou eliminar os efeitos dos carcinógenos. Aqui estão os mais importantes e suas principais fontes:

- isotiocianatos aromáticos (couve-de-bruxelas, cevada e couve-flor);
- ácido ascórbico (frutas cítricas e verduras verdes);

- betacaroteno (cenouras);
- cumarinas e lactonas (frutas cítricas, verduras);
- fibras (cereais, frutas e verduras);
- flavonoides (frutas, verduras e grãos);
- indóis (couve-de-bruxelas, cevada e couve-flor);
- ácidos fenólicos (chá, aveia, soja, maçãs e batatas);
- inibidores de protease (soja, sementes, nozes e legumes);
- alfatocoferol (óleos, nozes e aspargos)[189].

INIBIÇÃO DA ANGIOGÊNESE

Como afirma o doutor Fotsis[190], a angiogênese - geração de novos capilares - está virtualmente ausente no organismo adulto saudável e restrita a poucas condições, incluindo a cura de feridas e a formação do corpo lúteo, endométrio e placenta. Em contraste, em certas condições patológicas, a angiogênese está dramaticamente fomentada e não é mais autolimitada. A angiogênese patológica é observada durante o desenvolvimento e a progressão de muitas doenças, como, por exemplo, artrite reumatoide, psoríase, fibroplasia retrolental, retinopatia diabética e hemangiomas.

Provavelmente, a manifestação clínica mais importante é aquela induzida por tumores sólidos. A angiogênese patológica poderia ser também modulada por fatores de origem exógena como, por exemplo, a dieta. Foi observado que a urina de vegetarianos tem níveis muito maiores de inibidores da angiogênese, como a genisteína[190].

PAPEL DO COLESTEROL

O colesterol é essencial para a vida animal. Embora a hipercolesterolemia seja um fator de risco primário para aterosclerose, a integridade da estrutura celular animal depende do colesterol, sem o qual as membranas celulares não poderiam funcionar como barreiras, como reguladoras do ambiente interno da celular, sítios para a comunicação intercelular e intracelular ou áreas para a expressão de meios de transporte. A maior parte do colesterol estrutural da célula é encontrada na membrana externa e está distribuída simetricamente entre a bicamada lipídica[191]. Dentro da célula, o colesterol parece estar ativamente envolvido na organização e função do retículo endoplasmático, local de síntese de colesterol.

Uma característica importante da transformação maligna é a perda do mecanismo de inibição da retroalimentação (*feedback*) do colesterol, que regula sua síntese. Os requerimentos das células tumorais excedem substancialmente a síntese total endógena (apesar da taxa aumentada de síntese de colesterol observada na maioria das linhagens celulares tumorais). Os tumores das células com um pequeno aumento na síntese de colesterol certamente não podem completar sua necessidade de colesterol somente pela síntese endógena e também devem usar colesterol do ambiente celular para a sobrevivência e o crescimento. Dessa maneira, o doutor Henry Buchwald[192] levantou a hipótese de que a inibição de colesterol - seja por sua menor disponibilidade (diminuindo o colesterol plasmático), seja por menor síntese intracelular - possa inibir o crescimento de células tumorais e, portanto, poderia ser usada como uma terapia coadjuvante à quimioterapia e, possivelmente, prevenir a carcinogênese.

PROTEÍNA ANIMAL E ESTIMULAÇÃO LINFOIDE

O consumo excessivo de proteína animal pode ser um cofator na origem dos linfomas, como sustenta o doutor Cunningham[193]: a ingestão de certas proteínas resulta em uma absorção de fragmentos antigênicos através da membrana da mucosa gastrointestinal, o que leva à estimulação crônica do tecido linfoide, ao qual esses fragmentos ganham acesso. Independente de a estimulação alterar ou não a função imunológica, ela pode atuar em conjunto com outros fatores, como suscetibilidade genética e vírus oncogênicos, para produzir mudanças malignas. A estimulação imunológica crônica causa linfomas em animais de laboratório e acredita-se que cause câncer no ser humano. As proteínas da carne podem ser potentes estimulantes do sistema linfoide.

CONCLUSÕES

Como diz o doutor Bal[194], a história da prevenção e do controle do câncer tem sido marcada por décadas de atraso entre a aquisição de novos conhecimentos e a sua aplicação mais ampla. Por exemplo, o exame papanicolau, aperfeiçoado em 1943, não foi amplamente utilizado na prática clínica até o início dos anos 1970. Com relação ao tabaco, embora os alarmes sobre o risco de câncer de pulmão tenham sido emitidos em 1964, apenas no final dos anos 1980 as medidas atuais de controle do tabaco (usando múltiplas estratégias) começaram a ser usadas. Mas o custo humano desses atrasos é surpreendente. Estima-se que de 7.000 a 10.000 vidas foram perdidas anualmente entre 1943 e o início de 1970; o câncer de pulmão chegou a ser a causa número um de morte por câncer de homens e mulheres, acabando com mais de 45.000 vidas nos Estados Unidos só em 1988.

Revisões analíticas sobre a relação dieta-câncer surgiram em meados dos anos 1960. Elas previram ganhos significativos na prevenção do câncer através da dieta. Usando evidências sobre o estilo de vida e o meio ambiente, a Organização Mundial da Saúde (OMS), em 1964, concluiu que "a maioria dos cânceres humanos é potencialmente evitável". No final dos anos 1970, Wynder e Gori estimaram a proporção de mortes atribuíveis à dieta em 40% dos homens e 60% das mulheres e, poucos anos depois, Doll e Peto concluíram uma média de 35%, variando, em função do local, de 10% a 70 %. Em 1982, a Academia Nacional de Ciências dos Estados Unidos assinalou que a maioria dos tipos de câncer está relacionada à dieta. No início da década de 1982, alguns pesquisadores, como o doutor Geoffrey Howe, fizeram previsões mais precisas. Ele estimou que o risco de câncer colorretal na população dos Estados Unidos poderia ser reduzido em 31% (50.000 casos por ano) através de um aumento na ingestão de 13 g de fibras por dia[42].

Em 1982, o Comitê sobre Dieta, Nutrição e Câncer do Conselho de Investigação Nacional, dos Estados Unidos, publicou um estudo histórico sobre a relação entre câncer e dieta. Nele está escrito: "...é possível, com base na evidência atual, formular orientações dietéticas consistentes com as boas práticas nutricionais para reduzir o risco de câncer". Essas orientações podem ser assim resumidas:

- reduzir, em relação aos níveis atuais, em cerca de 30% a 40% o consumo de calorias provenientes de gordura;
- incluir frutas, legumes e grãos de cereais integrais na dieta;
- limitar o consumo de alimentos salgados, em conserva ou defumados;
- limitar o consumo de aditivos, que podem ser cancerígenos;
- evitar o consumo excessivo de álcool.

Como se pode ver, o Comitê não se atreveu a recomendar especificamente algo sobre o consumo de carne e a dieta vegetariana; no entanto, naquele ano, vários estudos já indicavam que uma dieta vegetariana poderia ser muito saudável para a prevenção não só do câncer, mas também de outras doenças crônicas.

Em 1989, a Academia Nacional de Ciências dos Estados Unidos, tentando ir mais longe nas suas recomendações, declarou que dever-se-ia:

- reduzir a gordura a 30%, ou menos, das calorias totais, através do consumo de peixe, frango sem pele e carnes magras, de laticínios com baixo teor de gordura e menos gorduras e óleos;
- comer cinco ou mais porções de frutas e verduras e seis ou mais porções de pães, cereais e legumes todos os dias.

Essas recomendações foram objetivos nacionais de saúde nos Estados Unidos para o ano 2000[194]. No entanto, creio que essas recomendações são inadequadas e, até certo ponto, um pouco perigosas, como, por exemplo, a posição em relação ao consumo de carne. Mas o que pode estar por trás desses fenômenos científico-sociais-institucionais? Talvez valha a pena relembrar que, atualmente, a indústria de alimentos é o maior anunciante nos Estados Unidos, gastando aproximadamente 8 bilhões de dólares por ano em propaganda, a grande maioria para promover alimentos inconsistentes com as orientações para a prevenção do câncer. Nos países menos desenvolvidos, a situação pode ser um pouco pior.

Em seu livro *Cancer wars: how politics shapes what we know and don't know about cancer*, o autor Robert Proctor[200] condena o caráter político e econômico da pesquisa de câncer. Afirma que o Instituto Nacional do Câncer dos Estados Unidos gasta mais de 1 bilhão de dólares por ano em pesquisas e muito disso é dirigido para a busca de novas formas ainda mais caras de tratamento, o que aumenta o custo do seguro de saúde, a ponto de mais de um quarto do custo total da saúde ser gasto, atualmente, no último ano de vida das pessoas.

Será que nós, médicos, em vez de buscarmos a saúde da espécie humana acima de tudo, deixamo-nos envolver também pela força do dinheiro?

REFERÊNCIAS BIBLIOGRÁFICAS

1. Modan B. Diet and cancer: causal relation or just wishful thinking? Lancet. 1992;340 (8812):162-4.
2. Drassar BS, Irving. Environmental factors and cancer of the colon and breast. Br J Cancer. 1973;27:167-72.
3. Graham S. Results of case-control studies of diet and cancer in Buffalo, New York. Cancer Res. 1983;43:2409S.
4. Kolonel LN et al. Role of diet in cancer incidence in Hawaii. Cancer Res (Suppl). 1983;43:2397s.
5. Colditz GA et al. Increased green and yellow vegetable intake and lowered cancer deaths in an elderly population. Am J Clin Nutr. 1985;41:32-6.
6. Rose DP et al. International comparison of mortality rates for cancer of the breast, ovary, prostate and colon and per capita food consumption. Cancer. 1986;58:2363-71.
7. Stahelin HB et al. B-carotene and cancer prevention: the Basel study. Am J Clin Nutr. 1991;53:265S-9S.
8. Mills PK et al. Cancer incidence among California Seventh-day Adventists, 1976-1982. Am J Clin Nutr. 1994;5 (Suppl):1136S-42S.
9. Frentzel-Beyme R et al. Vegetarian diets and colon cancer: the German experience. Am J Clin Nutr. 1994;59(Suppl):1143S-52S.

10. Block G. Fruit, vegetables and cancer prevention: a review of the epidemiological evidence. Nutr Cancer. 1992;18(2):1-29.
11. Cannon-Albright LA et al. Common inheritance to susceptibility to colonic adenomatous polyps and associated colorectal cancers. N Eng J Med. 1988;319:533-7.
12. Wynder E et al. Environmental factors of cancer of the colon and the rectum. Cancer. 1967;20:1520.
13. Gregor O et al. Gastrointestinal cancer and nutrition. Gut. 1969;10:1031.
14. McIllmurray MB, Langman. Gut. 1975;16:815.
15. McLenan R. Bulletin of Cancer (Paris). 1975;62:411.
16. Haenszel et al. Large bowel cancer in Hawaiian Japanese. JNCI. 1973;51:1765-79.
17. Phillips RL. Role of life-style and dietary habits in risk of cancer among Seventh-day Adventists. Cancer Rtes. 1975;35:3513-22.
18. Friedman HK et al. Colorectal cancer and diet in blacks. Am J Epidemiol. 1977;106:23.
19. Fonseca E et al. The relationship between colon and rectal cancer and nutrition in Rio de Janeiro. Arch Latinoam Nutr. 1986;36 (2):282-7.
20. Graham S et al. Dietary epidemiology of cancer of the colon in Western New York. Am J Epidemiol. 1988;128 (3):490-503.
21. Whittemore AS et al. Diet, physical activity, and colorectal cancer among Chinese in North America and China. JNCI. 1990;82:915-26.
22. Willet W et al. Relation of meat, fat, fiber intake to the risk of colon cancer in a prospective study among women. N eNg J Med. 1990;323;1664-76.
23. Hill MJ et al. Fecal steroid composition and its relationship to cancer of the large bowel. J Pathol. 1971;104:129-39.
24. Aries VC et al. The effect of a strict vegetarian diet on the fecal flora and fecal steroid concentrations. J Pathol. 1970;103:54-6.
25. Reddy BS et al. Fecal bacterial glucoronidase: control by diet. Science. 1974:416-7.
26. Maier B et al. Effects of a high-beef diet on bowel flora: a preliminary report. Am J Clin Nutr. 974;27:1470-74.
27. Reddy BS et al. Effects of high risk and low risk diets for colon carcinogenesis on fecal microflora and steroids in man. J Nutr. 1975;105(7):878-84.
28. Goldin BR et al. Effect of diet and lactobacillus acidophilus supplements on human fecal bacterial enzymes. JNCI. 1980;64:255-61.

29. Hepner GW. Altered bile acid metabolism in vegetarians. Dig Dis Sci. 1975;20:935-9.

30 Kuhnlein US et al. Mutagens in feces from vegetarians and nonvegetarians. Mutat Res. 1981;85(1):1-12.

31. Nadir CJ et al. Diet and DNA-modifying activity in human fecal extracts. Nutr Rep Inter. 1981;23(1):113-8.

32. Nair PP et al. Diet, nutrition intake and metabolism in populations at high and low risk for colon cancer. Dietary cholesterol, B-sitosterol and stigmasterol. Am J Clin Nutr. 1984;40:927-30.

33. Lipkin M et al. Sevent-day Adventist vegetarians have a quiescent proliferative activity in colonic mucosa. Cancer Lett. 1985;26:139-44.

34. Van Faasen A et al. Bile acids, neutral steroids and bacteria in feces as affected by a mixed, a lacto-ovo vegetarian and a vegan diet. Am J Clin Nutr. 1987;46:962-7.

35. IARC. Dietary fiber, transit-time, fecal bacterial, steroids and colon cancer in two Scandinavian populations. Lancet. 1977;2:207-11.

36. Freudenheim JL et al. A case-control study of diet and rectal cancer in Western New York. Am J Epidemiol. 1990;131 (4):612-24.

37. Giovannucci E et al. Relationship of diet to risk of colorectal adenoma in men. JNCI. 1992;84:91-8.

38. Sandler R et al. Diet and risk of colorectal adenomas, macronutrients, cholesterol and fiber. JNCI. 1993;85 (11):884-91.

39. Little J et al. Colorectal adenomas and diet: a case-control study of subjects participating in the Nottigham faecal occult blood screening programme. Br J Cancer. 1993;67(1):177-84.

40. Anand A. Diet and colorectal adenomatous polyps. Ann Intern Med. 1993;119(4):343.

41. Neugut AI et al. Dietary risk factors for the incidence and recurrence of colorectal adenomatous polyps. A case-control study. Ann Intern Med. 1993;118(2):91-5.

42 Howe GR et al. Dietary intake of fiber and decreased risk of cancers of colon and rectum: evidence from the combined analysis of 13 case-control studies. JNCI. 1992;84(24):1887-96.

43. Schiffman MH. Diet and fecal genotoxicity. Cancer Surv. 1987;6:653-72.

44. Kune GA et al. The nutritional causes of colorectal cancer: an introduction to the Melbourne Study. Nutr Cancer. 1987;9:1-4.

45. Potter JD et al. Diet and cancer of the colon and rectum: a case-control study. JNCI. 1986:76:557-69.

46. Heilbrun LK et al. Diet and colorectal cancer with special reference to fiber intake. Int J Cancer. 1989;44:1-6.

47. Macquart-Moulin G et al. Case-control study on colorectal cancer and diet in Marseeilles. Int J Cancer. 1986;38:183-91.

48. Tuyns AJ et al. Colorectal cancer and the consumption of foods: a case-control study in Belgium. Nutr Cancer. 1988;11:189-204.

49. Rossing MA et al. Diet and pharingeal cancer. Am J Epidemiol. 1989;130:799.

50. McLaughlin K et al. Dietary factors in oral and pharingeal cancer. JNCI. 1988;80:1237-43.

51. Marshall J et al. Diet in the epidemiology of oral cancer. Nutr Cancer. 1982;3:145-9.

52. Franco El et al. Risk factors for oral cancer in Brazil: a case-control study. Int J Cancer. 1989;43:992-1000.

53. Wynder EL et al. A study of the etiological factors in cancer of the mouth. Cancer. 1957;10:1300-21.

54. Graham S et al. Dentition, diet, tobacco and alcohol in the epidemiology of oral cancer. JNCI. 1977;59:1611-9.

55. Winn DM et al. Diet in the epidemiology of oral and pharingeal cancer among women from the southern United States. Cancer Res. 1984;44:1216-22.

56. Tuyns AJ et al. Diet and esophageal cancer in Calvados. Nutr Cancer. 1987;9 :81-92.

57. Cook-Mozaffari PJ et al. Oesophageal cancer studies in the Caspian littoral of Iran: results of a case-control study. Br J Cancer. 1979;39:293-309.

58. Decarli A et al. Vitamin A and other dietary factors in the etiology of esophageal cancer. Nutr Cancer. 1987;10:29-37.

59. Graham S et al. Alimentary factors in the epidemiology of gastric cancer. Cancer. 1972;30:912-38.

60. Correa P et al. Dietary determinants of gastric cancer in South Louisiana inhabitants. JNCI. 1985;75:645-54.

61. Risch H et al. Dietary factors and the incidence of cancer of the stomach. Am J Epidemiol. 1985;122:947-52.

62. Rathbone BJ et al. Ascorbic acid: a factor concentrated in human gastric juice. Clin Sci. 1989;76:237-41.

63. Correa P et al. Dietary determinants of gastric cancer in South Louisiana inhabitants. JNCI. 1985;75:645-54.

64. You WC et al. Diet and high risk of stomach cancer in Shandong, China. Cancer Res. 1988;48:3518-23.

65. La Vecchia C et al. A case-control study of diet and gastric cancer in Northern Italy. Int J Cancer. 1987;40:484-9.

66. Ramón JM et al. Dietary factors and gastric cancer risk. A case-control study in Spain. Cancer. 1993;71 (5):1731-5.

67. Gonzáles CA et al. Nutritional factors and gastric cancer in Spain. Am J Epidemiol. 1994;139:466-73.

68. Falk RT et al. Life-style risk factors for pancreatic cancer in Louisiana: a case-control study. Am J Epidemiol. 1988;18:324-36.

69. Norrel SE et al. Diet and pancreatic cancer: a case-control study. Am J Epidemiol. 1986;124:894-902.

70. Baghurst PA et al. A case-control study of diet and cancer of the pancreas. Am J Epidemiol. 1991;134:167-79.

71. Mack TM et al. Pancreas cancer and smoking, beverage consumption and past medical history. JNCI. 1986;76:49-60.

72. Gold EB et al. Diet and other risk factors for cancer of pancreas. Cancer. 1985;55:460-7.

73. Hems G. Epidemiological characteristics of breast cancer in middle and late life. Br J Cancer. 1970;24:226-34.

74. Armstrong B et al. Environmental factors and cancer incidence and mortality in different countries with special reference to dietary practices. Int J Cancer. 1975;16:617-31.

75. Hems G. The contributions of diet and childbearing to breast cancer rates. Br J Cancer. 1978;37:974-82.

76. Berg JW. Can nutrition explain the pattern of international epidemiology of hormone dependent cancers? Cancer Res. 1975;35:3345-50.

77. Carroll KK. Experimental evidence of dietary factors and hormone dependent cancers. Cancer Res. 1975;35:3374-83.

78. Hirayama T. Epidemiology of breast cancer with special reference to the role of diet. Prev Med. 1978;37:2215-20.

79. Ingram DM. Trends in diet and breast cancer mortality in England and Wales 1928-1977. Nutr Cancer. 1981;3:75-80.

80. Phillips RL et al. Association of meat and coffee use with cancers of the large bowel, breast and prostate among Seventh-day Adventists: preliminary results. Cancer Res (Suppl). 1983;45:2403-8.

81. Nomura A et al. Breast cancer and diet among the Japanese in Hawaii. Am J Clin Nutr. 1978:31:2020-5.

82. Miller AB et al. A study of diet and breast cancer. Am J Epidemiol. 1978;107:499-509.

83. Lubin JH et al. Dietary factors and breast cancer risk. Int J Cancer. 1981;28:685-9.

84. Talamini R et al. Social factors, diet and breast cancer in a northern Italian population. Br J Cancer. 1984;49:723-9.

85. Rohan TE et al. A population based case-control study of diet and breast cancer in Australia. Am J Epidemiol. 1988;128(3):478.

86. Hill MJ et al. Gut bacteria and etiology of cancer of the breast. Lancet. 1971;2:472-3.

87. Armstrong BK et al. Diet and reproductive hormones: a study of vegetarian and nonvegetarians postmenopausal women. JNCI. 1981;67(4):761-7.

88. Goldin BR et al. Estrogen excretion patterns and plasma levels in vegetarian and omnivorous women. N Eng J Med. 1982;307:1542-7.

89. Adlercreutz H et al. Urinary estrogen profile determination in young Finnish vegetarian and omnivorous women. J Steroid Biochem 1986;24:89-96.

90. Adlercreutz H et al. Diet and plasma androgens in postmenopausal vegetarian and omnivorous women and postmenopausal women with breast cancer. Am J Clin Nutr. 1989;49:433-42.

91. Hill P et al. Diet and prolactin release. Lancet. 1976;2:806-7.

92. Hill P et al. Diet and endocrine related cancer. Cancer. 1977;39:1820-6.

93. Hill P et al. Diet and follicuar development. Am J Clin Nutr. 1984;39:771-777.

94. Prentice RL et al. Dietary fat and cancer: consistency of the epidemiological data and disease prevention that may follow from a practical reduction in fat consumption. Cancer Causes Control. 1990;1:81-97.

95. Kolonel LN et al. Nutrient intakes in relation to cancer incidence in Hawaii. Br J Cancer. 1981;44:332-9.

96. La Vecchia C et al. Nutrition and diet in the etiology of endometrial cancer. Cancer. 1986;57:1248-53.

97. Barbone F et al. Diet and endometrial cancer: a case-control study. Am J Epidemiol. 1993;137 (4):393-403.

98. Shu XO et al. A population-based case-control study of dietary factors and endometrial cancer in Shangai, People's Republic of China. Am J Epidemiol. 1993;137:155-65.

99. Levi F et al. Dietary factors and the risk of endometrial cancer. Cancer. 1993;71(11);3575-1.

100. Cramer DW et al. Dietary animal fat in relation to ovarian cancer risk. Obstet Gynecol. 1984;63(6):833-838.

101. La Vecchia C et al. Dietary factors and the risk of epithelial ovarian cancer. JNCI. 1987;79:663-9.

102. Shu XO et al. Dietary factors and ephitelial ovarian cancer. Br J Cancer. 1989;59:92-6.

103. Slatter ML et al. Nutrient intake and ovarian cancer. Am J Epidemiol. 1989;130(3):497-502.

104. Risch HA et al. Dietary fat intake and risk of epithelial ovarian cancer. JNCI. 1994;86:1409-15.

105. De Vesa SS et al. Cancer incidence and mortality trends among whites in the United States. JNCI. 1987;79:701-70.

106. Hirayama T. Epidemiology of prostate cancer with special reference to the role of diet. JNCI. Monogr. 1979;53:149-55.

107. James WH. Prostatic cancer butchers and androgens. Lancet. 1987;(8526):216-7.

108. Blair A et al. Geographic patterns of prostate cancer in the United States. JNCI. 1978;61:1379-84.

109. Mills PK et al. Cohort study of diet lifestyle and prostatic cancer in Adventist men. Cancer. 1989;64:598- 604.

110. Mettlin C et al. Beta-carotene and animal fats and their relationships to prostate cancer risk. A case-control study. Cancer. 1989;64(3):605-129.

111. Howie BJ et al. Dietary and hormonal interrelationships among vegetarian Seventh-day Adventists and nonvegetarian men. Am J Clin Nutr. 1985;42:127-34.

112. Ross JK et al. Dietary and hormonal evaluation of men at different risks for prostatic cancer: fiber intake, excretion and composition, with in vitro evidence for an association between steroid hormones and specific fiber components. Am J Clin Nutr. 1990;51 (3):365-70.

113. Pusateri DJ et al. Dietary and hormonal evaluation of men at different risks for prostatic cancer: plasma and fecal hormone nutrient interrelationships. Am J Clin Nutr. 1990;51 (3):371-7.

114. Brock KE et al. Nutrients in diet and plasma and risk of in situ cervical cancer. JNCI. 1988;80:580-5.

115. Herrero R et al. A case-control study of nutrient status and invasive cervical cancer. I. Dietary indicators. Am J Epidemiol. 1991;134:1335-46.

116. Wassertheil-Smoller S et al. Dietary vitamin C and uterine cervical dysplasia. Am J Epidemiol. 1981;114:714-24.

117. Verreault R et al. A case-control study of diet and invasive cervical cancer. Int J Cancer. 1989;43:1050-4.

118. Bjelke E. Dietary vitamin A and human lung cancer. Int J Cancer. 1975;1:67-81.

119. Hirayama T. Diet and cancer. Nutr Cancer. 1979;1:67-81.

120. Mac Lenan R et al. Risk factors for lung cancer in Singapore Chinese, a population with high female incidence rates. Int J Cancer. 1977;20:854-60.

121. Mettlin C et al. Vitamin A and lung cancer. JNCI. 1979;62:1435-8.

122. Gregor A et al. Comparison of dietary histories in lung cancer cases and controls with special reference to vitamin A. Nutr Cancer. 1980;2:93-97.

123. Long-DE et al. Lung cancer, fruit, green salad and vitamin pills. Chin Med J. 1985;98:206-10.

124. Shekelle RB et al. Dietary vitamin A and risk of cancer in the Western Electric Study. Lancet. 1981;2:1185-90.

125. Samet JM et al. Lung cancer risk and vitamin A consumption in New Mexico. Am Rev Resp Dis. 1985;131:198-200.

126. Wu AH et al. Smoking and other risk factors for lung cancer in women. JNCI. 1985;75:747-51.

127. Ziegler RG et al. Carotenoid intake, vegetables and the risk of lung cancer among white men in New Jersey. Am J Epidemiol. 1986;123:1080-93.

128. Fox AJ et al. Lung cancer in butchers. Lancet. 1982;1:165-6.

129. Griffith GW. Lung cancer in butchers. Lancet. 1982;1:399.

130. Pegum JS. Lung cancer in butchers. Lancet. 1982;1:561.

131. Byers TE et al. Diet and lung cancer risk: findings from the Western New York Study. Am J Epidemiol. 1987;125:351-63.

132. Goodman MT et al. The effect of dietary cholesterol and fat on the risk of lung cancer in Hawaii. Am J Epidemiol. 1988;128(6);124155.

133. Holst PA et al. For debate: pet birds as an independent risk factors for lung cancer. Br Med J. 1988;129:1319-21.

134. Kromhout D. Essential micronutrients in relation to carcinogenesis. Am J Clin Nutr. 1987;45:1361-7.

135. Fontham ET ct al. Dictary vitamins A and C and lung cancer risk in Louisiana. Cancer. 1988;62:2267-73.

136. Knekt P et al. Dietary antioxidants and the risk of lung cancer. Am Epidemiol. 1991;134:471-9.

137. Menkes MS et al. Serum beta-carotene, vitamins A and E, selenium and the risk of lung cancer. N Eng J Med. 1986;315:1250-4.

138. Ho JH. Nasopharingeal carcinoma. Adv Cancer Res. 1972;15:57-92.

139. Henderson BE et al. Discussion of risk factors for nasopharingeal carcinoma. IARC Sci Pub. 1978;2):251-60.

140. Geser A et al. Environmental factors in the etiology of nasopharyngeal carcinoma: report on a case-control study in Hong Kong. IARC Sci Publ. 1978;20:213-29.

141. Armstrong RW et al. Salted fish and inhalants as risk factors for nasopharingeal carcinoma in Malaysian Chinese. Cancer Res Supl. 1983;43:2967-70.

142. Yu MC et al. Cantonese-style salted fish as a cause of nasopharingeal carcinoma: report of a case-control study in Hong Kong. Cancer Res. 1986;46 (2):956-61.

143. Morton RO et al. Nasopharingeal carcinoma, salted fish and Polinesians. Lancet. 1989;2:1210-1.

144. Graham S et al. Dietary factors in the epidemiology of cancer of the larynx. Am J Epidemiol. 1981;113(6):675-80.

145. De Stefani E et al. Risk factors for laryngeal cancer. Cancer. 1987;60:3087-91.

146. Mackerras D. Carotene intake and the risk of laryngeal cancer in coastal Texas. Am J Epidemiol. 1988;128(5):980-8.

147. La Vecchia et al. Dietary indicators of laryngeal cancer risk. Cancer Res. 1990;50:4497-500.

148. Zheng W et al. Diet and other risk factors for laryngeal cancer in Shangai, China. Am J Epidemiol. 1992;136(2):178-91.

149. Lea AJ. Dietary factors associated with death-rates from certain neoplasms in man. Lancet. 1966;2:332-5.

150. Beware of the cow. Lancet. 1974;2:30-1.

151. Cassidy A et al. Biological effects of a diet of soy protein rich in isoflavones on the menstrual cycle of premenopausal women. Am J Clin nutr. 1994;60:333-40.

152. Baghurst PA et al. Diet, prolactin, and breast cancer. Am J Clin Nutr. 1992;56:943-6.

153. Schlegel JU et al. Studies in the etiology and prevention of bladder carcinoma. J Urol. 1969;101:317-24.

154. Kolonel LN et al. Relationship of dietary vitamin A and ascorbic acid intake to the risk for cancers of the lung, bladder and prostate in Hawaii. Natl Cancer Inst. Monogr. 1985;69:137-42.

155. Chow WH et al. Protein intake and risk of renal cell cancer. JNCI. 1994;86(15):1131-9.

156. Block G. Vitamin C and cancer prevention: the epidemiologic evidence. Am J Clin Nutr. 1991;53:270S-82S.

157. Wisburger JH. Nutritional approach to cancer prevention with emphasis on vitamins, antioxidants and carotenoids. Am J Clin Nutr. 1991;53:26S-37S.

158. De Cosse JJ et al. Effect of wheat fiber and vitamins C and E on rectal polyps in patients with familial adenomatous polyposis. JNCI. 1989;81:1290-7.

159. Benner SE et al. Regression of oral leukoplakia with alpha tocopherol: a community clinical oncology program chemoprevention study. JNCI. 1993;85:1:44-5.

160. Stich HF et al. Remission of precancerous lesions in the oral cavity of tobacco chewers and maintenance of the protective effect of B-carotene or vitamin A. Am J Clin Nutr. 1991;53:298S-304S.

161. Verreault R et al. Body weigth and prognostic indicators in breast cancer. Modifying effect of estrogen receptors. Am J Epidemniol. 1989;129(2):260-268.

162. Holm LE et al. Dietary habits and prognostic factors in breast cancer. JNCI. 1989;81:1218-23.

163. Cooper JA. Risk factors for breast cancer by estrogen receptor status: a population based case-control study. Br J Cancer. 1989;59:119-25.

164. Jain M et al. Premorbid diet and the prognosis of women with breast cancer. JNCI. 1994;86:1390-7.

165. Machlin LJ. Free radical tissue damage: protective role of antioxidant nutrients. FASEB J. 1987;1:441-5.

166. Peto R et al. Can dietary beta-carotene materially reduce human cancer rates? Nature. 1981;290:201-8.

167. Krinsky NI. Effects of carotenoids in cellular and animal systems. Am J Clin Nutr. 1991;53:238S-46S.

168. Cummings JH et al. The role of dietary fibre in the human colon. Can Med Assoc J. 1980;6:1109-14.

169. Visek WJ. Diet and cell growth modulation by ammonia. Am J Clin Nutr. 1978;31:216S-20S.

170. MacPherson, Kay R. Dietary fiber. J Lipid Res. 1982;23:221-42.

171. Ershoff BH. Antitoxic effects of plant fiber. Am J Clin Nutr. 1974;27:1395-8

172. Goldin BR et al. Microbial factors and nutrition in carcinogenesis. Adv Nutr Res. 1979;2:129-48.

173. Setchell KDR et al. Lignan formation in man-microbial involvement and possible roles in relatio to cancer. Lancet. 1981;2:4-7.

174. Adlercreutz H et al. Diet and urinary excretion of lignans in female subjects. Med Biol. 1981;59:259-61.

175. Axelson M et al. Origin of lignans in mammals and identification of a precursor from plants. Nature. 1982;298:659-60.

176. Hartwell JL. Types of anticancer agents isolated from plants. Cancer Treat Reports. 1976;60:1031-67.

177. Rao CBS. The chemistry of lignans. Walair, India: Andhra University Press. 1978.

178. Markkanen T et al. Podophyllotoxin lignans under experimental antiviral research. Drugs Exp Clin Res. 1981;VII:711-8.

179. Adlercreutz H. Does fiber-rich food containing animal lignan precursors protect against both colon and breast cancer? An extention of the "Fiber Hypothesis". Gastroenterology. 1984;86:761-6.

180. Waters AP et al. Effect of a lignan (HPMF) on RNA synthesis in the rat uterus. J Reprod Fertil. 1982;66:379-81.

181. Helmrich SP et al. Risk factors for breast cancer. Am J Epidemiol. 1983;117:35-45.

182. Armstrong BK. Diet and hormones in the epidemiology of breast and endometrial cancers. Nutr Cancer. 1979;1:90-5.

183. Williams CM et al. Dietary fat, hormones and breast cancer: the cell membrane as a possible site of interaction of these two risk factors. Eur J Surg Oncol. 1987;13:89-104.

184. Vitale JJ et al. Lipids and immune function. Cancer Res. 1981;41:3706-3710.

185. Noble RL. The development of prostatic adenocarcinoma in NB rats following prolonged sex hormone administration. Cancer Res. 1977;37:1929-33.

186. Saenz CA. Anabolic steroid in meat and premature telarche. Lancet. 1982;1:1300.

187. Anabolics in meat production. Editorial. Lancet. 1982;1:721-2.

188. McCann J et al. Detection of carcinogens as mutagens in the Salmonella/ microsome mutagenicity test: Assay of 300 chemicals. Proc Natl Acad Sci. 1975;72:135-9.

189. Fiala ES et al. Naturally ocurring anticarcinogenic substances in foodstuffs. Ann Rev Nutr. 1985;5:295-321.

190. Fotsis T et al. Genistein, a dietary-derived inhibitor of in vitro angiogenesis. Proc Nat Acad Sci. 1993;90:2690-4.

191. Blau L et al. Cholesterol distribution between the two halves of the lipid bilayer of human erytrocyte ghost membranes. J Biol Chem. 1978;253:8366-8.

192. Buchwald H. Cholesterol inhibition, cancer and chemoterapy. Lancet. 1992;339:11546.

193. Cunningham AS. Lymphomas and animal-protein consumption. Lancet. 1976;Nov 27:1184-6.

194. Bal DG et al. Dietary strategies for cancer prevention. Cancer. 1993;72 (3 Suppl):1005-10.

195. Zheng W et al. Retinol, antioxidant vitamins, and cancers of the upper digestive tract in a prospective cohort study of postmenopausal women. Am J Epidemiol. 1995;142:955-60.

196. Zheng W et al. Dietary intake of energy and animal foods and endometrial cancer incidence. Am J Epidemiol. 1995, 142:388-94.

197. Helzlsouer KJ et al. Prospective study of serum micronutrients and ovarian cancer. JNCI. 1996, 88:32-7.

198. Musey PI et al. Effect of diet on lignans and isoflavonoid phytoestrogens in chimpanzees. Life Sci. 1995;7:655-64.

199. Davis DL et al. Can environmental estrogens cause breast cancer? Sci Am. 1995;Oct:144-9.

200. Cairns J. The politics of cancer. Nature. 1995;374:417-8.

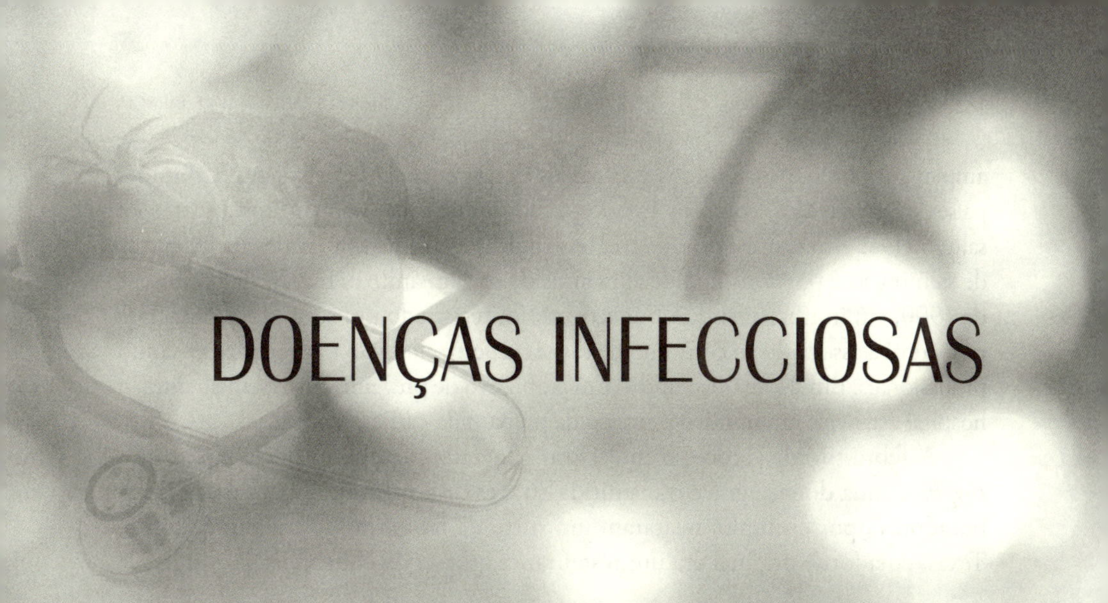

DOENÇAS INFECCIOSAS

As doenças infecciosas de origem alimentar são classificadas em infecções e intoxicações. As **infecções** são causadas pela entrada de um agente infeccioso no organismo e sua multiplicação, resultando em uma reação do hospedeiro à presença do agente ou das toxinas por ele liberadas. As **intoxicações** são causadas pela ingestão das toxinas através dos alimentos.

A seguir, apresentaremos as doenças infecciosas de origem alimentar causadas, principalmente, pelo consumo de produtos de origem animal, de acordo com o trabalho científico *Zoonosis y enfermedades transmisibles comunes al hombre y a los animales*, de Pedro Acha e Boris Syfres, editado pela OPS[1] (Organização Panamericana de Saúde).

DOENÇAS BACTERIANAS

DOENÇA	AGENTES	ALIMENTOS ENVOLVIDOS
1. SALMONELOSE	*Salmonella choleraeusis* e *Salmonella enteritidis*	Carnes, frangos, ovos e seus derivados

A equipe da doutora Curi de Montbrun[2], da Universidade de Cuyo, de Mendoza, Argentina, investigou a presença de *Salmonella* em cinquenta amostras de salsicha, mortadela, salame, presunto cru e cozido e pescado, oriundas de estabelecimentos públicos. A frequência de isolamento do microrganismo foi de 22% para a salsicha, 16% para a mortadela, 8% para o salame, 10% para o presunto cru, 4% para o presunto cozido e 65% para a carne de peixe. No México, a equipe do doutor Parrilla[3], do Laboratório Nacional de Saúde, constatou que a frequência de isolamento de *Salmonella* foi de 36% e 33% para a linguiça e o chouriço, respectivamente.

A salmonelose é uma das principais doenças gastrointestinais que afetam, principalmente, populações de países em desenvolvimento. A casuística é bastante ampla, mas há poucos estudos estatísticos de prevalência nesses países. Contudo, países desenvolvidos, como os Estados Unidos, também estão sujeitos a surtos de salmonelose. Em centros de saúde, como clínicas e hospitais, foram relatados surtos de salmonelose por consumo de alimentos de origem animal. Em 13 de novembro de 1990, em um hospital de Connecticut[4], foi registrado um surto de salmonelose nosocomial associado ao consumo de carne de peru, afetando tanto pacientes como profissionais. Em 21 de novembro, com o objetivo de prevenir surtos semelhantes, o hospital estabeleceu um novo processo de preparo da carne, no forno.

A febre tifoide, processo infeccioso generalizado causado pela *Salmonella thyphi*, é uma doença grave transmitida através de alimentos. Taylor e seus colaboradores[5], por exemplo, relataram um surto de febre tifoide em San Antonio, Texas, cuja fonte original era um restaurante que servia churrasco.

2. ARIZONOSE	*Arizona hinshawii*	Ovos, peru, frango, sorvetes, cremes e mingaus elaborados com ovos
3. INTOXICAÇÃO ESTAFILOCÓCICA	Toxinas A, B, C, D, E e F de *Staphilococcus aureus*	Presunto cozido, produtos cárneos, aves, pescados e leite
4. GASTROENTERITE	*Clostridium perfringens* tipo A	Carne vermelha ou frango cozido, gordura animal e empadas de carne
5. ENTERITE por	*Clostridium perfringens* tipo C	Carnes e pescados

As doutoras Marambio e Avendaño[6], do Instituto de Saúde Pública da Universidade de Santiago, no Chile, investigaram o nível de contaminação por *C. perfringens* em 1.100 amostras de carne cozida e 1.828 amostras de produtos de carne suína e constataram que 3,8% das amostras de carne e 1,4% dos produtos de carne suína estavam contaminados com um nível superior a 100.000 colônias por grama, considerado um nível de contaminação crítico.

A intoxicação por *C. perfringens* representa a terceira doença mais transmitida pelos alimentos nos Estados Unidos. Tavris e sua equipe[7] relataram dois surtos consecutivos ocorridos em uma casa de detenção, afetando mais de cem internos. Os veículos de transmissão do primeiro e segundo surtos foram carne assada e presunto respectivamente.

6. BOTULISMO	Toxinas A, B, E, F ou G do *Clostridium botulinum*	Alimentos enlatados, fermentados mantidos em óleos ou embalados a vácuo e peixe defumado
7. ENTERITE por	*Campylobacter jejuni*	Leite cru, fígado, carne bovina e aves

Há muito tempo, o *Campylobacter jejuni* tem sido reconhecido como um patógeno em animais, mas somente há duas décadas é considerado uma importante causa de enterites no homem. Diversos casos relatados incriminam, principalmente, o consumo de carne de frango[8], bem como o manuseio de carnes[9]. Áreas de processamento de carnes de aves têm apresentado níveis elevados de contaminação por esse organismo[10].

8. SHIGELOSE	*Shigella sonnei, S. flexneri, S. dysenteriae* e *S. boydii*	Saladas, atum, camarão, peru, macarrão e leite

O doutor Spika[11] relatou um caso em que 339 turistas desenvolveram diarreia em um *resort* caribenho. Hambúrgueres crus foram os veículos de transmissão envolvidos.

9. DIARREIA	*Escherichia coli*	Queijo, salmão ou qualquer alimento contaminado

O doutor Sacks[12] relatou em um estudo que aproximadamente 8% dos isolamentos de *E. coli* obtidos de alimentos de origem animal nos Estados Unidos eram enterotoxigênicas, demonstrando que a produção de enterotoxinas era relativamente comum nestes alimentos e que estes eram veículos potencialmente importantes na transmissão de diarreias mediada por *E. coli* em seres humanos.

Em um caso dramático, a equipe do doutor John Brand[48], do Hospital Pediátrico de Seattle, realizou uma análise retrospectiva de 37 crianças portadoras da síndrome hemolítico-urêmica associada à *E. coli*. A infecção foi atribuída a hambúrgueres contaminados de uma rede de restaurantes. Três crianças faleceram, cada uma com uma doença multisistêmica severa.

10. YERSINOSE	*Yersinia enterocolitica*	Carne de porco, ostras e leite

O doutor Tauxe e seus colaboradores[13], realizando uma investigação na Bélgica (país com a maior incidência de yersinose), determinaram a fonte de contaminação por *Y. enterocolitica*: carne de porco crua. Isso nos faz lembrar da experiência curiosa de Eleazar, um sábio homem da Antiguidade, que preferiu morrer golpeado a comer a carne de porco sacrificado a ídolos pagãos[50]. De certa forma, os preceitos éticos do homem talvez não tivessem só um alto valor altruísta, mas também um enigmático apoio científico.

11. BRUCELOSE	*Brucella melitensis, B. abortus* e *B. suis*	Leite cru e queijos
12. TUBERCULOSE EXTRAPULMONAR	*Mycrobacterium bovis*	Leite cru
13. TULAREMIA	*Francisella tularensis*	Carne de coelho silvestre
14. ANTRAZ	*Bacillus anthracis*	Carne crua ou pouco cozida de animais contaminados
15. GASTROENTERITE por	*Streptococcus faecalis* e *S. faecium*	Embutidos, leite em pó, croquetes e pastéis de carne
16. GASTROENTERITE por	*Proteus vulgaris, P. mirabilis, P. morganii* e *P. rettgeri*	Gordura de porco e macarrão
17. GASTROENTERITE por	*Providencia alcalifaensis*	Frango
18. ENTERITE por	*Klebsiella pneumoniae*	Carne bovina
19. GASTROENTERITE por	*Citrobacter freundii*	Leite cru, macarrão com carne e embutidos de fígado
20. ENTERITE por	*Edwarsiella tarda*	Alimentos de origem animal incluindo ovos e pescados
21. LISTERIOSE	*Listeria monocytogenes*	Leite e derivados, ovos e carnes

A equipe liderada pelo doutor Shwartz[14] relatou um estudo do Centro de Controle de Doenças dos Estados Unidos sobre as infecções por *L. monocytogenes* em seis regiões dos Estados Unidos durante os anos de 1986 e 1987. A listeriose foi confirmada em 154 pacientes, sendo que 28% dos casos foram fatais.

22. ERISIPELOIDE	*Erysipelothrix rhusopathiae*	Contato e manipulação de alimentos de origem animal

DOENÇAS VIRAIS

DOENÇA	AGENTES	ALIMENTOS ENVOLVIDOS
1. MENINGOENCEFALITE BIFÁSICA	Flavivirus	Leite cru e queijo fresco de cabra e ovelha
2. DOENÇA DE CREUTZFELDT-JAKOB	Príons	Miolos de ovinos e bovinos

A doença de Creutzfeldt-Jakob, ou encefalopatia espongiforme humana, é muito semelhante à *scrapie* – encefalopatia espongiforme de ovinos e caprinos. A doença de Kuru e a encefalopatia transmissível de Vison também são patologicamente semelhantes. O doutor Gibbs e sua equipe[15] relataram a efetiva transmissão oral da doença de Kuru e da *scrapie* a macacos-esquilo e àqueles que haviam se alimentado de cérebro, rins e baço de animais que morreram devido a essas doenças. O doutor Davanipour e seus colaboradores[16], do Departamento de Neuroepidemiologia da Universidade Temple, na Filadélfia, observaram em um estudo de caso-controle, que os 26 casos de Creutzfeldt-Jakob apresentaram um maior consumo de carne de porco assada, presunto, salsichas, costeletas de porco e porco defumado que os indivíduos controles.

Em 1986, alguns países exportadores de carne, principalmente a Grã Bretanha, sofreram uma grave crise econômica devido à proibição da importação de carne por parte dos países da Comunidade Europeia e de outros países, depois do conhecimento de dez novos casos, na Grã Bretanha, de uma nova forma da doença de Creutzfeldt-Jakob associada ao consumo de carne de vaca. Segundo a Agência Reuters[17]: "Em Londres, os restaurantes de carne estavam desertos enquanto que os esforços para restabelecer a confiança do consumidor perderam forças e as pessoas foram aconselhadas a deixar de consumir carne para não contrair o mal que destrói o cérebro e sempre é fatal". O temor de contrair a doença através do consumo de carne de vaca contaminada por encefalopatia espongiforme bovina, ou "febre da vaca louca", espalhou-se por todo o mundo. Anos antes, o doutor Matthews[20], professor de neurologia clínica em Oxford, escrevera:

> "Esses agentes (vírus) são extremamente persistentes e difíceis de destruir. Sua presença não pode ser detectada exceto pelo quadro clínico evidente ou pelas alterações patológicas no cérebro. O período de incubação é longo; no homem, é de cerca de dezoito meses. O consumo de carne pode ocasionar a doença de Creutzfeldt-Jakob de uma maneira cronicamente progressiva".

Outro caso curioso é expressado através do comportamento antropológico degenerado do componente constituinte da doença neurológica degenerativa Kuru, encontrada nos povoados de Papua-Nova Guiné. Uma equipe multidisciplinar de antropólogos, neurologistas, patologistas e epidemiologistas finalmente diferenciou que a condição letal foi devida a um agente infeccioso, um príon* adquirido através de práticas associadas ao canibalismo. Os antropólogos disponibilizaram aos médicos informações detalhadas dos relatórios dos indivíduos com relação ao preparo e consumo de carnes e órgãos dos pacientes falecidos. Depois da imposição da lei ocidental e uma proibição governamental do canibalismo, a incidência da doença desapareceu[18]. Quantas doenças mais poderiam desaparecer se deixássemos de consumir qualquer tipo de carne?

---

* Príon: agregado supramolecular acelular, composto por proteínas com capacidade de modificar outras proteínas.

3. FEBRE DE LASSA	Vírus de Lassa	Carne crua de *M. natalensis* (roedor)

DOENÇAS PARASITÁRIAS

DOENÇA	AGENTES	ALIMENTOS ENVOLVIDOS
1. TRIQUINOSE	*Trichinella spiralis*	Carne e embutidos de porco, urso e cavalo

Ainda que a incidência de triquinose tenha diminuído acentuadamente de 300 a 4.000 para uma média de 88 casos anuais durante os últimos anos, a doença permanece como o principal problema de saúde pública nos Estados Unidos[19]. Casos endêmicos ocorreram também na Suíça, Alemanha, Europa central, Ásia, África e áreas árticas. O doutor Bourée[21] relatou um surto localizado nos subúrbios de Paris, no qual 125 casos de triquinose foram diagnosticados. Um estudo epidemiológico sugeriu que a carne de cavalo tenha sido responsável pela infecção, podendo ser fatal.

A carne de porco é a principal fonte de infecção para os seres humanos. No entanto, os ursos e outros animais silvestres surgiram como fontes prováveis de contaminação. Equipe liderada por Currier[22] relatou que, somente em dezembro de 1975 e janeiro de 1976, 79 pessoas de Postville, estado de Iowa, nos Estados Unidos, foram contaminadas com triquinose através do consumo de salsichas produzidas com carne de porco. Exames laboratoriais de amostras de salsichas comprovaram a presença de 1 a 65 larvas de *T. spiralis* por 100 gramas de produto. O doutor Ancelle e sua equipe[23] relataram dois surtos de triquinose ocorridos em agosto e outubro de 1985 na França, identificando um total de 1.073 casos. A análise indicou que a infecção ocorreu devido ao consumo de carne de cavalo, proveniente dos Estados Unidos e da então Alemanha Ocidental. Esses resultados levaram o Ministério da Agricultura francês a ordenar a inspeção de triquinose em toda a carne de cavalo processada na França, como também na importada.

2. TENÍASE	*Taenia saginata* e *T. solium*	Carne de bovinos e de porco
3. DIFILOBOTRÍASE	*Diphylobotrium latum* e *D. pacificum*	Peixe cru

A equipe liderada pelo doutor Sagua[24] relatou onze casos de parasitose por *D. pacificum* em pescadores do norte do Chile que consumiam peixes semicozidos.

4. ESPARGANOSE	*Spirometra (larva)*	Rãs, répteis, aves e mamíferos silvestres
5. ANGIOSTRONGILÍASE	*Angiostrongylus cantonensis*	Moluscos e crustáceos
6. ANISAQUÍASE	Anisakis *(larvas)*	Peixes marinhos, lula e polvo

O número de casos de anisaquíase nos Estados Unidos aumentou, podendo ser atribuído a hábitos como a introdução de pratos com peixes crus, como sushi e sashimi. Aproximadamente cinquenta casos de anisaquíase foram relatados nos Estados Unidos, mas acredita-se que isso seja somente a ponta do *iceberg*, já que outras manifestações clínicas podem ser mais severas do que se acreditava até então[25].

7. EQUINOSTOMÍASE	*Echinostoma ilocanum*	Caracóis, moluscos e outros crustáceos
8. CLONORQUÍASE	*Clonorchis sinensis*	Peixes crus, pouco cozidos, secos ou em conserva
9. HETEROFÍASE	*Heterophyes heterophyes*	Peixes de água doce e salgada
10. OPISTORQUÍASE	*Opistorchis felineus*	Peixes crus de água doce

INTOXICAÇÕES

O consumo de alimentos de origem animal pode implicar diversas intoxicações. O doutor Mahoney e seu grupo de pesquisa[27] relataram uma intoxicação com vitamina A em crianças que foram alimentadas com fígado de frango. Esta intoxicação é amplamente reconhecida entre os exploradores do Ártico que ingerem fígado de urso.

A doutora Janet Kinney e sua equipe[28], da Faculdade de Medicina Johns Hopkins, de Baltimore, nos Estados Unidos, relataram que entre janeiro e março de 1987 o primeiro surto de tireotoxicose transitória nos Estados Unidos ocorreu em uma área de sete condados de Nebraska. Todos os 49 pacientes foram sintomáticos e apresentaram elevadas concentrações séricas de hormônios tireoidianos de causa desconhecida. Um estudo de caso-controle revelou que a doença estava associada ao consumo de bifes vendidos em supermercados. Concomitantemente com o surto, o supermercado em questão comprou uma quantidade elevada de bifes de um fornecedor não regulamentado em Nebraska, que havia implantado a prática de moagem da garganta do animal (um procedimento de remoção dos músculos da laringe bovina) nos três meses anteriores. Essa forma de tireotoxicose, talvez mal diagnosticada como tireoidite indolor no passado, representa um problema de saúde pública pouco reconhecido anteriormente.

A equipe do doutor Hedberg[29] relatou um surto de tireotoxicose com hipertireoidismo que ocorreu entre abril de 1984 e agosto de 1985 em Minnesota e áreas de Dakota do Sul, no Iowa. Em 121 pacientes, foi demonstrada uma associação entre a ocorrência de tireotoxicose e o consumo de bife de carne moída preparado com cortes de coelho em um setor de processamento.

Síndrome de hepatite aguda e insuficiência renal, após a ingestão de vesículas biliares de peixes crus, foram descritas entre asiáticos. O doutor Goldstein e colaboradores[46] relataram novos casos dessa síndrome na Pensilvânia, em pacientes que ingeriram a vesícula biliar e a bile crua de carpas pescadas em Maryland.

DESDOBRAMENTOS

INDÚSTRIA ALIMENTÍCIA

A indústria relacionada com produção e processamento de alimentos de origem animal foi afetada não somente pela maior incidência de doenças neoplásicas, como vimos anteriormente, mas também por diversas infecções e intoxicações que ocorreram em seus funcionários devido à manipulação e exposição a esses produtos.

O doutor Finkel[30] relatou a prevalência de verrugas entre os manipuladores de carne e empregados ligados ao sindicato de cortadores de carne de várias regiões de Nova York. A proporção dos que relataram a presença de verrugas foi significativamente maior entre os manipuladores de carne (23,1%) do que entre os que não manipulavam carne (9,9%). As mãos desses funcionários, frequentemente úmidas e molhadas devido ao ambiente mais frio, são um meio facilitador da penetração viral. É possível que o constante contato com fluidos animais tenha suavizado a queratina palmar, permitindo a ocorrência de microtraumas quando a pele está constantemente úmida e molhada. Além disso, pequenas escoriações causadas por facas ou outros utensílios utilizados para cortar as carnes podem facilitar a penetração viral na pele. É possível também que as verrugas sejam transmitidas pessoa a pessoa, através da manipulação dos mesmos utensílios. O mesmo fenômeno pode ocorrer com outros tipos de vírus mais agressivos e talvez em situações mais cotidianas, como na cozinha doméstica.

Outras infecções fatais estão presentes na literatura. O doutor Clarke[31] relatou um caso fatal de meningite por *Streptococcus suis* (zoonose suína) em um funcionário manipulador de carne.

USO DE ANTIMICROBIANOS NA PECUÁRIA

Certas inovações técnicas na indústria da produção de carne geram outros tipos de problemas de saúde mais complicados. O uso de antimicrobianos na pecuária e nas fazendas pode ter graves repercussões para as pessoas que consomem a carne desses animais. O doutor Holmberg e sua equipe[32], do CCE de Atlanta, identificaram em 1.983 pessoas dezoito casos de salmonelose por *Salmonella newport*, resistente aos antibióticos ampicilina, carbenicilina e tetraciclina. A contaminação ocorreu através do consumo de hambúrguer de gado bovino originário de Dakota do Sul, o qual recebeu uma dose subterapêutica de clortetraciclina para promover seu crescimento. O'Brien e colaboradores[33] sugeriram que aplicações periódicas de clones de *Salmonella* causavam doenças humanas agrupadas no tempo, mas não no espaço geográfico, escapando do reconhecimento, a menos que a vigilância incluísse análises de plasmídeos e padrões de resistência antimicrobiana. A equipe do doutor Spika[34] estudou 45 pacientes do condado de Los Angeles e encontrou uma associação entre a doença e o consumo de carne uma semana antes do início do problema. A cepa patogênica foi isolada dos hambúrgueres consumidos, dos matadouros onde os animais foram sacrificados, das fazendas que criaram as vacas e das vacas leiteiras doentes. Os investigadores concluíram que os alimentos de origem animal são a principal fonte de contaminação por *Salmonella* resistente a anitimicrobianos e que essas contaminações estão associadas ao uso de antimicrobianos em fazendas.

INFECÇÃO POR VÍRUS HIV E AIDS

A importância da dieta na prevenção e no tratamento de doenças infecciosas talvez se encontre somente no início. Certos nutrientes nos alimentos vegetais poderiam ser a base para a luta contra doenças que devastam a humanidade atualmente, como a infecção pelo vírus da imunodeficiência humana (HIV).

Desde 1984, o Instituto Linus Pauling, em Palo Alto, no Oregon, recebeu relatos de pacientes com síndrome de imunodeficiência adquirida (aids) que voluntariamente ingeriram altas doses de vitamina C e apresentaram uma melhora no quadro clínico. O ácido ascórbico demonstrou inativar um amplo espectro de vírus, assim como inibir a replicação viral em células infectadas. Os poliovírus, herpes vírus, vírus da vacina, vírus da hepatite e bacteriófagos* sofreram inativação depois da exposição ao ácido ascórbico. Bisell e colaboradores[35] observaram que o ácido ascórbico inibiu a replicação e a infectividade do vírus do sarcoma de Rous. Blakeslee e sua equipe[36] relataram que o ascorbato** inibiu a

* Bacteriófagos: vírus parasitas de bactérias.

** Ascorbato: vitamina C ou ácido ascórbico na forma ionizada.

indução do vírus da leucemia em células T humanas para as células latentemente infectadas, expostas a agentes ativadores.

Melhoras clínicas foram relatadas depois da administração de ascorbato a pacientes acometidos por diversas doenças virais. Grandes doses de ácido ascórbico são efetivas na prevenção e tratamento de poliomielite, hepatite, mononucleose infecciosa e infecções do vírus da herpes[37]. O famoso químico e ganhador do Prêmio Nobel, Linus Pauling, revisou os estudos envolvendo a eficácia da vitamina C contra o resfriado comum. Ele observou que a administração de um ou dois gramas de ácido ascórbico resultaria em uma redução da frequência e gravidade do resfriado. Vinte estudos foram realizados demonstrando que a vitamina C tem um efeito protetor, às vezes impedindo o desenvolvimento de um resfriado e às vezes diminuindo significativamente os sintomas[37]. Os doutores Harakeh e Jariwalla, do Instituto Linus Pauling, demonstraram a potente atividade antiviral do ascorbato, descobrindo um meio terapêutico para o controle da infecção pelo HIV[38].

Da mesma forma, o doutor Harinder Garewall e colaboradores[49], da Universidade do Arizona, estudando os efeitos do betacaroteno (60 mg/dia, durante quatro meses) em onze pacientes infectados com o vírus HIV, observaram que a vitamina aumentou a porcentagem de células *natural killers* e linfócitos ativos, sugerindo que o betacaroteno pudesse afetar os componentes imunológicos em indivíduos contaminados pelo HIV.

Evidências adicionais têm sido proporcionadas pela equipe do doutor Tang[39], da Universidade Johns Hopkins, em Baltimore, que buscou determinar se diferentes níveis de ingestão de micronutrientes estão associados com a progressão da infecção pelo vírus HIV da síndrome de imunodeficiência adquirida (aids). Um grupo de 281 portadores de HIV positivo foi observado semestralmente desde 1984, em Washington. Os níveis mais altos de ingestão de vitamina C, vitamina B1 e niacina foram associados a uma menor taxa de progressão.

CONTAMINAÇÃO AMBIENTAL, RADIAÇÃO NUCLEAR E NUTRIÇÃO

A indústria química produz milhares de novos químicos, muitos dos quais são eliminados no meio ambiente. Tal processo de evolução permitiu que as células desenvolvessem defesas contra toxinas naturais, mas a maioria dos contaminantes químicos é de produção recente.

O risco nas cadeias alimentares aquáticas resulta do fato de que os peixes são "animais selvagens", palavras de um funcionário da Food and Drug Administration*. Nós não temos controle algum sobre a composição dos oceanos e do ambiente onde os peixes crescem. Substâncias como os bifinil

* Agência federal norte-americana responsável pelo controle e licenciamento de novos alimentos, remédios e equipamentos relacionados com a saúde.

policlorinados (PCB) são contaminantes espalhados no solo e na água e usados, no passado, em capacitores e transformadores elétricos, plásticos, ceras e fabricação de papel. Possuem efeitos tóxicos bem conhecidos: interferem na reprodução, induzem enzimas microssomais, exibem atividade estrogênica, suprimem o sistema imune e pode produzir déficit de aprendizado em crianças expostas a eles ainda no período pré-natal[40]. Casos de altas concentrações sanguíneas de PVBs em uma comunidade hindu longe dos centros industriais, na América do Norte, têm sido relatados. A fonte de contaminação eram ovas frescas de peixes.

Outro contaminante responsável por fatalidades humanas é o mercúrio, resultado da biomagnificação* na cadeia alimentar aquática. A baía de Minamata, no Japão, é uma grande baía aberta no oceano. A deposição de componentes metilmercúrio dentro da baía através de plantas causa a biomagnificação do componente na cadeia alimentar aquática e o peixe consumido desta baía dissemina um quadro de envenenamento humano e mortes. Levou muitos meses para o governo japonês determinar a causa do problema[40].

As aves de curral[41] da planície de Hampton, em Washington, absorvem o fósforo radioativo que uma grande fábrica de plutônio elimina como dejeto no rio Colúmbia. Os peritos disseram ter encontrado uma concentração surpreendentemente alta de fósforo radioativo na gema dos ovos dessas aves, muito mais alta do que a concentração nas águas do rio. A agência de notícias United Press International[42] (UPI), em agosto de 1987, informou que as autoridades japonesas haviam iniciado inspeções em sete tipos de carnes australianas e que haviam encontrado níveis do pesticida dieldrin mais altos que os aceitáveis em um carregamento de 12 toneladas dessas carnes. Disse também ter encontrado 1,24 partes por milhão do inseticida, nível seis vezes maior que os estabelecidos como seguros pelas organizações internacionais de saúde. A agência de notícias Associated Press[43] (AP) informou ao mundo a decisão do governo da Venezuela de devolver à Europa 6.050 toneladas de carne contaminada com radioatividade causada pelo acidente de Chernobyl. Em julho de 1988, a Agência Reuters[44] informou que um porta-voz do Ministério da Saúde Pública da Holanda manifestou que havia encontrado níveis excessivos de radiação em parte de um carregamento de carne irlandesa e dinamarquesa que chegou de Rotterdam. Uma das 28 amostras do carregamento acusou 770 becquerels, enquanto que as 27 restantes estavam entre 100 e 400 becquerels. Em 27 de julho de 1988[45], comissão da Câmara dos Comuns, na Inglaterra, admitiu que o governo britânico vendeu carne e leite que haviam sido contaminados por nuvens radioativas que passaram sobre a Grã-Bretanha nos dias 3 e 4 de março de 1986, data do acidente de Chernobyl.

E haverá sempre mais e mais notícias...

* Biomagnificação: aumento da concentração de um contaminante não degradável no organismo.

REFERÊNCIAS BIBLIOGRÁFICAS

1. Acha PN, Szyfres B. Zoonosis y enfermedades transmisibles comunes al hombre y los animales. Publicación científica. 503 OPS. 1989.
2. Curi de Montbrun SE et al. Salmonella in various types of meat products. Bol Ofic Sanit Panam. 1979;87(3):224-31.
3. Parrilla MC et al. Incidence of Salmonella in meat products. SPM. 1978;V;XX;(5):569-74.
4. CDC. Foodborne nosocomial outbreak of Salmonella. JAMA. 1991;266(24):3405-6.
5. Taylor JP et al. Typhoid fever in San Antonio, Texas: an outbreak traced to a continuing source. J Infect Dis. 1984;149(4):553-7.
6. Marambio E, Avendaño. Clostridium perfringens en productos cárnicos chilenos. Niveles de contaminación y enterotoxigenicidad. Rev Med Chil. 1981;109(8):717-9.
7. Tavris DR et al. Two successive outbreaks of Clostridium perfringens at a state correctional institution. Am J Public Health. 1985;75:287-8.
8. Istre GR et al. Campylobacter enteritis associated with undercooked barbecued chicken. Am J Public Health. 1984;74(11):1265-7.
9. Hopkins Rs et al. Handling raw chicken as a source for sporadic Campylobacter jejuni infections. J Infect Dis. 1983;148(4):770.
10. Wempe JM et al. Prevalence of Campylobacter jejuni in two California chicken processing plants. Appl Environ Microbiol. 1983;45(2):355-9.
11. Spika JS et al. Shigellosis at a caribean resort. Am J Epidemiol. 1987;126(6):1173-80.
12. Sacks RB et al. Enterotoxigenic Escherrichia coli isolated from food. J Infect Dis. 1977;135(2):3137.
13. Tauxe RV et al. Yersinia enterocolitica infections and pork: the missing link. Lancet. 1987;1:1129-32.
14. Schwartz B et al. Association of sporadic listeriosis with consumption of uncooked hot dogs and undercooked chicken. Lancet. 1988;2:779-82.
15. Gibbs CJ et al. Pathogenesis and pathophysiology. Oral transmission of kuru, Creutzfeldt-Jakob disease, and scrapie to nonhuman primates. J Infect Dis. 1980;142:205-8.
16. Davanipour Z et al. A case-control study of Creutzfeldt-Jakob disease. Dietary risk factors. Am J Epidemiol. 1985;122:443-51.

17. Jornal El Comercio. Lima. 1966 março 3;E8.
18. Inhorn MC, Brown P. The anthropology of infectious diseases. Annu Rev Anthropol. 1990;19:89-117.
19. Leads from MMWR. Trichinosis Maine. Alaska. JAMA. 1986;255(7):877-81.
20. Matthews WB. Bovine spongiform encephalopathy. BMJ. 1990;300(6722):412-3.
21. Bourée P et al. Outbreak of trichinosis near Paris. BMJ. 1979;1:1047-9.
22. Currier RW et al. A trichinosis outbreak in Iowa. JAMA. 1983;249(23):3196-9.
23. Ancelle T et al. Two outbreaks of trichinosis caused by horsemat in France in 1985. Am J Epidemiol. 1988;127(6):1302-11.
24. Sagua H et al. Difilobotriasis humana por Dyphylobotrium pacificum en Chile, experiencia con 11 casos. Rev Med Chil. 1979;107:16-9.
25. Mc Kerrow JH et al. Anisakiasis: revenge of the sushi parasite. N Eng J Med. 1988;319 (18):1228-9.
26. Masur H et al. Outbreak of toxoplasmosis in a family and documentation of acquired retinochoroiditis. Am J Med. 1978;64 :396-9.
27. Mahoney CP et al. Chronic vitamin A intoxication in infants fed chicken liver. Pediatrics. 1980;65(5):893-7.
28. Kinney JS et al. Community outbreak of thyrotoxicosis: epidemiology, immunogenetic characteristics, and long-term outcome. Am J Med. 1988;84(1):10-8.
29. Hedberg CW et al. An outbreak of thyrotoxicosis caused by the consumption of bovine thyroid gland in ground beef. N Eng J Med. 1987;316(16):993-8.
30. Finkel ML et al. Warts among meat handlers. Arch Dermatol. 1984;120(10):1314-7.
31. Clarke D et al. Primary prevention of Streptococcus suis meningitis. Lancet. 1991;338(8775):1147-8.
32. Holmberg SD et al. Drug-resistant Salmonella from animals fed antimicrobials. N Eng J Med. 1984;311:617-22.
33. O'Brien TE et al. Molecular epidemiology of antibiotic resistance in Salmonella from animals and human beings in the United States. N Eng J Med. 1982;307:1-6.
34. Spika JS et al. Chloramphenicol-resistant Salmonella newport traced through hamburguer to dairy farms. N Eng J Med. 1987;316(10):565-70.
35. Bisell MJ et al. Ascorbic acid inhibits replication and infectivity of avian RNA tumor virus. Proc Natl Acad Sci. 1980;77:2711-5.

36. Blakeslee JR et al. Human T-cell leukemia virus I and N-methyl-N' nitrosoguanidine: inhibition by retinoids, L-ascorbic acid and DL-a-tocoferol. Cancer Res. 1985;45:3471-6.

37. Klener FR. Observations on the dose and administration of ascorbic acid when employed beyond the range of a vitamin in human pathology. J Appl Nutr. 1971;23:61-87.

38. Harakeh S et al. Comparative study of the anti HIV activities of ascorbate and thiol-containing reducing agents in Chronically HIV infected cells. Am J Clin Nutr. 1991;54:1231S-5S.

39. Tang AM et al. Dietary micronutrient intake and risk of progression to adquired immunodeficiency syndrome (AIDS) in human immunodeficiency virus type 1 (HIV-1) - infected homosexual men. Am J Epidemiol. 1993;138:9-41.

40. Clarkson TW. Environmental contaminants in the food chain. Am J Clin Nutr. 1995;61 (supl) 682S-6S.

41. Jornal El Expreso. Lima. 1987 dez 27.

42. Jornal El Comercio. Lima 1987 ago 28.

43. Jornal El Comercio. Lima.1988 mai 21.

44. Jornal El Comercio. Lima. 1988 jul 15.

45. Jornal El Comercio. Lima. 1988 jul 27.

46. MMWR. Acute hepatitis and renal failure following ingestion of raw carp gall bladders Maryland and Pennsylvania, 1991 and 1994. JAMA. 1995;274:604.

47. MacLean JD et al. Common-source outbreak of acute infection due to the North American liver fluke Metorchis conjunctus. Lancet. 1996;347:154-8.

48. Brand JR et al. Escherichia coli 0157: 117-associated hemolytic uremic syndrome after ingestion of contaminated hamburgers. J Pediatr. 1994;125 519-26.

49. Garewall HS et al. A preliminary trial of beta-carotene in subjects infected with the Human Inmunodeficiency virus. J Nutri 1992;122:728-32.

50. Bíblia Sagrada. Macabeus II: cap. 6, vers. 18-20.

DOENÇAS DE OUTROS SISTEMAS

Nas últimas décadas, houve um acúmulo de evidências acerca dos fatores dietéticos na gênese de doenças consideradas, até então, sem nenhuma relação com a dieta.

DOENÇAS RESPIRATÓRIAS

EVIDÊNCIA

A **asma brônquica** é uma doença de prevalência crescente. Suspeita-se que contaminantes alimentares e ambientais estejam envolvidos nesse aumento. Sabendo que oxidantes e mutágenos são encontrados comumente nos alimentos, no ar e produzidos endogicamente, houve um maior interesse pelos antioxidantes. A deficiência de alimentos ricos em antioxidantes na dieta ocidental e a crescente evidência da função dos antioxidantes nas defesas pulmonares questionam se a baixa ingestão de antioxidantes contribui para a asma.

Em 1985, o doutor Olov Lindhall e sua equipe[1], do Hospital Universitário de Linkoping, na Suécia, submeteram 35 pacientes que sofriam de asma brônquica a medicação de longo prazo, em um período de 12 anos, e a uma dieta vegetariana estrita durante um ano. Em quase todos os casos, a medicação foi retirada ou reduzida drasticamente. Houve uma redução significativa nos sintomas da asma e uma melhora nas variáveis clínicas, incluindo a capacidade vital, volume expiratório forçado por alguns segundos e capacidade de trabalho físico. Houve também uma alteração significativa em diversos índices bioquímicos, como níveis sanguíneos de haptoglobina, IgM, IgG, colesterol e triacilgliceróis.

Com o objetivo de investigar a influência dos fatores alimentares na atividade inflamatória e antioxidante e no desenvolvimento de sintomas respiratórios crônicos, os doutores Schwartz e Weiss[2] analisaram dados do II Estudo Nacional de Saúde e Nutrição, que incluiu 9.074 adultos maiores de 30 anos. Constataram que os sintomas de bronquite e asma brônquica estavam associados negativamente ao nível de vitamina C sérica.

Uma variedade de estudos examinou o efeito do ácido ascórbico (vitamina C) sobre a asma[3-7]. O doutor Schachter[5] analisou o efeito de 500 mg de vitamina C sobre o broncoespasmo induzido pelo exercício, em um estudo controlado com doze indivíduos asmáticos, encontrando uma inibição na diminuição da capacidade vital forçada e o volume expiratório forçado nos primeiros segundos, com a vitamina C, em comparação ao placebo. Resultados semelhantes foram observados por Mohsenin e seus colaboradores[6], em que os efeitos da vitamina C sobre a resposta induzida por metacolina foi revertida pela indometacina, sugerindo que a vitamina C exerce o seu efeito através do metabolismo do ácido araquidônico.

A associação entre a dieta e a incidência de **doenças pulmonares obstrutivas crônicas (DPOC)** foi analisada em 793 homens de meia-idade, em Zutphen, nos Países Baixos, num período de 25 anos - de 1960 a 1985[8]. Nesse período, 232 novos casos foram identificados. Observou-se uma relação inversa entre a ingestão de frutas e a incidência de DPOC, sugerindo que, além de determinantes bem estabelecidos, como fumaça de cigarro e exposição ocupacional, os fatores alimentares podem desempenhar uma função importante no início das DPOC.

MECANISMOS

Fumaça de cigarro e radicais livres

A fumaça de cigarro é o fator de risco mais importante para o desenvolvimento da doença respiratória crônica. O maior prejuízo do tabagismo ativo é constituído da inalação de oxidantes. A fumaça de cigarro contém óxidos de nitrogênio em concentrações de 300 ppm. Radicais livres de larga vida também estão presentes no alcatrão do tabaco[9].

A ativação de mecanismos de imunodefesa celular é acompanhada por uma explosão metabólica e um aumento no consumo de oxigênio, especialmente por células fagocíticas. Os radicais livres gerados pelos fagócitos durante a quimiotaxia e fagocitose são principalmente antimicrobianos e, portanto, essenciais para a destruição dos microrganismos internalizados[11]. No entanto, a geração e a reatividade desses radicais livres se restringem ao meio intracelular; a liberação extracelular desses radicais livres ocorre durante a fagocitose. Esses agentes são indiscriminados e, se não forem neutralizados prontamente, podem causar danos às proteínas e às células "observadoras"[12].

Tem se dado bastante atenção aos leucócitos ativados como potentes contribuintes para o estado asmático. A infecção e os contaminantes inalados podem ativar os leucócitos e, consequentemente, a produção de radicais livres. Baixos níveis plasmáticos e leucocitários de vitamina E, vitamina C e betacaroteno são encontrados em condições associadas ao aumento do número e do metabolismo oxidativo de neutrófilos – tais como infecções bacterianas[13], trauma[14] e tabagismo[15]–, no qual se reflete o consumo aumentado destas vitaminas antioxidantes durante a neutralização de radicais livres derivados de fagócitos. O doutor Barnes[10] propôs uma interação autoperpetuante envolvendo a superprodução de antioxidantes pelos leucócitos na asma. Os eosinófilos desempenham um papel crítico devido à sua presença na lavagem broncoalveolar e sanguínea, vinculado estritamente com a hiper-reatividade bronquial. Os eosinófilos, macrófagos alveolares e neutrófilos de pacientes asmáticos produzem mais espécies reativas de oxigênio do que os de indivíduos normais. Os radicais livres atuam diretamente na contração das fibras do músculo liso das vias aéreas, efeito promovido quando o epitélio está danificado.

A atividade antioxidante dos micronutrientes pode ser importante na determinação da susceptibilidade individual aos efeitos da fumaça de cigarro, podendo atuar como cofator de enzimas antioxidantes, neutralizando diretamente os radicais livres ou estabilizando as membranas das células inflamatórias, modulando a liberação de radicais livres[2]. Tal mecanismo não só explica a prevenção das DPOCs através de uma ingestão alta de antioxidantes alimentares, mas também a prevenção do câncer de pulmão.

DOENÇAS IMUNOLÓGICAS

O valor de uma dieta vegetariana para a prevenção e o tratamento de certas doenças imunológicas está cada vez mais compreendido. Alterações no sistema imunológico estão intimamente envolvidas na gênese de doenças neoplásicas como o câncer ou infecções como a aids.

EVIDÊNCIA

Em 1979, o doutor Sköldstam e seus colaboradores[16], da Universidade de Linkoping, na Suécia, escreveram: "A velha ideia de que o jejum é benéfico para os pacientes com doenças reumáticas já foi bem popular. Investigações não controladas apresentaram indicações de que o jejum pode ter bons efeitos sobre os sintomas clínicos, e tais estudos parecem apoiar a ideia de que o vegetarianismo é benéfico para as pessoas com reumatismo".

Em 1991, a equipe do doutor Jens Kjeldsen-Kragh[17], da Universidade de Oslo, Noruega, relatou o primeiro estudo controlado em que se demonstrou o valor terapêutico do jejum e da dieta vegetariana no tratamento de **artrite reumatoide**. Um grupo de 27 pacientes foi encaminhado a uma clínica de saúde durante quatro semanas. Após o jejum inicial, de sete a dez dias, foi implementada uma dieta vegetariana estrita sem glúten e com planejamento individual por três meses e meio. A alimentação foi adequada gradualmente a uma dieta lactovegetariana pelo período restante do estudo (um ano). Um grupo controle de 26 pacientes permaneceu por quatro semanas em uma outra clínica e consumiu uma dieta normal durante todo o estudo. Depois das quatro semanas na clínica de saúde, o grupo da dieta vegetariana demonstrou uma melhora significativa no número de articulações inchadas e rígidas, índice articular de Ritchie, escore de dor, duração da rigidez matinal, força de colhimento (ato de colher), velocidade de sedimentação eritrocitária, proteína reativa e recontagem de leucócitos. Os benefícios nesse grupo se mantiveram depois de um ano e a avaliação do curso total demonstrou vantagens significativas para todos os índices medidos. Posteriormente, Haugen e seus colaboradores[36], avaliando o estado nutricional dos indivíduos do estudo, encontraram um menor IMC e espessura da dobra do tríceps no grupo de dieta especial comparado com o grupo controle. A concentração do fator de crescimento semelhante à insulina (IGFI) foi reduzida significativamente no grupo com a dieta especial depois de um mês, comparada com o valor inicial. Não havia diferenças significativas com respeito ao ácido vanilmandélico, concentração de albumina sérica, hemoglobina, ferritina, zinco e cobre entre os dois grupos, demonstrando dessa maneira que o jejum seguido de dieta vegetariana em um ano apresentou impactos menores sobre o estado nutricional em pacientes com artrite reumatoide.

Os mesmos pesquisadores, em um estudo complementar[56] com os mesmos pacientes da dieta lactovegetariana, evidenciaram uma redução significativa na contagem de plaquetas, leucócitos, calprotectina, IgG total, IgM, fator reumatoide e produtos de ativação C3 total, todos em conformidade com a diminuição na atividade da doença.

O doutor Shigemasa e sua equipe[18], da Universidade de Totori, no Japão, relataram pela primeira vez o caso de um paciente com lúpus eritematoso sistêmico (LES) cuja excreção urinária de proteínas, anticorpos antinucleares e anticorpos anti-DNA diminuiu depois que os esteroides foram eliminados e uma dieta vegetariana foi adotada.

O doutor Giuseppe D'Amico e equipe[19] relataram o efeito terapêutico de uma dieta vegetariana para o tratamento da **síndrome nefrótica** em vinte pacientes com nefropatias relacionadas com alterações imunológicas, como nefropatia membranosa idiopática, glomeruloesclerose focal idiopática, nefropatia por IgA e glomerulonefrite membranoproliferativa.

MECANISMOS

O desenvolvimento da artrite reumatoide, segundo o doutor Seignalet[20], estaria relacionado com um alimento ou peptídeo bacteriano que cruza o intestino e se dirige às articulações. A expressão anormal das moléculas HLA-DR (antígenos de histocompatibilidade) sobre as células sinoviais permitiria o acesso deste peptídeo às células T, ativando uma resposta imune contra as articulações. Dessa maneira, a dieta poderia atuar na eliminação do peptídeo dos alimentos (derivado da proteína animal) ou por uma mudança na microbiota, eliminando uma bactéria ou recuperando lesões na mucosa do intestino delgado.

Kjeldsen-Kragh e sua equipe[54] investigaram o efeito de uma dieta vegetariana sobre os níveis de anticorpos sanguíneos para alguns microrganismos, como *Proteus mirabilis* e *Escherichia coli*, que se acredita estarem envolvidos na gênese da artrite reumatoide. Eles observaram que os pacientes com dieta vegetariana apresentaram uma redução significativa em títulos de anticorpos contra *P. mirabilis*, em comparação aos valores de referência, além de diminuição na atividade da doença. Por outro lado, nos pacientes que seguiram uma dieta onívora não houve alterações.

A equipe liderada por Haugen[49] propôs uma função para os tipos de gordura na dieta. A proporção de ácido araquidônico (AA-20:4n-6) nas diferentes frações fosfolipídicas foi observada como modificações e não como alterações do resultado da dieta vegetariana estrita ou lactovegetariana[50-52].

Essas dietas contêm mais ácido oleico (18:2n-6) que as dietas onívoras, porém são desprovidas de AA, ácido-eicosapentanoico (EPA-20:5n-3) e ácido docosahexanoico (DHA-20:3n-6). Isso implica precursores eicosanoides (AA, EPA e DHA) produzidos endogenamente a partir do ácido linoleico e do ácido linolênico, respectivamente, e se a produção endógena de AA do ácido linoleico não compensa a ausência de AA na dieta, esse ácido, precursor dos eicosanoides pró-inflamatórios, estará reduzido.

A função dos outros componentes que caracterizam a dieta vegetariana ainda depende de mais estudos.

DOENÇAS NEUROLÓGICAS

EVIDÊNCIA

Já em 1950, o doutor Swank[21] sugeriu uma relação direta do consumo de ácidos graxos saturados de origem animal e a frequência de **esclerose múltipla**. Tal relação foi confirmada em 1974 pelo doutor Alter, neurologista, e seus colaboradores[22,23], com um estudo de incidência de esclerose múltipla na Noruega e uma análise estatística em muitas áreas geográficas. Com os dados de informação nutricional de 120 países, eles constataram que a prevalência de esclerose múltipla estava relacionada com o consumo médio diário, *per capita,* de gorduras, óleos, proteínas e calorias, incluindo as de origem animal. Dos fatores nutricionais, somente as calorias de origem animal, gorduras e óleos se correlacionaram significativamente com a prevalência de esclerose múltipla. Quando a gordura e o óleo são combinados, ocorre uma correlação significativa com a prevalência de esclerose múltipla, sugerindo que o consumo aumentado de gordura animal está associado ao desenvolvimento da doença.

Outra evidência sobre a função das gorduras animais na gênese da esclerose múltipla foi proporcionada por Swank[24], que relatou um estudo realizado de 1949 a 1984, em que 150 pacientes com esclerose múltipla consumiram dietas com baixo teor de gorduras, principalmente as de origem animal. Com um consumo diário menor que 20 g de gordura (média de 17 g), apenas 31% dos pacientes faleceram e a deterioração foi leve. Com ingestão diária maior que 20 g de gordura, com médias de 25 g ou 41 g, os pacientes foram comprometidos por séria incapacidade e morte de 79% e 81%, respectivamente.

Em outro, a doutora Luisa Esparza e equipe[55], da Universidade Ziekenhuigen, na Bélgica, realizaram um estudo epidemiológico sobre a taxa de mortalidade de esclerose múltipla e a gordura dietética no período de 1983 a 1989, em 36 países. Em análises de registro múltiplo, os ácidos graxos saturados, a gordura saturada e a gordura animal se correlacionaram positivamente com a mortalidade por esclerose múltipla.

Outros tipos de neuropatias também são influenciados pela dieta. Os doutores Crane e Sample[25], do Instituto Weimar, da Califórnia, observaram que a dor aguda, penetrante e/ou queimante, característica da **neuropatia diabética**, foi aliviada completamente em 17 dos 21 indivíduos diabéticos dentro de quatro a dezesseis dias de um programa de dieta vegetariana estrita com exercício físico. Embora o formigamento da neuropatia diabética tenha persistido, foram observadas melhoras notáveis dentro de 25 dias de programa. Os níveis séricos de triacilgliceróis e colesterol foram 24,9% e 13,1% menores, respectivamente, após duas semanas de programa.

A **doença de Parkinson**, ou **mal de Parkinson**, é uma síndrome neurológica manifestada por uma combinação de tremor, rigidez, bradicinesia e perda dos reflexos posturais, com etiologia desconhecida. Inicia-se de forma insidiosa, normalmente com tremor ou bradicinesia, geralmente depois dos 50 anos, e piora progressivamente com o tempo. O doutor Stanley Fahn[26], do Departamento de Neurologia da Universidade de Columbia, nos Estados Unidos, relatou em um estudo clínico que altas doses de vitaminas C e E foram administradas a pacientes com a doença de Parkinson como parte de um estudo que avaliou a hipótese de toxinas endógenas na etiologia da doença. O tempo em que a levodopa (medicamento) chegou a ser necessária em pacientes tratados foi comparado com outro grupo de pacientes que não ingeriram antioxidantes. Esse tempo prorrogou-se para dois anos e meio no grupo tratado com antioxidantes, sugerindo que a progressão da doença de Parkinson pudesse ser retardada pela administração de antioxidantes.

A equipe do doutor Paul Giem[27], da Universidade de Loma Linda, na Califórnia, investigou a relação entre o consumo de produtos de origem animal e a evidência de **demência senil**. Um total de 272 residentes da Califórnia, com mesma idade, mesmo sexo e localização geográfica, foram organizados em 68 quartetos, dos quais um era vegetariano estrito, um era ovolactovegetariano e dois eram onívoros. Os indivíduos que consumiram carne (incluindo frango e peixe) apresentaram uma probabilidade duas vezes maior no desenvolvimento da demência que os indivíduos vegetarianos.

O doutor Cairella e seus colaboradores[53], da Universidade de Roma, investigando o valor terapêutico da lecitina de soja (40 a 50 g/dia) em 107 pacientes com **síndrome orgânico-cerebral**, observaram que 99 pacientes responderam bem ou muito bem ao tratamento e em somente oito pacientes não se observou melhora.

Os **acidentes vasculares cerebrais** (**apoplexia** ou "**derrame cerebral**") são doenças cardiovasculares cujas complicações neurológicas são frequentes e de curso e evolução variáveis. Cuidados intensivos e de longo prazo para pacientes que apresentam apoplexia com perda de produtividade consomem 20 bilhões de dólares anualmente, e mais de 3 milhões de vítimas norte-americanas sofrem severa deficiência. A aterosclerose e a hipertensão desempenham funções importantes na patogênese da apoplexia e, dessa maneira, a importância de uma dieta adequada pode ser deduzida.

Os doutores Acheson e William[28], da Universidade de Cambridge, relataram o efeito protetor da ingestão de frutas e verduras contra a mortalidade por apoplexia em duas cidades da Inglaterra; o mesmo foi pesquisado pelos doutores Vollset e Bjelke[29] na Noruega, que estudaram 16.713 noruegueses. A equipe do doutor Mathew Gillman[30], da Universidade de Boston, examinou o efeito da ingestão de frutas e verduras sobre o risco de apoplexia em 832 homens de meia-idade, acompanhados por um período de vinte anos. Ajustes estatísticos foram realizados para eliminar fatores de confusão como fumo, intolerância à lactose, atividade física, pressão sanguínea, colesterol sérico e ingestão de energia e etanol. Depois disso, confirmou-se um efeito protetor resultante do maior consumo de frutas e verduras.

A utilidade do efeito antiplaquetário da vitamina E tem sido pesquisada nas últimas décadas. Em um estudo completo realizado pelo doutor Manfred Steiner e sua equipe[33], do Hospital Memorial de Rhode Island, nos Estados Unidos, cem pacientes com ataque isquêmico transitório (TIA), apoplexias menores ou déficits neurológicos residuais foram reunidos em um estudo randomizado duplo-cego, comparando os efeitos da aspirina e da vitamina E (0,4 g ou 400 UI/dia; n=52) com os efeitos somente da aspirina (325 mg; n=48). Os pacientes receberam a medicação durante dois anos. Resultados preliminares demonstraram uma redução significativa na incidência de eventos isquêmicos em pacientes administrados com aspirina e vitamina E, comparados com os pacientes administrados somente com aspirina. A medição das concentrações séricas de alfatocoferol confirmou o cumprimento dos pacientes com o programa de medicação, demonstrando concentrações quase duas vezes maiores de alfatocoferol.

MECANISMOS

Gordura animal e esclerose múltipla

Com respeito à relação entre a dieta e a patogênese da esclerose múltipla, diversos pesquisadores[21] acreditam que a ingestão de gordura causa um acúmulo elevado de elementos figurados do sangue. Os capilares do sistema nervoso central (SNC) podem ser bloqueados por agregados de eritrócitos, plaquetas e quilomícrons ou, ainda, por gorduras, podendo resultar em uma desmineralização perivascular devido à hipoxemia distal. Outro mecanismo pode envolver um efeito da dieta sobre a composição bioquímica da mielina e outros lipídios do SNC. Ainda que a síntese de mielina ocorra rapidamente durante os primeiros 6 a 7 meses de vida fetal, ela continua até a terceira e provavelmente quarta década de vida. O doutor Rouser e sua equipe demonstraram que os lipídios cerebrais continuam aumentando, pelo menos, até os 20 anos de idade. Sendo assim, a dieta consumida por um indivíduo durante a vida prematura pode influenciar na síntese de lipídios e mielina.

Vitamina C e apoplexia

Além dos mecanismos fisiopatológicos envolvidos na aterosclerose e na hipertensão arterial, o doutor Ross Russel sugeriu que a lesão primária em uma doença cerebrovascular tem início com a ruptura do endotélio dos capilares sanguíneos do cérebro, com degeneração da camada média e elástica, causando microaneurismas. Essas alterações ocorrem principalmente em regiões do cérebro perto das grandes artérias, onde a pressão sanguínea é maior. O doutor Taylor[31] propôs uma papel para a vitamina C e, logo em seguida, Anah[32] postulou que a hipocalemia reativa, através da influência sobre a função do músculo liso, poderia estar envolvida na precipitação imediata de episódios hemorrágicos. As frutas e verduras frescas não são somente as fontes mais importantes de vitaminas, mas também são ricas fontes de potássio. A relação entre a ingestão de vitamina C e a síntese de colágeno tem sido descrita. A fragilidade dos capilares, artérias e arteríolas capilares em pacientes hipertensos pode estar relacionada à adequação da ingestão de vitamina C (ainda a níveis acima do necessário para evitar o escorbuto); e, portanto, pode haver uma relação entre a ingestão desse nutriente e a precipitação de acidentes cerebrais hemorrágicos[28].

Endotoxinas e doença de Parkinson

Ainda que a etiologia da doença de Parkinson (mal de Parkinson) seja desconhecida, alguns pesquisadores acreditam que ela possa ser causada por diversos fatores, como vírus - como aquele responsável pela encefalite epidêmica -, príon de influência intrauterina, fatores hereditários ou distribuição irregular intrauterina de nutrientes. Outros, como o doutor Fahn[26], sustentam a hipótese da toxina endógena, considerando que o metabolismo dos neurônios perdidos com a doença produz toxinas endógenas que levam à perda adicional desses neurônios com o tempo. A oxidação enzimática endógena e a auto-oxidação não enzimática nos neurônios monoaminérgicos provocam a formação de radicais livres e outras toxinas que danificam a célula.

DOENÇAS OCULARES

EVIDÊNCIA

Ainda que a **catarata senil** seja uma causa importante de incapacidade que resulta em bilhões de dólares em gastos médicos anualmente só nos Estados Unidos, pouco se sabe sobre os fatores que influenciam o risco de sua formação. O número de pessoas cuja visão é afetada pela catarata é grande, sendo um problema de saúde global, significativa e essencialmente uma doença relacionada à idade. Aproximadamente 50 milhões de pessoas no mundo são cegas ou apresentam deficiência visual e, destas, aproximadamente 20 milhões apresentam alterações cataratosas no cristalino. A oxidação das proteínas do cristalino pode desempenhar um papel importante na etiologia das cataratas senis, e o risco de desenvolver a doença pode ser modificado pelos nutrientes antioxidantes.

Os doutores Pul Jaques e Leo Chylack[34], da Universidade de Tuffs, Boston, examinaram o nível de nutrientes antioxidantes em 77 indivíduos com catarata e 35 indivíduos controles. Foi observado um alto risco de formação de cataratas corticais quando há baixos níveis séricos de carotenoides, e de catarata subcapsular posterior, quando há baixos níveis de vitamina C. Além disso, a baixa ingestão de vitamina C foi associada a um aumento no risco de catarata cortical. Indivíduos que consumiram menos de três porções e meia de frutas ou verduras por dia apresentaram um aumento no risco de cataratas cortical e subcapsular, posteriormente. O doutor James Robertson e colaboradores[35] da Universidade de Ontário, no Canadá, compararam o consumo (autorrelatado) de vitaminas suplementares por 175 pacientes com cataratas com outros 175 indivíduos sem cataratas e constataram que o último grupo ingeriu significativamente mais vitamina C e E suplementadas.

A doutora Julie Mares-Perlman e equipe[37], da Univerisdade de Wisconsin, nos Estados Unidos, investigaram em 1.919 pessoas a relação entre a dieta e a opacidade nuclear do cristalino (catarata). Elas relataram que o risco de desenvolver catarata foi menor quando houve maior consumo de verduras, vitamina A, C, E, tiamina e niacina.

Pessoas com diabetes têm um risco maior de desenvolver problemas oculares e doenças renais, como já vimos nas doenças cardiovasculares. Em um estudo que examinou o papel dos fatores alimentares na **retinopatia diabética**, a doutora Monique Roy e seus colaboradores[38] relataram que os pacientes sem retinopatia apresentavam maior ingestão diária de carboidratos, fibra e glicose do que os pacientes com retinopatia; por outro lado, a hemoglobina glicosilada elevada (HbG) é um forte indicador de perda de visão em indivíduos diabéticos insulino-dependentes, diminuição da sobrevivência de diabéticos tipo II e incidência e progressão de edema macular em diabéticos. Diversos estudos[39] indicaram que grandes doses de alfatocoferol em indivíduos diabéticos e de ácido ascórbico em não diabéticos reduzem a glicosilação proteica.

MECANISMOS

Como afirma o doutor Varma[40] em estudo realizado em 1991,

> "a estrutura e localização do cristalino ocular, acopladas à sua estrutura física e bioquímica, têm a finalidade de manter uma transmissão e convergência eficaz das frequências visíveis do espectro eletromagnético dos objetos, do meio ambiente à retina, para a formação da imagem e percepção visual. Funciona como uma lente convergente em harmonia com a córnea, a pupila, o humor aquoso e o humor vítreo. Sua função como lente convergente depende também de sua flexibilidade e ajustes em sua curvatura. Também atua como filtro óptico para evitar o acesso da luz ultravioleta à retina. Os atributos ópticos e fisiológicos do tecido, no entanto, diminuem com a idade, manifestando-se clinicamente a partir da quarta década de vida. O cristalino torna-se menos flexível, resultando em perda da acomodação (presbiopia). A transmissão da luz também continua diminuindo devido a uma heterogeneidade óptica crescente e um consequente aumento da dispersão da luz. Da quinta à sétima década de vida, o tecido torna-se disperso e com opacidades chamadas cataratas".

Os resultados de diversos estudos experimentais indicam que o estresse osmótico opera via aldose redutase e/ou estresse oxidativo causado pela acumulação de radicais livres, podendo contribuir com a gênese da catarata[35]. Níveis adequados de vitaminas C e E podem prevenir e retardar as cataratas. A importância da identificação de fatores de risco para a catarata vai muito além da prevenção, podendo proporcionar uma melhor compreensão de outros processos degenerativos do envelhecimento, paralelos ao desenvolvimento da catarata. A alta taxa de mortalidade em pessoas com cataratas senis indica que a cataratogênese pode estar relacionada a processos que afetam o envelhecimento de outros sistemas corporais[37].

Além disso, as propriedades antioxidantes de micronutrientes presentes em altas quantidades em verduras e frutas também poderiam atuar na etapa inicial da glicosilação proteica, influenciando posteriormente na gênese da retinopatia diabética.

SAÚDE ORAL

EVIDÊNCIA

Há mais de três décadas, o doutor Harris relatou em seu estudo *Hopewood House*[41] a relação entre tipos de dieta e a incidência de **cárie dental**. No estudo, crianças australianas de um orfanato consumiram uma dieta vegetariana com restrição da carne e todos os produtos que continham açúcar e farinha branca. O uso de mel e melaço foi permitido nos fins de semana. Após um período de quinze anos, foi constatada uma redução significativa no aparecimento de cáries no grupo de crianças vegetarianas, em relação ao grupo de crianças onívoras.

Deficiências no pH foram descritas por Linkosalo e sua equipe[42], que relataram um menor valor de pH salival em lactovegetarianos. Linkosalo[44], examinando 123 vegetarianos e 123 controles na Finlândia, observou uma melhor condição de saúde dental nos vegetarianos. Ainda que as dietas fossem excessivamente ricas em frutas e sucos, também se encontrou a produção de erosões no esmalte dental[43]; o consumo de frutas ácidas e verduras em conjunto ou após outros alimentos, e acoplado à boa higiene oral, traz poucos riscos à saúde oral. A saliva é um componente essencial dos mecanismos de defesa da cavidade oral.

A influência protetora da saliva sobre a dentição é mediada por suas propriedades antibacterianas, tamponamento, enxágue e remineralização. Fatores alimentares, como a ingestão proteica, têm sido demonstrados na alteração da composição da saliva. Além disso, uma dieta rica em fibras minimizará a atrofia da glândula salivar e aumentará a velocidade do fluxo e conteúdo proteico total da saliva, com os benefícios potenciais para a saúde oral[45]. A saliva humana possui aminoácidos livres com fonte e função conhecidas apenas parcialmente. Acredita-se que alguns aminoácidos salivares, como o ácido glutâmico e a glicina, estão envolvidos no metabolismo de microrganismos; o ácido d-aminovalérico e a prolina têm sido demonstrados como responsáveis pela contaminação e putrefação. Foi sugerido que o crescimento excessivo de organismos próprios da microbiota normal contribui para a doença inflamatória periodontal, cujo aumento pode ser mediado por fatores nutricionais[45]. O doutor Linkosalo e seus colaboradores[46] determinaram a composição salivatória de aminoácidos livres em nove indivíduos ovolactovegetarianos e em controles de mesma idade e sexo, constatando que as concentrações podem ser alteradas pela dieta. Além disso, o doutor Johanson[47] demonstrou como uma mudança alimentar pode afetar a fisiologia oral. Vinte indivíduos onívoros mudaram de uma dieta mista para uma dieta lactovegetariana durante doze meses: a velocidade de secreção, capacidade de tamponamento e teor de sódio da saliva total estimulada aumentaram em seis vezes no período de mudança alimentar.

Até agora, baseados em um ponto de vista racional e lógico, não podemos duvidar do papel chave de uma dieta apropriada para a prevenção e inclusão no tratamento de uma série de doenças que comprometem grande parte de órgãos e sistemas do nosso corpo. Então, por que não há um pleno e real reconhecimento das instituições científicas oficiais, que possa ser traduzido em ações práticas, recomendando a dieta vegetariana? Muitos anos se passaram desde as primeiras observações científicas, no começo do século XX. Quanto tempo mais devemos esperar? Quando penso nisso, recordo as palavras de um grande sábio que no começo de nossa era profetizou: *"Têm olhos mas não veem, têm ouvidos mas não ouvem"*.

Ninguém desconhece o poder das grandes multinacionais, verdadeiros impérios comerciais, envolvidos na produção, mercado e comercialização de produtos cárneos. O valor profilático e terapêutico de uma dieta vegetariana perante as diversas doenças de alta morbimortalidade é indiscutível, e disso trataremos nos próximos capítulos. Seu valor em termos econômicos, tanto para a sociedade quanto para o indivíduo, é incalculável. Então, por que não há um claro reconhecimento oficial, a partir do qual sejam adotadas medidas de aplicação prática para a população em geral? Por acaso devemos buscar os responsáveis por isso? Se fosse assim, creio que nós, médicos, seríamos os primeiros culpados. As falhas não necessariamente são por ação, mas também por omissão ou por desconhecimento. Temos nos dedicado mais à solução dos problemas clínicos, expressões finais de doenças provavelmente iniciadas em uma etapa muito precoce. Temos conquistado a sofisticação da tecnologia moderna aplicada em áreas de diagnósticos e terapias. Pessoalmente, reconheço que tenho sido um exemplo vivo disso. Escrevendo este livro, durante essas semanas intercalei horas em frente ao computador com outras atividades, como a preparação de uma exposição sobre o cateter balão de contrapulsação intra-aórtica, um dispositivo invasivo de alta sofisticação em nosso meio, empregado em pacientes criticamente doentes.

REFERÊNCIAS BIBLIOGRÁFICAS

1. Lindhall O et al. Vegan regimen with reduced medication in the treatment of bronchial asthma. J Asthma. 1985;22(1):45-56.
2. Schwartz J et al. Dietary factors and their relation to respiratory symptoms. Am J Epidemiol. 1990;132(1):67-76.
3. Haas F et al. Changes in serum K in health and in asthmatic subjects during excercise. Am Rev Resp Dis. 1988;137:833-6.
4. Anderson R et al. Ascorbic acid in bronchial asthma. S Afr Med J. 1983;63:649-52.
5. Schachter EN et al. The attenuation of exercise-induced bronchospasm by ascorbic acid. Ann Allergy. 1982;49:146-51.
6. Mohsenin V et al. Effect of ascorbic acid on response to metachioline challenge in asthmatic subjects. Am Rev Respir Dis. 1983;127:143-7.
7. Ting S et al. Effects of ascorbic acid on pulmonary functions in mild asthma. J Asthma. 1983;20:39-42.
8. Miedema I et al. Dietary determinants of long-term incidence of chronic nonspecific lung diseases. The Zutphen Study. Am J Epidemiol. 1993;138:37-45.
9. Pryor WA. Biological effect of cigarette smoke, wood smoke, and the smoke from plastics: the use of lectron spin resonance. Free Radic Biol Med. 1992;13:659-76.
10. Barnes PJ et al. Reactive oxygen species and airway inflammation. Free Radic Biol Med. 1990;9:235-43.
11. Weiss SJ. Tissue destruction by neutrophils. N Eng J Med. 1989;320:365-76.
12. Anderson R. Assesment of the roles of vitamin C, vitamin E and B-carotene in the modulation of oxidant stress mediated by cigarette smoke-activated phagocytes. Am J Clin Nutr. 1991;53:358S-61S.
13. Barton GM et al. Leukocyte ascorbic acid in abnormal leukocyte states. Int J Vitam Nutr Res. 1976;46:271-4.
14. Maderazo EG et al. Additional evidence of auto-oxidation as a possible mechanism of neutrophil locomotory dysfunction in blunt trauma. Crit Care Med. 1990;18:141-7.
15. Patch ER et al. Deficiency of vitamin E in the alveolar fluid of cigarette smokers: influence on alveolar macrophage cytotoxicity. J Clin Invest. 1986;77:789-96.

16. Sköldstam L et al. Effect of fasting and lactovegetarian diet on rheumatoid arthritis. Scand J Rheumatol. 1979;8(4):249-55.
17. Kjeldsen-Kragh J et al. Controlled trial of fasting and one-year vegetarian diet in rheumatoid arthritis. Lancet. 1991;338(8772):899-902.
18. Shigemasa CH. Effect of a vegetarian diet on systemic lupus erythematosus. Lancet. 1992;339(8802):1177.
19. D'Amico G et al. Effect of vegetarian soy diet on hyperlipidaemia in nephrotic syndrome. Lancet. 1992;339:1131-4.
20. Seignalet I et al. Diet, fasting and rheumatoid arthritis. Lancet. 1992;339:68-9.
21. Swank RL. Multiple sclerosis: a correlation of its incidence with dietary fat. Am J Med Sci. 1950;220:421-30.
22. Swank RL et al. Multiple sclerosis in rural Norway ;its geographic and ocupational incidence in relation to nutrition. N Eng J Med. 1974;31:267-72.
23. Alter M et al. Multiple sclerosis and nutrition. Arch Neurol. 1974;31:267-72.
24. Swank RL et al. Multiple sclerosis: the lipid relationship. Am J Clin Nutr. 1988;48:1387-93.
25. Crane MG et al. Regression of diabetic neuropathy with vegan diet. Am J Clin Nutr. 1988;48:926.
26. Fahn S. An open trial of high-dosage antioxidants in early Parkinson's disease. Am J Clin Nutr. 1991;53:380S-2S.
27. Giem P et al. The incidence of dementia and intake of animal products: preliminary findings from the Adventist Health Study. Neuroepidemiology. 1993;12(1):28-36.
28. Acheson RM et al. Does consumption of fruit and vegetable protect against stroke? Lancet. 1983;1:1191-3.
29. Vollset SE et al. Does consumption of fruit and vegetables protect against stroke? Lancet. 1983;2 (8352):742.
30. Gillman MW et al. Protective efeccts of fruits and vegetables on development of stroke in men. JAMA. 1995;273(14):1113-7.
31. Taylor G et al. Vitamin C and stroke. Lancet. 1976;1:247.
32. Anah CO. How does blood pressure cause stroke? Lancet. 1976;2:1185-6 33.
33. Steiner M et al. Vitamin E plus aspirin compared with aspirin alone in patients with transient ischemic attacks. Am J Clin Nutr. 1995;62 (Suppl):1381S-4S.
34. Jacques PF et al. Epidemiological evidence of a role for the antioxidant vitamins and carotenoids in catarat prevention. Am J Clin Nutr. 1991;53:352S-5S.

35. Robertson JM et al. A possible role for vitamins C and E in cataract prevention. Am J Clin Nutr. 1991;53:346S-51S.

36. Haugen MA et al. The influence of fast and vegetarian diet on parameters of nutritional status in patients with rheumatoid arthritis. Clin Rheumatol. 1993;12(1):62-9.

37. Mares-Perlman JA et al. Diet and nuclear lens opacities. Am J Epidemiol. 1995;141:322-34.

38. Roy MS et al. Nutritional factors in diabetics with and without retinopathy. Am J Clin Nutr. 1989;50:728-30.

39. Shoff SM et al. Glycosylated hemoglobin concentrations and vitamin E, vitamin C and B-carotene intake in diabetic and nondiabetic older adults. Am J Clin Nutr. 1993;58:412-6.

40. Varma SD. Scientific basis for medical therapy of cataracts by antioxidants. Am J Clin Nutr. 1991;53:335S- 45S.

41. Harris R. Biology of the children of Hopewood House. J Dent Res. 1963;42:1387.

42. Linkosalo E et al. Caries, periodontal status and some salivary factors in lactovegetarians. J Scand Dent Re. 1985;93(4):304-8.

43. Linkosalo E et al. Dental erosions in relation to vegetarian diet. Scand J Dent Res. 1985;93:436-41.

44. Linkosalo E. Dietary habits and dental health in Finnish Seventh-Day Adventists. Proc Finn Dent Soc. 1988;84 (2):109-116.

45. Rifano MC. Controversies, perspectives and clinical implications of nutrition in periodonmtal disease. Dent Clin N Am 1976;20:519-40.

46. Linkosalo E et al. Effects of a lacto-ovo vegetarian diet on the free amino acid composition of wax-stimulated whole human saliva. J Nutr. 1985;115:588-92.

47. Johanson G et al. Effect of a long change from a mixed to a lactovegetarian diet on human saliva. Arch-oral-Bio. 1994;39(4):283-8.

48. Kempster PD et al. Dietary factors in the management of Parkinson's Disease. Nut Rev. 1994;52 (2) :51-58.

49. Haugen MA et al. Changes in plasma phospholipid fatty acids and their relationship to disease activity in rheumatoid arthritis patients treated with a vegetarian diet. Br J Nutr. 1994;72:555-66.

50. Kirkeby K et al. The fatty acid composition in serum in Norwegian vegetarians. Acta Med Scand. 1968;183:143-8.

51. Sanders TA et al. Studies of vegans: the fatty acid composition of plasma choline phosphoglycerides, erythocytes, adipose tissue, and breast milk, and some indicators of susceptibility to ischemic heart disease in vegans and omnivore controls. Am J Clin Nutr. 1978;31:805-13.

52. Phinney SD et al. Reduced arachidonate in serum phospholipids and cholesteryl esters associated with vegetarian diets in humans. Am J Clin Nutr. 1990;51:385-92.

53. Cairella M et al. Soy lecithin in therapy: clinical observations. Clin Diet. 1982;9(6):511-524.

54. Kjeldsen-Kragh J et al. Decrease in anti-Proteus mirabilis but anti-Escherichia coli antibody levels in rheumatoid arthritis patients freated with fasting and a one year vegetarian diet. Ann Rheum Dis. 1995;54(3):221-4.

55. Esparza ML et al. Nutrition, latitude and multiple sclerosis mortality: an ecologic study. Am J Epidemiol. 1995;142:733-7.

56. Kjeldsen-Kragh J et al. Changes in laboratory variables in rheumatoid arthritis patients during a trial of fasting and one-year vegetarian diet. Scand J Rheumatol. 1995;24(2):85-93.

MUITO ALÉM DO VEGETARIANISMO

Trabalhei durante quatro anos em um povoado na Serra de Ica (Alto Lara, Ica, Peru) e, quando estava prestes a finalizar este livro - um compromisso assumido comigo mesmo e que durante o tempo de maturação foi parte significativa de minha vida -, percebi que a mudança no padrão alimentar de um indivíduo - como o de um seguidor de uma dieta vegetariana - não somente o colocaria em uma situação diferente frente aos riscos de desenvolver inúmeras doenças, tanto crônicas como agudas (tendo em conta o aspecto prejudicial ou benéfico que constitui o tipo de alimentação consumida), como poderia ir além. A evidência demonstrou que certos parâmetros fisiológicos, bioquímicos e microbiológicos são modificados através de uma mudança na dieta.

Algumas dessas mudanças nos parâmetros, observadas em indivíduos vegetarianos, serão resumidas aqui.

a) Alterações fisiológicas

1. Digestivas
   – Tempo de trânsito intestinal: diminuição;
   – Volume de deposições: aumento;
   – Consistência das deposições: diminuição.
2. Circulatórias
   – Pressão sanguínea sistólica e diastólica: diminuição;
   – Viscosidade sanguínea: diminuição.
3. Renais
   – Taxa de filtragem glomerular: diminuição.
4. Hormonais
   – Idade da menarca: maior;
   – Idade da menopausa: maior;
   – Duração do ciclo menstrual: menor.

5. Antropométricas
   – Peso corpóreo: menor;
   – Espessura da prega cutânea: menor.

b) Alterações bioquímicas

As **alterações bioquímicas** são ainda mais numerosas que as fisiológicas. Podemos generalizá-las qualitativamente assim:

1. Lipídios séricos
   – Colesterol total: diminuição;
   – LDL: diminuição;
   – Triacilgliceróis: diminuição.
2. Fatores de coagulação
   – Fibrinogênio: diminuição;
3. Hormônios séricos
   – Estrógenos: diminuição;
   – Testosterona: diminuição;
   – Globulina ligadora de hormônio sexual: aumento;
   – Prolactina: diminuição.
4. Componentes fecais
   – Esteroides ácidos e neutros: diminuição.
5. Outros (séricos)
   – Ureia: diminuição;
   – Ácido úrico: diminuição.

Assim sendo, se em um indivíduo vegetariano ocorrem mudanças fisiológicas e bioquímicas por conta da dieta, por que não poderiam ocorrer mudanças microbiológicas? Os trabalhos desenvolvidos pelo doutor Bandaru Reddy, além de outros realizados na segunda metade do século XX, têm demonstrado que uma dieta vegetariana não somente induz a modificações microbiológicas na microbiota intestinal, como também altera a atividade enzimática dessas populações de microrganismos.

CAPACIDADE FÍSICA E DIETA VEGETARIANA

A obesidade, além de ser um problema estético, constitui uma condição de risco para doenças relacionadas a ela. Como temos visto, os vegetarianos apresentam menores problemas nesse sentido. Em linhas gerais, indivíduos vegetarianos são mais magros. Estaria errando ao citar como exemplo uma série de estrelas de cinema e televisão que declaram ser vegetarianas, pois não posso deixar ao leitor a ideia de que um excelente físico possa ser atribuído 100% a uma dieta vegetariana, já que vários fatores estão envolvidos.

Evidências da capacidade física de vegetarianos datam do século XIX. O autor James C. Whorton, em seu livro *Crusaders for fitness,* escreve:

> "Em 1896, James Parsley levou o Clube Ciclista Vegetariano a uma vitória fácil frente a dois clubes regulares. Uma semana depois, ganhou a mais consagrada competição de alpinismo na Inglaterra, batendo o recorde em mais de um minuto. Outros membros do mesmo clube também obtiveram rendimentos notáveis. Seus concorrentes se gabavam por comer carne"[1].

Will Brown, que em 1890 se tornou vegetariano por razões de saúde, bateu todos os recordes da corrida de bicicleta de 3.218 km. Margarida Gast, vegetariana, estabeleceu o recorde para mulheres na corrida de 1.609 km. Em 1893, em uma corrida de Berlim até Viena, os dois primeiros competidores que completaram a distância de 599 km eram vegetarianos. Anos depois, outra corrida de 100 km realizada na Alemanha teve onze vegetarianos entre os catorze primeiros finalistas[1]. Outros atletas vegetarianos realizaram mais façanhas. Em 1912, Kolemainen chegou a ser o primeiro homem a completar a maratona em menos de duas horas e meia. Outros registros têm sido estabelecidos por atletas vegetarianos na natação, tênis e luta sobre corda[1]. Em Lima, no Peru, foi notícia há alguns anos José Chioino, um lactovegetariano pertencente ao movimento Hare Krishna que conseguiu seguir a nado a rota de Chorrillos a Callao em um tempo total de 6h18m, emulando a façanha do mártir peruano José Olaya[2].

No começo do século XX, alguns pesquisadores analisaram em laboratório a capacidade dos atletas vegetarianos. Em 1904, o doutor Schouteden[3], analisando 25 estudantes vegetarianos e 25 onívoros, observou que a resistência dos músculos do antebraço era superior nos vegetarianos. Em 1906, o doutor Fisher[4], da Universidade de Yale, provou a resistência muscular de atletas vegetarianos e onívoros. Mediu a duração máxima de tempo em que os braços eram mantidos horizontalmente (estendidos), assim como avaliou exercícios em posição de cócoras. Em todas as provas, os vegetarianos mostraram uma melhor resistência muscular que os onívoros.

Estudos realizados em populações primitivas com dietas vegetarianas resultaram em evidência epidemiológica adicional. À parte os montanheses de Papua-Nova Guiné descritos no capítulo 1, também são célebres os índios Tarahumara, uma tribo asteca que habita a serra Madre Ocidental, do México, conhecidos por sua extraordinária capacidade e resistência física como corredores de longa distância[5-7], a tal ponto que um autor os chamou de "espartanos modernos". Sua dieta é quase totalmente vegetariana e a incidência de hipertensão, obesidade e hiperlipidemia é praticamente zero.

CARBOIDRATOS: COMBUSTÍVEL MUSCULAR

Qual aspecto da dieta vegetariana poderia ser o responsável por esses efeitos? Diversos estudos têm demonstrado que uma dieta rica em carboidratos possui vantagens especiais para atletas, no que diz respeito à resistência aos exercícios. Em 1939, os doutores Christiensen e Hansen[1] constataram que, com o aumento da intensidade do exercício, a contribuição relativa dos carboidratos como combustível muscular também aumenta. Em 1960, pesquisadores escandinavos demonstraram que a capacidade para realizar exercícios a 70%-80% da capacidade aeróbia (V_{O2} máx) estava relacionada ao nível pré-exercício de glicogênio muscular. Os depósitos corpóreos de glicogênio desempenham papel importante no exercício intenso, seja de natureza prolongada e contínua (correr, caminhar, andar de bicicleta) ou intermitente, anaeróbia-aeróbia (futebol, basquete). O cansaço durante o exercício intenso e prolongado está associado a baixos níveis musculares de glicogênio. Por isso, os depósitos corpóreos de carboidratos são um fator limitante da capacidade de realizar tais exercícios. A síntese de glicogênio aumenta em proporção à quantidade de carboidratos consumidos, portanto, é recomendado que atletas de treinamento intenso consumam uma dieta com 70% da energia provenientes de carboidratos, para maximizar a taxa de síntese de glicogênio[1]. No mundo esportivo moderno, atletas já se aproveitam dessas recomendações nutricionais, como ilustra a reportagem com o doutor Holly e seus colaboradores[8], mostrando que, entre atletas do triátlon de elite mundial, a maioria segue uma dieta quase vegetariana rica em carboidratos.

Além disso, a melhor capacidade física conseguida em boa parte por uma ótima dieta pode, por sua vez, influenciar indireta e favoravelmente o combate a diversos transtornos crônicos, além de também adiar um dos processos biológicos mais enigmáticos da natureza: o envelhecimento.

POTÊNCIA SEXUAL E DIETA

As mudanças nos níveis séricos de hormônios sexuais observadas através da dieta poderiam afetar ou determinar a conduta sexual do indivíduo?

É lógico pensar que sim. Os maiores níveis séricos de estrógenos em mulheres e de testosterona em homens, ambos consumidores de carnes em suas dietas, poderiam implicar em um estado de estimulação/excitação acima do normal, continuamente, por toda a vida. Essa ideia aparentemente não é nova pois, no século XIX, John Harvey Kellog já acreditava que uma dieta rica em proteína animal estimulava a conduta sexual, o que era considerado um efeito indesejável, provocando dissipação e cansaço. De fato, os cereais Kellog's, originalmente, foram apresentados como alimentos com baixos níveis de proteínas, sendo uma alternativa aos ovos e ao bacon[9] da dieta norte-americana. Se essa situação de estimulação sexual acima do normal pode levar a condutas negativas, como a violência, é uma ideia a ser considerada. O doutor Olwens e sua equipe[10], na Suécia, estudando 58 adolescentes de 16 anos de idade, através de uma série de questionários e escalas, observaram associações significativas entre os níveis de testosterona plasmática e as agressões físicas e verbais autorrelatadas, refletindo principalmente na reação a provocações e ameaças. Outros pesquisadores, como a equipe liderada pelo doutor Rada[11], mediram os níveis de testosterona plasmática em 52 estupradores e doze adolescentes que haviam faltado com respeito a mulheres. Interessantemente, os níveis de testosterona estavam relacionados ao grau de violência manifestado pelos agentes.

Além disso, pode-se pensar que menores níveis de andrógenos (testosterona) no homem vegetariano, por um lado, poderiam conceder-lhe certa proteção frente ao desenvolvimento do câncer de próstata e, por outro, poderiam implicar em uma diminuição da potência sexual. No entanto, aparentemente, a disfunção erétil, cuja etiologia em 90% dos casos envolve causas psicogênicas, parece ser um problema maior em homens consumidores de carne, como indica a pesquisa do doutor Ming Wel e sua equipe[12], da Universidade da Carolina do Sul, nos Estados Unidos, que avaliaram a relação entre o colesterol sérico e a disfunção erétil. Durante 22 anos, 3.250 homens com idade entre 26 e 86 anos, que na primeira visita não sofriam de disfunção erétil, foram monitorados: 71 (2,2%) relataram, depois, disfunção erétil. Foi constatado que os homens com colesterol total acima de 240 mg/dL tinham um risco quase duas vezes maior que aqueles com colesterol abaixo de 180 mg/dL, permanecendo as diferenças mesmo depois de ajustes pelos fatores de confusão*. Causas orgânicas, especialmente em nível arterial, têm sido documentadas em muitos homens impotentes[13-15]. E mais: isso constitui um sinal de envelhecimento. Provavelmente, alterações no fluxo sanguíneo do pênis sejam a causa da disfunção erétil nesses casos.

ATIVIDADE MENTAL E DIETA

Há milhares de anos, muitos têm acreditado que o tipo de alimentação pode influenciar ou talvez determinar o comportamento de um ser. Recordo ter escutado muitas vezes que o comportamento pacífico de um animal herbívoro, como o cordeiro ou a vaca, contrasta com o de um animal carnívoro, como o tigre ou o leão, por esse motivo. Mas até que ponto isso se justifica?

* A presença de um terceiro fator associado tanto à exposição quanto ao risco de desenvolver determinada doença que poderá distorcer o resultado.

Em um experimento do doutor Frank Sacks e seus colaboradores[16], foi avaliado o efeito da ingestão de carne (250 g de bife) sobre o colesterol plasmático em 21 vegetarianos estritos. À parte o aumento do colesterol total, os pesquisadores relataram que a análise do estado emocional e as escalas de humor de McNair (tensão/ansiedade, depressão/abatimento, ira/hostilidade, fadiga/inércia, confusão/atordoamento e vigor/atividade) indicaram que, durante o período de consumo de carne, os níveis de ansiedade aumentaram. Provavelmente, em pouco tempo teremos respostas mais completas sobre o mecanismo de como a dieta pode influenciar o estado emocional.

Pessoalmente, tive uma curiosa experiência: depois de me tornar vegetariano, recordava quase todas as manhãs o que havia sonhado. Pensei: "Antes não sonhava muito, agora sonho todos os dias, ou melhor, todas as noites". Perguntava-me se isso tinha alguma relação com a mudança dietética. Aparentemente, não estava tão equivocado. O doutor Phillips e equipe[19] do Departamento de Psiquiatria do Hospital São George, em Londres, conduziram um experimento com oito homens jovens, que receberam uma dieta balanceada normal, uma dieta isocalórica com alto perfil de carboidratos e baixo de gorduras (semelhante à composição de uma dieta vegetariana) ou uma dieta com baixo perfil de carboidratos e alto de gorduras. Foram analisadas as mudanças eletroencefalográficas durante o sono destes jovens. Os pesquisadores registraram que, após o consumo da dieta rica em carboidratos e pobre em gorduras, houve significativamente menos sonos de onda lenta (*slow wave sleep* – SWS) do que depois de consumirem uma dieta balanceada ou pobre em carboidratos e rica em gorduras. As duas últimas dietas não apresentaram diferenças nesse aspecto. Os pesquisadores reconheceram a importância do tipo de dieta para o sono da noite subsequente, tendo em conta que o sono de ondas lentas pode estar associado negativamente a funções restauradoras corporais.

Outros achados explicaram mais algumas questões. O doutor Frey Ellis e sua equipe[20] verificaram que em alguns vegetarianos o eletroencefalograma revelou padrões de ondas diferentes do considerado "padrão normal". Além disso, os doutores Dwyer[17] e Hevens[18] anotaram que os quocientes de inteligência em crianças de comunidades vegetarianas foram maiores do que a média. Sabemos que a capacidade intelectual de uma criança pode ser influenciada por muitos fatores, mas o papel da alimentação é um ponto crítico. Será que uma alimentação vegetariana favorece o funcionamento e desenvolvimento das capacidades intelectuais de um indivíduo? Será que a grande lista de celebridades na história da humanidade que defenderam o vegetarianismo – entre elas, sábios, filósofos, historiadores, literatos, cientistas, músicos, escritores, religiosos e médicos – pode ser utilizada como prova científica para demonstrar tal hipótese? Entre essas personalidades estão Pitágoras, Buda, Sócrates, Platão, Porfírio, Plutarco, Sêneca, São Tomás de Aquino, São Francisco de Assis, Isaac Newton, Benjamin Franklin, Voltaire, Wagner, Leibnitz, George Washington, Cuvier, Leon Tolstoi,

Bernard Shaw, Tomas Edison, Mahatma Gandhi, Albert Schweitzer - e esta lista poderia continuar com mais nomes de homens que contribuíram para o desenvolvimento da humanidade. Será que suas mentes criativas foram, ao menos em parte, fruto do seu tipo de alimentação? Ou será que a adesão ao vegetarianismo foi uma conclusão lógica de sua sabedoria e genialidade? Quais foram as razões para isso, em um tempo em que a evidência científica ainda não havia mostrado vantagens do vegetarianismo para a saúde? Difícil, para não dizer impossível, saber.

Há alguns anos, a agência internacional de notícias UPI[58] informou ao mundo a criação de um Congresso Vegetariano Mundial em Nova Délhi, Índia, o qual seria assistido por mais de 500 especialistas. Os pesquisadores descreveram a dieta vegetariana como "a mais econômica e compatível com o meio ambiente e determinante de um comportamento menos agressivo e violento". Não tenho maiores informações sobre esse congresso, mas movimentos como esse ou como o Primeiro Congresso Internacional sobre Nutrição Vegetariana, realizado em Washington DC (março de 1987), seguido por um Segundo Congresso cinco anos depois em Arlington (julho de 1992), representam uma esperança para a raça humana.*

ENVELHECIMENTO E LONGEVIDADE

Quem alguma vez na vida não se preocupou com o aparecimento de cabelos brancos ou de rugas no rosto? Pessoalmente, cada vez que corto meu cabelo descubro novos cabelos brancos. Envelhecimento é uma palavra que ninguém quer associar a si mesmo, e, no entanto, ele é mais que uma lei ou regra, já que não há exceções. Muitos filósofos e cientistas têm tentado compreendê-lo, mas o certo é que até agora nem sequer temos uma definição clara sobre isso. Em 1964, o doutor Confort definiu o envelhecimento como "um aumento progressivo na probabilidade, através de toda a vida ou depois de uma determinada fase, de que um dado indivíduo morra, durante a seguinte unidade de tempo, de causas distribuídas ao acaso". Vinte anos depois de Confort, Bowden e Williams definiram o envelhecimento como "alterações estruturais e funcionais dependentes do tempo, tanto de maturação como de senescência, que ocorrem normalmente no período pós-puberal para machos e fêmeas de todas as espécies". Mais recentemente, o doutor Aking o definiu como "aquelas características pós-desenvolvimento que são acumulativas, universais, progressivas, intrínsecas e

* Até esta data já houve cinco congressos internacionais, sendo que no último, em abril de 2008, fui palestrante.

deletérias"[21]. A definição de Confort implicaria aceitar que o envelhecimento começa no nascimento ou talvez, ainda mais precocemente, no momento da concepção.

Acredito ser importante definir aqui alguns termos relacionados ao assunto: *span*, ou extensão de vida, é o potencial de sobrevivência máxima de uma espécie em particular; "expectativa de vida" é a média esperada de anos de vida a partir do nascimento.

A busca de resposta para o enigma do envelhecimento continuará. Entretanto, já temos algumas pistas.

A Sociedade Nacional Geográfica dos Estados Unidos patrocinou uma pesquisa do doutor Alexander Leaf[33], chefe do Serviço de Medicina do Hospital Central de Massachusetts e professor da Faculdade de Medicina de Harvard, nas três regiões rurais mais famosas do mundo, cujas populações vivem muito mais tempo e ainda permanecem mais vigorosas na idade avançada que a maioria das sociedades modernas. São elas: a aldeia andina de Vilcabamba, no Equador; a terra dos Hunza, no Paquistão; e a Abkazia, na Geórgia. Interessado nos aspectos dietéticos dessas populações, o pesquisador observou que as dietas das populações de Vilcabamba e Hunza eram muito similares: a ingestão energética foi substancialmente menor que as recomendações da Academia Nacional de Ciências dos Estados Unidos (para maiores de 55 anos de idade, recomendava 2.400 kcal). Essa pesquisa foi publicada em 1973. No entanto, em um estudo com 55 homens adultos também de Hunza, o doutor Maqsood Ali encontrou uma média de ingestão calórica de 1.923 kcal, com 50 g de proteína, 36 g de gordura e 354 g de carboidratos. As carnes e os produtos lácteos constituíam somente 1,5% do total; além disso, gorduras de origem animal eram escassas e um azeite extraído de sementes de damasco era usado para fins culinários.

O doutor Guillermo Vela também encontrou um consumo calórico notavelmente baixo entre a população de Vilcabamba. A média de ingestão diária era de 1.200 kcal, composta por 5 a 38 g de proteína, 12 a 19 g de gordura e 200 a 260 g de carboidratos. A proteína e a gordura eram derivadas, principalmente, de fontes vegetais. Não foram observados sinais de obesidade ou desnutrição nessas populações[33].

Atualmente, já não restam dúvidas de que o tipo de alimentação influencia ou determina a média de vida. Estudos em populações não vegetarianas indicam que quanto maior o consumo de certos alimentos vegetais, maior a média de vida. O doutor Keys e seus colaboradores[26], estudando mais de 12.000 homens com menos de 60 anos de idade, em sete países, constataram que a mortalidade estava associada positivamente com a ingestão de gorduras saturadas. O doutor Kromhout e sua equipe[27], avaliando 871 dinamarqueses de idade média, durante cinco anos, observaram que a ingestão de fibra dietética estava associada negativamente com a mortalidade. Chope[28], estudando 577 pessoas de idade média, por um período de quatro anos, observou que as ingestões de vitaminas A e C estavam inversamente associadas com a mortalidade.

Os estudos comparativos entre a mortalidade total de populações vegetarianas e a da população em geral têm produzido resultados concordantes. O grande estudo de Saúde Adventista, com 24.044 pessoas com mais de 35 anos de idade, acompanhadas a partir de 1960, indicou que vegetarianos tiveram uma taxa estandardizada de mortalidade (TEM, considerada 100 para a população em comparação) de 53 e 63 em comparação aos homens e mulheres americanas, respectivamente, depois de dezessete anos de acompanhamento[29]. Em um estudo vegetariano alemão, abrangendo 1.904 pessoas por um período de onze anos, o doutor Chang-Claude e sua equipe de colaboradores[30] observaram que a TEM para todas as causas foi de 44 para homens e 53 para mulheres, comparados com a população alemã. Isso quer dizer que, durante o período de onze anos de acompanhamento, a probabilidade de morte em vegetarianos foi praticamente duas vezes menor que na população geral onívora. O estudo com clientes de armazéns de alimentos naturais na Inglaterra, um grupo de 10.943 pessoas, demonstrou que a TEM para todas as causas nos vegetarianos foi 53[31]. Além disso, o doutor Thorogood e seus colaboradores[32] relataram que no estudo vegetariano de Oxford, depois de doze anos de acompanhamento, a TEM para todas as causas foi de 41 em vegetarianos.

Ainda que os termos envelhecimento e mortalidade não sejam sinônimos, estão fortemente associados. Logicamente, um aumento na média de vida poderia nos indicar um processo de envelhecimento mais lento, embora nem sempre seja assim. Por exemplo, nos tempos da Grécia e do Império Romano, a média de vida era 30 anos; no início do século XIX, essa média estava abaixo dos 50 anos[22]. Os avanços da medicina em relação à saúde têm produzido um ganho substancial na expectativa de vida. Isso não significa que a velocidade de envelhecimento tenha diminuído.

De acordo com o especialista Richard Cutler, do Centro de Investigação Gerontológica de Baltimore, o *span*, ou extensão de vida, máximo permaneceu essencialmente o mesmo último milhão de anos[23]. Pessoalmente, discordo, já que considero que há mais provas a considerar do que o fato de a taxa ou velocidade de envelhecimento ter acelerado nos últimos milênios. Ainda que não possa apresentá-lo como científico, é interessante o fato de os primeiros homens bíblicos terem superado os 900 anos (Matusalém viveu 969 anos e foi pai aos 187 anos[24]) e, com o passar do tempo, a média de vida diminuiu. A tal ponto que, nos tempos do êxodo, se escreveu acerca do último dos mais célebres homens que chegaram à longevidade: "Moisés, o servo de Deus, morreu ali na terra de Moabe, conforme a vontade do Senhor. [...] Ao morrer, tinha 120 anos. Sua vista não tinha enfraquecido, nem seu vigor se tinha esmorecido"[25]. Moisés, o mesmo homem que recomendara a seu povo não consumir nem a gordura nem o sangue dos animais.

O ENVELHECIMENTO É UMA LEI GENÉTICA?

A universalidade do processo biológico do envelhecimento, assim como as diferenças no *span* de vida entre as espécies animais, levanta a possibilidade de que o envelhecimento seja simplesmente um programa genético, de modo que existam genes cuja missão seja limitar a duração da vida. Como sustenta o doutor Thomas Kirkwood[34], especialista do Instituto Nacional de Investigação Médica, de Londres, embora esteja clara a existência de fatores genéticos que influenciam na longevidade – como, por exemplo, a predisposição hereditária para desenvolver doenças de alta mortalidade –, a ideia de que o envelhecimento esteja programado por um dispositivo genético, que cronometra o passar do tempo para desenvolver a senescência depois de um período pré-designado, é muito difícil de ser aceita, já que ela desafiaria as leis da seleção natural.

Para que um programa de envelhecimento evolua deveria haver algum benefício em se ter um *span* de vida finito. No entanto, individualmente, o envelhecimento é desvantajoso, já que limita a sobrevivência e a reprodução; além do mais, ninguém o deseja. Recordemos aqui que o homem tinha uma média de vida nos tempos das civilizações antigas de 30 anos e que, com os avanços médicos, a expectativa de vida vem aumentando, mas não o *span* de vida. Dessa maneira, o envelhecimento não seria necessário para prevenir o excesso de habitantes. Além disso, a ideia de que o envelhecimento beneficia a espécie, sem importar os interesses individuais, é contrária à teoria evolucionária, que considera, principalmente, a primazia do indivíduo sobre o grupo. Se considerarmos que o envelhecimento tem evoluído através da aquisição de genes que o programam, então deveríamos aceitar que mutações, levando à inativação de tais genes do envelhecimento (gerontogenes), confeririam a determinados indivíduos um poder de sobrevivência, enquanto outros de sua mesma espécie envelheceriam. Porém, como afirma Kirkwood[34], esses "mutantes imortais de escape" ainda não foram observados.

A TEORIA DA "SOMA DESCARTÁVEL"

Para resolver o problema, os doutores Richard Cutler e Kirkwood propuseram que a senescência surgiria em uma população cujos sistemas de manutenção do organismo, sob controle genético, fossem suficientemente bons para assegurar sua sobrevivência, para perpetuar a espécie, mas incapazes de manter o corpo funcionando bem e para sempre. Isso quer dizer que os sistemas de manutenção da maioria dos animais não têm evoluído a ponto de assegurar a imortalidade pois, ao fazer isso, gastariam mal a energia que poderia ser utilizada para a reprodução. Essa é a teoria da "soma descartável". As células somáticas (não reprodutivas) são as descartáveis e as células germinativas conservam sua capacidade de se reparar completamente.

A TEORIA DOS "RADICAIS LIVRES"

Essa teoria não explica completamente o que afinal leva ao envelhecimento, mas diz simplesmente que o envelhecimento não está programado geneticamente. Aqui, a hipótese aventada por Denham Harman, em meados dos anos 1950, do papel destruidor dos radicais livres, ganha importância. Muitas reações biológicas geram radicais livres, que são moléculas de alta reatividade, devido à presença de um elétron não emparelhado. Esses radicais livres podem oxidar e danificar o DNA, proteínas, lipídeos e outras moléculas ou células de qualquer tecido. Esses elementos podem, por sua vez, dar lugar a mais radicais e desencadear uma reação em cadeia com caráter destrutivo. A acumulação desse dano irreversível resulta no desenvolvimento de doenças, como o câncer e a aterosclerose, e também no envelhecimento. Essa teoria explica o porquê da maior média de vida em populações que consomem alimentos com alto conteúdo de antioxidantes (betacaroteno, vitamina C e vitamina E).

O ENVELHECIMENTO É UMA DOENÇA?

Com base nas ideias já expostas, é possível admitir que o envelhecimento seja uma doença em que uma série de fatores afeta negativamente o indivíduo, provocando alterações biológicas que levam direta ou indiretamente à morte. No entanto, é sabido que algumas alterações – como o grisalho dos cabelos, a capacidade física reduzida, rugas na pele, menopausa, presbiopia e perda de memória, todas sinais de envelhecimento –, são referidas em termos médicos como normais da idade. Mas serão verdadeiramente normais? Ou representam um castigo pela violação de alguma lei natural? Incrivelmente, há mais de três milênios alguém escreveu: "E o Senhor disse: meu espírito não permanecerá para sempre no homem, porque todo ele é carne, e a duração de sua vida será só de 120 anos"[38].

ALTERAÇÕES FISIOLÓGICAS DURANTE O ENVELHECIMENTO

O processo de envelhecimento é expressado em uma série de alterações fisiológicas e anatômicas que ocorrem nas pessoas com o passar dos anos. Curiosamente, certos antropoides e outros mamíferos sofrem muito com essas mudanças. Além disso, há evidências, como vimos anteriormente, de que elas possam ser minimizadas ou "atrasadas" através de uma dieta isenta de carnes.

1. *Função dos órgãos.* A capacidade do coração, dos pulmões e dos rins de funcionar plenamente declina com a idade. As mudanças cardiovasculares e renais, assim como a evidência de que populações centenárias,

predominantemente vegetarianas, mantêm um ritmo de vida ativo, nos indicam que essas alterações têm sido influenciadas pelo estilo de vida, incluindo o tipo de dieta.

Mas não só. É parte do estilo de vida dessas populações longevas a atividade física cotidiana e contínua. Muitos de nós somos partidários da prática rotineira de algum esporte. Não necessitamos que um estudioso nos apresente argumentos de saúde para fazê-lo. Os homens, principalmente, que gostam de jogar bola, sabem o bem que sentem – física, mental e espiritualmente – depois de uma árdua partida de futebol.

2. *Imunidade.* A capacidade do corpo de combater infecções declina e, além disso, as respostas autoimunes aumentam. No entanto, temos visto como os fatores dietéticos podem modular a atividade imune. Há evidências de um reforço com certos nutrientes (vitamina C) encontrados em alimentos vegetais. Outros nutrientes com propriedades antienvelhecimento provavelmente serão descobertos no futuro. Enquanto isso, alguns pesquisadores estão atrás de pistas de algo contra o vírus da imunodeficiência humana (HIV) na dieta dos macacos. O doutor Andrew Dobson[35], professor de ecologia e biologia evolucionária da Universidade de Princeton, nos Estados Unidos, observou que os primatas não humanos são capazes de buscar plantas medicinais e, ainda, que os chimpanzés, em diversas partes da África, consomem folhas de diversas espécies de *Aspilia*, que contém agentes bactericidas, fungicidas e antiparasitários, como a tiarubrina-A.
3. *Reprodução.* As mulheres enfrentam a menopausa, e a fertilidade nos homens declina. E mais, a menopausa natural em uma idade precoce está correlacionada com uma maior mortalidade[36]. Evidências demonstram que, em mulheres vegetarianas, o aparecimento da menopausa pode ser mais tardio, indicando que a função dos ovários e o número de células germinativas diminuem de maneira mais lenta com o avanço da idade.
4. *Visão.* Virtualmente, todos perdem a capacidade de enfoque. Vimos, anteriormente, a prevalência de cataratas e sua relação com fatores dietéticos.
5. *Artérias.* Desenvolvimento da aterosclerose. Aqui o papel da dieta tem sido demonstrado contundentemente.
6. *Sistema ósseo.* Aparecimento de osteoporose principalmente em mulheres depois da menopausa. Também se têm observado diferenças na prevalência de osteoporose, dependendo do tipo de dieta consumida.
7. *Tumores.* Os cânceres em quase todos os órgãos chegam a ser mais prevalentes com a idade. A influência da dieta está abordada extensamente neste livro.
8. *Capacidade física e mental.* Há uma diminuição progressiva dessas condições. Além disso, as respostas a estímulos são mais lentas.

A RESTRIÇÃO DIETÉTICA E O ENVELHECIMENTO

Os achados do doutor Leaf em populações rurais longevas, abordando o menor consumo energético de fonte predominantemente vegetal, chamam a atenção. Anteriormente, outros pesquisadores já haviam explorado os efeitos da restrição dietética em animais de laboratório.

Em 1935, o doutor McCay e sua equipe[37] observaram um notável prolongamento do *span* de vida de ratas mantidas em restrição dietética a partir do desmame ou de uma idade média da vida, em comparação com o de ratas mantidas com uma alimentação *ad libitum* (à vontade). Posteriormente, diversos estudos[39-42] confirmaram suas observações. Adicionalmente, tem-se observado também que a restrição calórica pode reduzir a incidência ou retardar a aparição de doenças crônicas, além de retardar alterações em diversos indicadores da idade biológica em roedores e em outros organismos (compreendendo desde protozoários a minhocas redondas, moscas e peixes). Investigações indicam que o ser humano também pode seguir essa modalidade dietética, de restrição calórica. Os estudos de restrição dietética em macacos *rhesus* e macacos-esquilo conduzidos pelo doutor George Roth, do Instituto Nacional de Envelhecimento, nos Estados Unidos, iniciados em 1987, e pelo doutor William Eschler e colaboradores, a partir de 1989[60], têm produzido resultados incentivadores. Os animais mantidos sob tal dieta em ambos os projetos parecem estar mais saudáveis e felizes, além de seus corpos responderem ao regime muito melhor do que os roedores. Os níveis de pressão sanguínea e glicose sérica (indicadores de envelhecimento) são menores que nos animais controles. Não é necessário recordar aqui que a dieta vegetariana em média tem um menor conteúdo calórico total que as dietas onívoras e que tal característica atua durante parte ou toda a vida do indivíduo.

É interessante observar que homens que lideraram povos – como os fundadores das maiores religiões, o cristianismo e o budismo – praticavam e recomendavam a restrição alimentar (jejum) em uma etapa especial na vida, com o objetivo de limpar o corpo e a mente. Outra vez é enigmático o profundo conhecimento científico contido nessa prática. Poucos estudos são realizados sobre o jejum de prática religiosa, porém, todos indicam um efeito benéfico sobre a saúde. Podemos citar aqui o estudo do doutor Maximo Maislos e seus colaboradores[61], da Universidade Ben-Gurion, em Israel, que avaliaram o efeito do jejum do Ramadã (um dos cinco pilares do islamismo, praticado por milhares de muçulmanos no mundo todo como um sinal de restrição e introspecção) sobre os lipídeos e lipoproteínas plasmáticas em indivíduos normais. No mês do Ramadã, os muçulmanos se abstêm de alimentos e líquidos desde o amanhecer até o pôr do sol; podem comer apenas depois do anoitecer e antes do amanhecer. Um total de 24 indivíduos foi estudado antes e depois do mês do Ramadã. Os pesquisadores constataram um notável melhoramento no HDL-C plasmático e em fatores de risco ateroscleróticos diante de proporções de CT/HDL-C e LDL-C/HDL-C.

EM BUSCA DA IMORTALIDADE

O ser humano sente medo da morte e do envelhecimento desde tempos imemoriais, observando seus semelhantes. Preocupados com o fato, muitos tentaram encontrar ou descobrir o "segredo da eterna juventude".

Talvez esse segredo não se encontre em alguma substância em especial, mas consista em diversos fatores que atuam na vida. Pessoalmente, acredito que podemos considerar cinco pilares para uma boa saúde e um prolongamento da juventude e da longevidade. São eles:

1. *Fator genético.* É imutável. Ao nascer, o indivíduo traz consigo uma predisposição a desenvolver certas condições patológicas, variáveis de pessoa a pessoa, e que condiciona o falecimento em certa idade. Fica aberta a possibilidade de modificação dessa carga genética para a espécie humana com o transcurso das gerações, quando certas características são alteradas em seu estilo de vida.

2. *Fator físico.* Como dizia Gabriel Chapnian, agricultor caucasiano que aos 117 anos ainda trabalhava em suas terras durante grande parte do seu dia, a prescrição para a vida era: "*Trabalho físico ativo e um interesse modesto no álcool e nas damas*"[33]. Atualmente, não há dúvidas quanto ao valor do exercício físico praticado regularmente, tanto para a prevenção quanto para o tratamento de diversas doenças, como o diabetes tipo 1, a hipertensão, a cardiopatia coronariana, a osteoporose, a obesidade, a saúde mental, o câncer, os acidentes cérebro-vasculares etc[43]. Como vimos, essas doenças também podem ser influenciadas pelo aproveitamento conjunto dos benefícios de uma dieta adequada e da prática de exercício físico.

3. *Fator psíquico.* Uma observação popular atribui o aparecimento prematuro dos cabelos brancos em algumas pessoas a um tipo de vida com constante estresse psicológico.

   Provas irrefutáveis resultantes de estudos em animais e seres humanos[44,45] têm demonstrado a influência adversa do estresse psicológico sobre o estado imunológico do indivíduo. O estudo da doutora Janice Kielcot-Glaser e equipe[46], do Departamento de Psiquiatria da Faculdade de Medicina da Universidade de Ohio, nos Estados Unidos, ilustra bem isso. Investigaram os efeitos do estresse que se abate sobre quem tem a responsabilidade de cuidar de um familiar com doença de Alzheimer. Estudaram treze mulheres que tinham a seu cargo cuidar de familiar demente, e outras treze mulheres controles, igualadas em idade e ingresso familiar. Em todas elas foi provocada uma ferida de 3,5 mm, constatada através de biópsia. A cura foi avaliada por fotografias da ferida e resposta ao peróxido de hidrogênio (ou água oxigenada) - definindo-se cura quando não se observa a formação de espuma. Observou-se que a cura das feridas levou significativamente mais tempo no grupo de mulheres cuidadoras dos doentes do que no grupo controle (48,7 versus 39,3 dias, em média). Além disso, os leucócitos sanguíneos periféricos das cuidadoras produziram significativamente menos citocina pró-inflamatória (interleucina 1-B, que tem efeitos fomentadores do sistema imune), em comparação às células das controles. A moral da história então seria: viver sem estresse.

4. *Fator ambiental.* Não é por acaso que as populações longevas estudadas vivam em um meio rural afastado das civilizações modernas. Os efeitos deletérios do avanço tecnológico moderno - como a contaminação ambiental, as radiações - e hábitos como o de fumar indiscutivelmente têm roubado milhares de vidas. Outros inimigos ocultos resultantes das tecnologias modernas também produzem seus efeitos. Atualmente, tem-se prestado atenção aos efeitos adversos à saúde da exposição, seja residencial ou ocupacional, a campos eletromagnéticos resultantes da geração, distribuição e utilização da corrente elétrica. Certa evidência epidemiológica[47,48] sugeriu uma associação entre a exposição a campos eletromagnéticos de frequência extremamente baixa (50 ou 60 Hz) e o risco aumentado de diversos tipos de câncer. Isso me preocupa muito, pessoalmente, já que os escritores antigos utilizavam a pluma para escrever e, eu, explorando as vantagens da tecnologia, me encontro teclando frente a um computador ao escrever este livro.
   Em uma revisão, os doutores Losher e Mevissen[49], da Faculdade de Medicina Veterinária de Bunteweg, na Alemanha, avaliaram a evidência disponível em estudos com animais de experimentação. Concluíram que a evidência indica que a exposição de moderada duração a campos eletromagnéticos de 50/60 Hz exerce efeitos promotores para o desenvolvimento espontâneo de certos tumores e, até mesmo, acredita-se que esses efeitos parecem ser mediados por uma redução do hormônio melatonina (hormônio inibidor para o crescimento de uma ampla categoria de cânceres). Com o que mais nos depararemos com nossa tecnologia no futuro?

5. *Fator dietético.* Talvez o mais importante de todos. Desde os primeiros tempos da história humana, certas pessoas têm guiado seus semelhantes a fim de alcançar uma superação constante em relação à parte física, mental e espiritual. No Oriente Médio, Moisés externava preceitos dietéticos, antecipando-se às modernas prescrições de especialistas sobre o colesterol; na Ásia, os sábios hinduístas destacavam o valor do respeito à vida dos animais; na Grécia Antiga, Pitágoras recomendava a abstinência do consumo de carne para conseguir melhor estado físico e espiritual (ele acreditava na transmigração de almas e temia que, ao comer carne,

pudesse estar comendo um de seus ancestrais); e no Novo Mundo, Manco Capac destacava aos quíchuas o valor da agricultura.

Em tempos relativamente recentes, outros homens também acreditaram que a alimentação não somente influenciaria na vida do indivíduo, mas que poderia determinar o destino de um povo. Um desses homens foi John Harvey Kellog, que em seus livros *Colon hygiene, Autointoxication* e *The itinerary of a breakfast,* no começo do século XX[54], defendeu a ideia de que a carne transformada por microrganismos contaminantes faz o corpo se inundar com os mais horríveis e repugnantes venenos, produzindo dores de cabeça, depressão, problemas de pele, fadiga crônica, danos ao fígado e aos vasos sanguíneos, entre outros agravos. Ele acreditava que no intestino de um homem carnívoro descansava o segredo de nove décimos de todas as doenças crônicas dos seres humanos, incluindo a ineficiência nacional e grande parte do mal-estar moral e social. Acreditava também que Matusalém era vegetariano.

A DIETA COMO FATOR CRÍTICO NA EVOLUÇÃO DO HOMEM

Até hoje, muitos antropólogos consideram que o fato de consumir carne constituiu um passo transcendental na carreira evolutiva do ser humano. Segundo eles, o consumo de carne deu origem às armas para a caça de animais, quando o homem se viu obrigado a inventá-las, já que sua autonomia natural não o permitia, além de descobrir o fogo para dourar as carnes. No entanto, se aceitarmos que o homem inventou as armas e descobriu o fogo, então devemos aceitar que existiu ao menos algum ser humano, antes de ocorrerem esses progressos, que não foi carnívoro, mas herbívoro!

Ainda que esse seja um raciocínio simples, tem muito sentido lógico. Se o homem originalmente tivesse sido "desenhado" pela natureza divina, o fato de adotar padrões de conduta alimentar contrários à sua natureza provavelmente o levaria a um desfecho desfavorável. Haveria alguma forma de se descobrir a verdadeira natureza alimentar do homem?

A "LEMBRANÇA DIETÉTICA" DOS GRANDES MACACOS

Talvez no comportamento alimentar dos macacos atuais haja alguma pista. O grupo dos hominídeos, que inclui os seres humanos e os macacos, está dividido em três subgrupos: *Hominidae*, que inclui o gênero *Homo,* além do *Australopitecus*; *Pongidae*, para os grandes macacos; e *Hylobatidae*, para os macacos pequenos[50]. Os seres mais próximos ao homem são os grandes macacos.

Como comenta o antropólogo Richard Kay, da Universidade de Duke[50], nos Estados Unidos, entre os grandes macacos - que compreendem o orangotango, o chimpanzé, o bonobo e o gorila -, há diferenças dietéticas. Foi observado que 70% da dieta dos chimpanzés é constituída por frutas, e os 30% restantes, por alimentos fibrosos, como folhas, cascas e caules; e, ainda, que alguns invertebrados e vertebrados façam parte dessa dieta, representam menos de 5% dela. Os gorilas contrastam bruscamente com os chimpanzés, pois são predominantemente consumidores folívoros, alimentando-se de folhas, caules e brotos de árvores; as frutas representam menos de 5% de sua dieta. Os orangotangos são frutívoros, mas, graças à sua dentição, podem consumir nozes e frutas com casca dura.

Aparentemente, portanto, nossos parentes mais próximos na natureza mantêm uma alimentação predominantemente vegetariana. E se retrocedermos mais na cadeia evolutiva e observarmos o comportamento alimentar dos macacos menores, como os gibões, veremos que são também extremamente frutívoros. Será que o comportamento alimentar dos macacos nos remete a nosso verdadeiro destino alimentar?

Australopitecus africanus: os macacos assassinos?

Se o antecessor do homem, em algum ponto de seu processo evolutivo, tornou-se carnívoro, isso pode ter resultado, sem dúvida, em sérias consequências. Tanto é que, baseando-se em provas arqueológicas, o doutor Robinson, da Universidade de Chicago, tenta explicar o comportamento alimentar do antecessor mais precoce do homem: o *Australopitecus.* Ele tem proposto que o *Australopitecus robustus*, cuja área de dentição era maior que a do *Australopitecus africanus* ou *graciles* (de acordo com a evidência de fósseis), chegou a ter tal característica, de molares maciços, por manter uma dieta herbívora, enquanto que os últimos, aparentemente carnívoros parciais, tiveram menos uso da dentição para moer. A transcendência dessa diferenciação foi estampada pelo famoso cineasta Stanley Kubrick, em seu famoso filme *2001 - Uma odisseia no espaço*, que chegou a insinuar que a violência humana teve nascimento com a atitude agressiva dos macacos assassinos[51].

A opinião de outros estudiosos é que todos os *Australopitecus* são variantes de um mesmo animal, que o *A. africanus* não estava mais avançado que o *A. robustus* e que ambos os precursores da linhagem do *Homo* foram um grupo de sucesso de hominídeos vegetarianos, mais avançados que os macacos em seu comportamento, mas não caçadores-coletores. O doutor Richard Kay também opina que o padrão dental do *Australopitecus* sugere que ele consumia alimentos duros contendo relativamente menores quantidades de fibra (em comparação aos gorilas) e requerendo pouca preparação dos incisivos. Esses principais alimentos poderiam ser frutas com cascas duras ou sementes em vagens (semelhantes a leguminosas).

A EVIDÊNCIA ANATOMOFISIOLÓGICA

Algumas das características anatômicas e fisiológicas próprias, seja de um animal herbívoro seja de um animal carnívoro, poderiam ajudar a situar o ser humano dentro da sua verdadeira categoria dietética. Sinceramente, me surpreendi com o artigo escrito pelo doutor William Clifford Roberts, editor-chefe do conceituado *American Journal of Cardiology*[52]. Nele, o autor sustenta que os carnívoros e os herbívoros são "feitos" diferentemente.

Os carnívoros têm garras e dentição afiada para rasgar a carne; os herbívoros, em compensação, têm mãos (ou cascos) para pegar os alimentos e dentição plana para moer as verduras, frutas e grãos.

Além disso, o intestino dos carnívoros é curto, digerindo rapidamente a carne e excretando os produtos residuais; os herbívoros têm intestinos largos, permitindo um tempo maior para digerir os nutrientes dos alimentos vegetais.

Quanto à forma de refrescamento corporal, os carnívoros ofegam e lambem água; os herbívoros, em contraste, suam para se refrescar e tragam ou bebem a água.

Outras características fisiológicas também diferenciam o animal herbívoro do carnívoro. Por exemplo, o gato doméstico, carnívoro "forçado", não pode utilizar betacaroteno como precursor de vitamina A, tampouco produzir um ácido graxo essencial, o araquidônico, através do ácido linoleico presente nas plantas[53]. Por outro lado, os carnívoros podem sintetizar sua própria vitamina C, que é virtualmente ausente na carne e produtos lácteos; os herbívoros obtêm sua vitamina C de alimentos vegetais.

E DEUS TINHA RAZÃO...

Se na natureza há seres "desenhados" ou "criados" para serem herbívoros ou carnívoros, cabe-nos perguntar por que Deus, a Força Superior ou a Natureza permitiu que existissem seres cuja missão seria matar e outros de evitar serem mortos? Como escreveu o doutor Richard Dawkins, um crítico do criacionismo: "Parece que o leopardo foi criado por uma divindade e as gazelas, por uma divindade rival... Se houvesse somente um Criador, como explicar que o tigre e o cordeiro, o leopardo e a gazela tenham sido 'desenhados' por Ele? Então, do que está brincando?"

Como vimos, a espécie humana foi desenhada para subsistir em uma base principal ou totalmente vegetariana, mas, em algum momento de sua história evolutiva, adquiriu o hábito de consumir carne. Talvez a maioria dos antropólogos concorde que o consumo de carne contribuiu para formar o ambiente físico e social que selecionou características e que distinguiu os seres humanos dos macacos. Segundo eles, o consumo de carne associado ao homem, em relação ao grau de especialização evolutiva, deixa-nos acima dos outros animais. No entanto, isso contradiz o fato demonstrado atualmente de que o consumo de carne é prejudicial ao ser humano. Como poderia contribuir ao perfeccionismo evolutivo uma característica que atenta contra a qualidade de vida da espécie?

Apesar disso, a ideia do "homem caçador" tem conquistado a mente de alguns. Foi Charles Darwin que, em seu livro *A descendência do homem,* escrito em 1871, apresentou pela primeira vez a ideia da caça como catalisador que selecionou um cérebro maior, dentição canina reduzida e bipedalismo, dessa maneira dividindo a linhagem dos humanos e dos macacos. A partir dele, os antropólogos têm tratado de "acomodar" os achados fósseis sob o esquema darwiniano. Tanto é assim que Raymond Dart, descobridor do gênero *Australopitecus,* passou mais de trinta anos demonstrando que esse hominídeo pode ter matado os animais cujos ossos foram encontrados frequentemente misturados aos seus. No entanto, para complicar o problema da ausência de ferramentas ósseas nesses sítios, Dart sugeriu uma ferramenta osteodontoquerática e armas construídas a partir de ossos, dentes e chifres de animais! Outros partidários modernos da mesma ideia são Richard Lee e Irvin De Vore, que em seu livro *Man the hunter*, escrito em 1968, ilustraram o quadro assim: os proto-hominídeos usurparam a savana, aumentando sua dieta vegetariana com quantidades crescentes de carne (por que o fizeram?). A caça premiou a previsão e a destreza, selecionando cérebros maiores e mãos mais hábeis; essas características aumentaram a capacidade para a tecnologia, fomentando a inteligência e aumentando a pressão seletiva natural. Segundo eles, a caça chegou a ser o motor de um ciclo autossustentável de evolução social e intelectual[55]. Paradoxalmente, como afirmam os especialistas antropólogos Blumenschine e Cavallo, da Universidade de Rutgers, nos Estados Unidos, todo esse esquema sofisticado está baseado mais em preconceitos sexuais e outros do que sobre registros de fósseis ou da ecologia dos alimentos encontrados. E mais: segundo os especialistas, o homem não chegou a ser carnívoro tornando-se caçador, mas tornando-se uma "hiena humana", um aproveitador dos cadáveres de animais mortos pelos predadores ou carnívoros verdadeiros[55].

Sob qualquer um desses prismas, eu também acredito que o consumo de carne afetou o cabedal genético dos seres humanos. Mas considero que essa influência não foi para o bem do homem; pelo contrário, representou a perda de características que provavelmente os seres humanos tiveram em certo tempo de sua existência evolutiva, como a saúde e a longevidade. Será que poderíamos dizer que o homem, depois de se tornar carnívoro, iniciou um "processo involutivo"?

Então, Deus tinha razão ao dar sua primeira ordem, indicação ou recomendação ao primeiro homem: "Eis que vos dou toda a erva que dá semente sobre a terra e todas as árvores frutíferas que contêm em si mesmas a sua semente, para que vos sirvam de alimento"[56].

Não seria esta a primeira vez que alguém remete aos fatos bíblicos. Os geneticistas Allan Wilson (Universidade da Califórnia) e Rebeca Cann (Universidade do Hawai)[57], contrapondo-se aos paleoantropólogos, concluíram, baseando-se em estudos genéticos, que o registro evolutivo do DNA mitocondrial poderia ser rastreado até uma fêmea única, chamada Eva, que viveu na África há aproximadamente 200.000 anos.

ENTRE O PASSADO E O FUTURO DO HOMEM

O fato de eu não considerar que o consumo de carne tenha sido o responsável pelo nível evolutivo avançado obtido pelo *Homo* não quer dizer que eu negue que a dieta tenha sido um fator crítico em sua evolução. Penso que a original e verdadeira dieta baseada em alimentos vegetais destinada ao homem foi o que lhe permitiu uma certa liderança sobre as outras espécies animais. Em apoio a essa tese, há o trabalho da antropóloga Katharine Milton, professora da Universidade da Califórnia[59], que, interessando-se pelo papel da dieta na evolução dos primatas, chegou a estudar na selva tropical de Barro Colorado, no Panamá, o comportamento alimentar de certos macacos, analisando duas espécies de primatas do Novo Mundo: o bugio (*Ateles geoffroyi*) e o macaco-aranha com mãos negras (*Alouatta palliata*). Ela observou que, apesar de ambos proverem de um ancestral comum, terem o mesmo tamanho, serem totalmente arbóreos e consumirem uma dieta predominantemente vegetariana, constituída por frutas e folhas, conservam diferenças dietéticas entre si. O comportamento alimentar do macaco-aranha é mais sofisticado que o do bugio. O macaco-aranha é um especialista em selecionar frutos maduros, além de mostrar um comportamento adaptativo à disponibilidade sazonal de alimentos. Ao buscar alguma correlação anatomofisiológica para isso, a doutora Milton constatou que o cérebro do macaco-aranha pesa, em média, mais que o dobro do cérebro do bugio. Como sustenta a pesquisadora, os alimentos vegetais assumiram uma crescente importância no tempo evolucionário; a seleção deu lugar aos traços agora considerados característicos dos primatas. Esses traços facilitaram sua movimentação e o aproveitamento das árvores, por exemplo (mãos adequadas pegam as ramas e as manipulam com delicadeza); garantiram perfeccionismo da percepção visual, ajudando os primatas a viajarem através do espaço tridimensional das árvores e a discernir a presença de frutos maduros ou folhas macias, favorecendo a capacidade de aprender e recordar a identidade e localização das partes comestíveis. Como ela disse, "verdadeiramente, nós somos o que comemos"[59].

Nosso planeta, com uma média calculada, possui 4,6 bilhões de anos de existência; hospeda vida bacteriana, de acordo com os registros fósseis, há 3 bilhões de anos. Depois disso, houve o aparecimento das algas azuis-verdes, há 2,6 bilhões de anos, não ocorrendo maiores mudanças evolucionárias por uns 2 bilhões de anos, até tomar lugar a evolução do filo animal, há 500 milhões de anos. Essa evolução não foi resultado do acaso: ocorreu em resposta às condições mutantes. Como sustenta brilhantemente o doutor Michael Crawford[62], diretor do Instituto de Química Cerebral e Nutrição Humana do Hospital Hackney, em Londres, a evolução dos animais maiores e dos seres humanos ocorreu em meio rico, preparado pelas algas azuis-verdes, representando uma fonte importante de nutrientes. Dessa maneira, provavelmente a vida animal evoluiu em um ambiente rico em ácidos graxos ômega-3 (n-3), tocoferol e carotenos, todos de origem vegetal. Outro especialista, o doutor Hardy[63], propôs há mais de trinta anos a ideia do *Homo aquaticus*. Ele sugeriu que o homem possa ter evoluído em um meio aquático antes da savana. Baseou-se em evidências fisiológicas e anatômicas, aventando a hipótese de que as adaptações fisiológicas do homem não eram as mesmas de uma espécie de savanas, mas parecidas às dos mamíferos marinhos: perda de água para manter a temperatura corpórea estável frente ao calor, camada de tecido subcutâneo, ausência de pelagem, presença de reflexo de mergulho e o fato de que o bebê pode nadar ao nascer, antes de aprender a caminhar. Tudo isso nos remete a uma história aquática do homem.

De onde veio e para onde vai o homem? Seja aquático, seja terrestre, ou querendo chegar às estrelas, como os astronautas da Apolo, enviados ao espaço com uma dieta pouco natural, pobre em fibras[64], o homem nunca deverá esquecer seu destino dietético.

O NOVO HOMO SAPIENS

A importância de uma mudança atual em nosso estilo de vida, especificamente em nossa alimentação, também poderia ser crucial para o aperfeiçoamento do genoma humano das próximas gerações. A exploração das inter-relações de nutrientes com o genoma do homem e com as técnicas de biologia molecular provavelmente confirmará, no futuro, que o que comemos afeta alguns e talvez todos os nossos 100.000 genes. A regulação da expressão de genes por nutrientes específicos é uma área de estudo muito recente. Nos últimos anos, diversos fatores dietéticos têm sido implicados como modificadores específicos da expressão de genes. Tem-se observado que nutrientes como ácidos graxos insaturados, colesterol, glicose, minerais específicos e vitaminas lipossolúveis podem afetar as proteínas e outros elementos do núcleo celular que regulam a transcrição; também podem influenciar os eventos de processamento do ácido ribonucleico (RNA) nuclear, como encaixe e leitura, assim como afetar as proteínas citossólicas que modificam a estabilidade e a velocidade de tradução do RNAm (ácido ribonucleico mensageiro)[65].

Será que as diferenças fisiológicas resultantes em vegetarianos poderão ser codificadas em seus genes e ser transmitidas a seus descendentes? Eu acredito que sim.

A DÍVIDA DOS CIENTISTAS E DOS POLÍTICOS

Sempre dizem que toda força que tente mudar o estado imperante sofrerá uma reação repressora. Não é desconhecido para ninguém que a realidade econômica que sustenta os fenômenos nutricionais que ocorrem atualmente em nossa sociedade esteja caracterizada por um consumismo significativo de produtos animais, principalmente carne e derivados. Grandes recursos econômicos, científicos e humanos são destinados constantemente para manter o *status quo*, que se reflete no restaurante da esquina, na cantina da escola, na comida do hospital, em prêmios para as novas técnicas de criação de animais, nos anúncios por todos os meios de comunicação etc.

Quem ou o que poderia mudar isso? Sei que não serei eu sozinho, já que é necessário mais que um homem ou uma mente para isso. No entanto, me consola o fato de que ao menos cada um de nós pode, sim, mudar seu próprio mundo, seu próprio microcosmo.

Algumas pessoas têm tentado cumprir tal comprometimento. Em 1971, foi publicado um interessante livro, *Dieta para um pequeno planeta*, que vendeu mais de 2 milhões de cópias em seus primeiros dez anos, mesmo sem publicidade. Seu autor é Francis Moore Lappe[66], um interessado nas causas da fome mundial. Depois das análises estatísticas, ele concluiu que, ao menos nos Estados Unidos, a produção de carne de vacas alimentadas com grãos e cereais desgastou os recursos que poderiam ser usados para alimentar os seres humanos, e a solução apontada foi o ovolactovegetarianismo. Além de proporcionar evidência de que os recursos agrícolas estavam sendo desgastados e o planeta degradado para saciar a fome norte-americana com carne, grãos e cereais, ele também advertiu sobre o problema da erosão dos solos, associada com a contínua semeadura e colheita de grãos para a alimentação animal. Demonstrou que são necessários 9,5 kg de proteína para produzir 0,45 kg de carne. O doutor Webster[68], da Universidade de Bristol, afirmou que nenhuma forma de produção animal consegue uma eficiência de 20% na conversão do alimento dado ao animal em alimento para o homem, quando os custos da alimentação dos animais produtores são levados em conta.

Outro homem foi mais além. Stephen Lewis[67] afirmou que o Banco Mundial e o Fundo Monetário Internacional são instrumentos dos impérios econômicos para um sistema de desenvolvimento de acordo com seus interesses. Como descreve: “Esses programas (de ajustes estruturais) estão baseados mais em considerações financeiras e pouco têm a ver com a condição humana”. Tais programas demandam a produção de grãos, café, algodão e outros artigos para exportação. Suas palavras não podem ser mais cruas e reais: “Se de fato os nutricionistas vegetarianos querem produzir um impacto sobre os padrões de nutrição mundial, as dívidas e a distorção das economias locais que o mundo desenvolvido tem gerado nos países em desenvolvimento deveriam ser as rotas”. Essa é nossa dívida.

Provavelmente, se seres extraterrestres tivessem visto nosso passado pré-histórico e nossa realidade alimentar atual tão diferente, surpreender-se-iam com a atitude contraditória dos profissionais da nutrição, que recomendam o consumo de carne – consumindo-a eles mesmos em seus congressos – sabendo que é prejudicial à saúde. Também iriam se perguntar sob quais parâmetros categorizam os animais que sacrificam para sua alimentação. Veriam que evitamos comer nossos semelhantes, mas não respeitamos a vida de outros animais. Simplesmente os matamos. O atrevido a imaginar isso foi Nick Fides, antropólogo da Universidade de Edimburgo[69]. Eu não o imagino, simplesmente acredito que seja assim mesmo.

A constante referência que faço à dieta vegetariana, sobretudo se não é o tipo de dieta de quem está me lendo ou ouvindo, pode ser difícil de suportar. Recordo que muitas vezes, durante algumas palestras para o público em geral, muitas pessoas se indispunham quando me referia aos perigos à saúde relacionados ao consumo de carne. A elas eu dizia, assim como posso dizer a você, que sei como é difícil uma mudança no estilo de vida, como mudar a forma de alimentação. A luta contra um costume adquirido desde a infância é árdua, a atitude da família ou o ambiente social ou de trabalho pode desanimar, mas a convicção do porquê devemos fazê-lo vem em primeiro lugar. Se você está acostumado a comer carne os sete dias da semana e, depois de ler este livro, decidir que somente o fará em seis dias da semana, já merecerá meus parabéns.

REFERÊNCIAS BIBLIOGRÁFICAS

1. Nieman DC. Vegetarian dietary practices and endurance perfomance. Am J Clin Nutr. 1988;48:754-61.
2. Jornal El Expreso, Lima. 1988 mar 1.
3. Berry E. The effects of a high and low protein diet on physical efficiency. Am Phys Ed Rev. 1909;14:288-97.
4. Fisher I. The influence of flesh-eating on endurance. Yale Med J. 1906-07;13:205-21.
5. Cerqueira MT et al. The food and nutrient intakes of Tarahumara Indians of Mexico. Am J Clin Nutr. 1979;32:905-15.
6. Groom D. Cardiovascular observations on Tarahumara Indians runners, the modern spartans. Am Heart J. 1971;81:304-14.
7. Connor WE et al. The plasma lipids, lipoproteins and diet of the Tarahumara Indians of Mexico. Am J Clin Nutr. 1978;31:1131-42.
8. Holly RG et al. Tri-athlete characterization and response to prolonged strenous competition. Med Sci Sports Exerc. 1986;18:123-7.
9. Carpenter KJ. Protein requirements of adults from an evolutionary perspective. Am J Clin Nutr. 1992;55:913-7.
10. Olwens D et al. Testosterone, agression, physical and personality dimensions in normal adolescent males. Psychosom Med. 1980;42:253-69.
11. Rada RT et al. Plasma testosterone levels in rapist. Psychosom Med. 1976;38:257-68.
12. Wel M et al. Total cholesterol and high density-lipoprotein cholesterol as important predictors of erectile dysfunction. Am J Epidemiol. 1994;140:930-7.
13. Michal V. Arterial disease as a cause of impotence. Clin Endocrinol Metab. 1982;11:725-48.
14. Mulligan T et al. Why aged men become impotent. Arch Intern Med. 1989;149:1365-6.
15. Virag R et al. Is impotence an arterial disorder? A study of arterial risk factors in 440 impotent men. Lancet. 1985;1:181-4.
16. Sacks FM et al. Effect of ingestion of meat and plasma cholesterol of vegetarians. JAMA. 1981;246:640-6.
17. Dwyer JT et al. Mental age and IQ of predominantly vegetarian children. J Am Diet Assoc. 1980;76:142-7.

18. Hevens MC et al. Nutrition and mental development of 4-5 year old children on macrobiotic diets. J Hum Nutr Dietet. 1991.

19. Phillips F et al. Isocaloric diet changes and electroencephalographic sleep. Lancet. 11975;2:723-5.

20. Ellis FR et al. The health of vegans. Plant Foods Hun Nutr. 1971;2(2):93-103.

21. Crews DE. Biological anthropology and human aging:some current directions in aging research. Annu Rev Anthropol. 1993;22:395-423.

22. Kent S. The evolution of longevity. Geriatrics. 1980 Jan:98-104.

23. Cutler RG. Evolution of longevity in primates. J Hum Evolution. 1976;5:169-202.

24. Bíblia Sagrada. Gênesis: cap. 5, vers. 27.

25. Bíblia Sagrada. Deuteronômio: cap. 34, vers. 10.

26. Keys A et al. The diet and all causes death rate in the Seven Countries Study. Lancet. 1981;2:58-61.

27. Kromhout D et al. Dietary fiber and 10 year mortality from coronary heart disease, cancer and all causes. Lancet. 1982;2:58-61.

28. Chope HD. Relation of nutrition to health in aging persons. Calif Med. 1954;81:335-8.

29. Phillips RL et al. Mortality among California Seventh-day Adventists for selected cancer sites. JNCI 1980;65:1097-1107.

30. Chang-Claude J et al. Dietary and lifestyle determinants of mortality among German vegetarians. Int J Epidemiol. 1993;22:228-36.

31. Burr ML et al. Heart disease in British vegetarians. Am J Clin Nutr. 1988;48:830-2.

32. Thorogood M et al. Risk of death from cancer and ischaemic heart disease in meat-eaters and non-meat eaters. Br Med J. 1994;308:1667-71.

33. Leaf A. Every day is a gift when you are over 100. National Geographic; 43(1):92-119.

34. Kirkwood T. Comparative life span of species:why do species have the life spans they do? Am J Clin Nutr. 1992;1191S-5S.

35. Randal J. Monkey diet may hold clues for finding anti-HIV drugs. JNCI. 1995;87(11):790-2.

36. Snowdon DA et al. Is early natural menopause a biologic marker of health and aging? Am J Public Health. 1989;79:709-14.

37. McCay et al. The effect of retarded growth upon the length of life span and upon the ultimate body size. J Nutr. 1935;10:63-79.

38. Bíblia Sagrada. Gênesis: cap. 6, vers. 3.

39. Ross MH. Length of life and nutrition in the rat. J Nutr. 1961;75:197-210.

40. Yu BP et al. Life span study of SPF Fischer 344 male rats fed ad libitum or restricted diets: longevity, growth, lean body mass and disease. J Gerontol. 1982;37 130-41.

41. Maeda H et al. Nutritional influences on aging of Fischer 344 rats. II. Pathology. J Gerontol. 1985;40:671-88.

42. Weindruch R et al. The retardation of aging in mice by dietary restriction: longevity, cancer, immunity and lifetime energy intake. J Nutr. 1986;116: 641-54.

43. Singh VN. A current perspective on nutrition and exercise. J Nutr. 1992;122:760-5.

44. Sheridan JF et al. Restraint-induced stress differentially affects anti-viral cellular and hormoral immune responses. J Neuroimmunol. 1991;31:245- 55.

45. Esterling B et al. Chronic stress, social support and persistent alterations in the natural killer cell response to cytokines in older adults. Health Psychol. 1994;13:291-99.

46. Kielcot-Glaser JK et al. Slowing of wound healing by psychological stress. Lancet. 1995;346:1194-6.

47. Savitz DA et al. Case-control study of childhood cancer and exposure to 60 Hz magnetic field. Am J Epidem. 1988;128:21-8.

48. Sagan LA. Epidemiological and laboratory studies of power frequency electric and magnetic fields. JAMA. 1992;268(5):625-9.

49. Loscher W et al. Animal studies on the role of 50/60 Hertz magnetic fields in carcinogenesis. Life Sci. 1994;54(21):1531-43.

50. Kay RF. Dental evidence for the diet of Australopithecus. Ann Rev Anthropol. 1985;14:315-41.

51. Pilbeam D et al. Size and scaling in human evolution. Science. 1974;186:892-901.

52. Roberts WC. We think we are one, we act as if we are one, but we are not one. Am J Cardiol. 1990;66:896.

53. MacDonald ML et al. Nutrition of the domestic cat, a mammalian carnivore. Ann Rev Nutr. 1984;4:521-62.

54. Whorton JC. Historical development of vegetarianism. Am J Clin Nutr. 1994;59(Suppl):1103S-9S.

55. Blumenshine RJ et al. Scavening and human evolution. Sci Am. 1992 Oc:70-6.

56. Bíblia Sagrada. Gênesis: cap. 1, vers. 29-30.

57. Wilson AC et al. The recent african genesis of humans. Sci Am. 1992 Apr:22-7.

58. Jornal El Comercio, Lima. 1993 mar 1.

59. Milton K. Diet and primate evolution. Sci Am. 1993 Aug:70-7.

60. Weindruch R. Caloric restriction and aging. Sci Am. 1996 Jan:32-8.

61. Maislos M et al. Marked increase in plasma high-density lipoprotein cholesterol after prolonged fasting during Ramadan. Am J Clin Nutr. 1993;57:640-2.

62. Crawford MA. The role of dietary fatty acids in biology: their place in the evolution of the human brain. Nutrit Rev. 1992;50:3-11.

63. Hardy A. Was man more aquatic in the past? New Scient. 1960;642-5.

64. Huang Ch T et al. Fiber, intestinal sterols and colon cancer. Am J Clin Nutr. 1978;31:516-26.

65. Clarke SD et al. Gene expression: nutrient control of pre- and post-transcriptional events. FASEB J. 1992;6:3146-52.

66. Gussow JD. Ecology and vegetarian considerations: does environmental responsability demand the elimination of livestock? Am J Clin Nutr. 1994;59(Suppl):1110S-6S.

67. Lewis S. An opinion on the global impact of meat consumption. Am J Clin Nutr. 1994;59 (supl):1099S-102S.

68. Webster AJ. Meat and right: the ethical dilemma. Proceed Nutr Soc. 1994;53:263-70.

69. Fiddes N. Social aspects of meat eating. Proc Nutr Soc. 1994;53:271-80.

ODISSEIA 2010: O VEGETARIANISMO NO TERCEIRO MILÊNIO

Desde que os primeiros capítulos desta obra foram escritos, testemunhamos novos estudos científicos em novas áreas da medicina (com os quais contribuí pessoalmente[1-4]), participamos como palestrantes de eventos internacionais como o 5th International Congress on Vegetarian Nutrition, em Loma Linda, Califórnia, Estados Unidos (2008), o 36th Vegetarian World Congress, em Florianópolis (2004) e o 1º Congresso Latino-americano de Vegetarianismo, em São Paulo (2006); a mídia apresentou personagens inesquecíveis como Prot, do filme *K-PAX – O caminho da luz* (2001), encarnando um ser supostamente vindo de outro planeta, onde os seres mais adiantados eram vegetarianos;* nos cardápios das companhias aéreas e eventos científicos internacionais, como o Transplantation World Congress em Boston (2006), são oferecidas opções vegetarianas; e nas discussões e na luta pelos problemas ambientais da contaminação e do efeito estufa são mostrados o impacto negativo da indústria e da pecuária e o potencial benefício de uma mudança mundial para uma dieta vegetariana. Um relatório da FAO apontou que os níveis atuais de produção de carne representam entre 14% e 22% dos 36 bilhões de toneladas de gases estufa em CO_2 equivalente que o mundo produz anualmente. A produção de 250 g de hambúrguer para um lanche libera tanto gás estufa para atmosfera quanto um carro durante uma viagem de 15 km[5].

Por outro lado, entidades acadêmicas, ainda que de forma muito conservadora, reconhecem que a dieta vegetariana balanceada não somente é uma alternativa nutricional benéfica como também eficiente na prevenção de diversas doenças crônicas. Em 2003, a Organização Mundial de Saúde reconheceu que a demanda

* A personagem Prot é um homem misterioso, que afirma continuamente ter vindo do planeta K-PAX, distante 1.000 anos-luz da Terra. Por causa disso, ele é internado em um hospício, onde conhece o doutor Mark Powell, um psiquiatra disposto a provar que ele na verdade sofre de um grave distúrbio de personalidade. Mas as descrições de *prot* sobre como é a vida em seu planeta acabam encantando os demais pacientes do hospício, fazendo com que eles queiram ir com *prot* quando ele diz que o dia em que deverá voltar ao seu planeta está próximo.

crescente da pecuária tem um impacto indesejável sobre o ambiente e enfaticamente recomendou o consumo de alimentos vegetais. Por exemplo, estima-se que o número de pessoas alimentadas por hectare em um ano oscile entre 22 para as batatas, dezenove para o arroz e uma e duas para a carne bovina e caprina, respectivamente. A baixa conversão de energia da alimentação com carne é outro problema, já que parte dos cereais é direcionada como alimento à produção pecuária. Igualmente, a água e a terra utilizadas para produção da carne serão o principal problema na medida em que a demanda crescente de produtos de origem animal resulte em sistemas de produção de pecuária mais intensiva[6].

Relatos de casos de deficiências vitamínicas com diferentes manifestações clínicas, principalmente neurológicas e de anemia, tanto em adultos como em crianças avaliados com os mais modernos métodos diagnósticos, têm continuado a aparecer em diversos países do mundo[7-20], confirmando a necessidade da adequação das dietas vegetarianas e de suplementação de vitamina B_{12} nos casos de dieta vegetariana estrita.

Recentemente algumas doenças digestivas têm mostrado resultados positivos ao serem tratadas com uma dieta semivegetariana*. O doutor Mitsuro Chiba, do Hospital Geral de Nakadori, no Japão, pesquisando o efeito dessa dieta em 22 pacientes com doença de Crohn (inflamação crônica intestinal) que alcançaram remissão, um grupo com alto risco de recaída, descobriu que a dieta semivegetariana foi altamente eficaz na prevenção dessa recaída[21].

No campo das doenças cardiovasculares, contribuímos com pesquisas na América Latina e constatamos que os indivíduos semivegetarianos representam uma ponte ou elo intermediário entre os indivíduos vegetarianos e os onívoros. No "Estudo de Lima"[1,2], ao analisar 105 vegetarianos, 34 semivegetarianos e 45 onívoros peruanos, constatamos que 2,9% dos vegetarianos são hipertensos, comparado a 13,3% de hipertensos onívoros, e que os índices de CT/HDL e LDL/HDL (quanto mais alto, maior o risco cardiovascular) eram menores nos vegetarianos e semivegetarianos que nos onívoros. No "Sao Paulo Study"[3,4], avaliando 65 vegetarianos, trinta semivegetarianos e 41 onívoros, percebemos que a pressão sanguínea e a prevalência de hipertensão e dislipidemia foi menor nos indivíduos vegetarianos que nos onívoros, ficando os semivegetarianos numa posição intermediária. Adicionalmente, calculando a probabilidade da ocorrência de um evento coronário nos próximos dez anos que resulte em morte súbita, utilizando o escore de Framingham, também se verificou que os vegetarianos tinham menos chances de desenvolver futuramente essa fatalidade comparados aos onívoros.

* No senso estrito, a dieta semivegetariana não pertenceria à categoria de dieta vegetariana. No estudo citado, dieta semivegetariana foi definida como uma dieta vegetariana com consumo ocasional de peixe (pisco vegetariana). Em outros estudos, dieta semivegetariana foi definida como consumo pouco frequente de carne (aproximadamente 2-3 refeições por semana).

Por outro lado, pesquisas recentes têm revelado novos mecanismos bioquímicos e moleculares, explicando melhor as diferenças entre indivíduos vegetarianos e onívoros. O doutor Lu e colaboradores da Universidade Nacional de Taiwan[22], comparando 109 vegetarianos estritos e lactovegetarianos a onívoros, além de achar as mesmas diferenças nos lipídios observadas por estudos prévios, notaram que as dietas vegetarianas diminuem a suscetibilidade do LDL-C à oxidação, fenômeno último que contribui para aterosclerose. O doutor Blacklock e colaboradores do Hospital Dumfries, na Escócia[23], determinando as concentrações sanguíneas de ácido salicílico (princípio ativo de medicamento antiagregante plaquetário por excelência para pacientes coronários) em 37 vegetarianos e 39 onívoros, comparado a catorze pacientes tomando essa medicação, acharam dados que mostram que uma dieta rica em frutas e verduras contribui para a presença de ácido salicílico *in vivo*. O doutor Lin, do Hospital Budista Tzu Chi, em Taiwan[24], avaliando as diferenças nas funções dilatadoras vasculares de vinte indivíduos vegetarianos e vinte onívoros através de método ultrassonográfico mediado por fluxo (dependente de endotélio) e induzido por nitroglicerina (independente de endotélio), notaram que ambas as respostas de vasodilatação foram significativamente melhores nos vegetarianos e que o grau de vasodilatação parecia estar correlacionado com os anos de dieta vegetariana.

O doutor Purschwitz e colaboradores da Universidade de Leipzig, na Alemanha, interessados nas moléculas de adesão de leucócitos como fatores na aterosclerose[25], avaliaram os níveis circulantes de selectina E, ICAM-1 e da molécula de adesão vascular-1 no sangue em 83 vegetarianos e 303 indivíduos da média da população. Os vegetarianos foram caracterizados por um perfil lipídico favorável, uma baixa prevalência de fatores de risco comuns para a aterosclerose e também uma tendência para menores níveis de ICAM-1, em comparação com indivíduos controle. Por outro lado, níveis significativamente mais baixos de selectina E foram encontrados nos vegetarianos. Os baixos níveis de selectina E em vegetarianos podem refletir o perfil favorável de risco cardiovascular desse grupo.

O doutor Fu e colaboradores do Hospital Budista Dalin Tzu, em Taiwan[26], trabalharam na hipótese de que, a longo prazo, as dietas vegetarianas possam modular a função autonômica cardiovascular (avaliada pela análise da variabilidade da frequência cardíaca) em mulheres pós-menopáusicas saudáveis. Foram avaliadas 35 vegetarianas e 35 onívoras, todas na pós-menopausa, sem terapia de reposição hormonal, e os resultados indicavam que, a longo prazo, as dietas vegetarianas podem facilitar a regulação vagal do coração e aumentar a sensibilidade do barorreflexo em mulheres pós-menopáusicas saudáveis, sem o aumento da modulação simpática do sistema cardiovascular. Num estudo complementar[27] os mesmos pesquisadores avaliaram setenta mulheres pós-menopáusicas saudáveis sem terapia de reposição, sendo 35 vegetarianas e 35 onívoras, e acharam que os aumentos da atividade vagal cardíaca e da sensibilidade do barorreflexo causados pela dieta vegetariana em mulheres pós-menopáusicas eram inversamente proporcionais aos níveis de LDL-colesterol.

Por outro lado, novas evidências também confirmam os efeitos terapêuticos da dieta vegetariana, associada ou não a terapias complementares, para o tratamento de doentes que têm tido complicações relacionadas a aterosclerose. O doutor Schmidt e colaboradores da Universidade de Hanôver, na Alemanha[28], estudando alterações nos fatores de risco cardiovascular e nas taxas de hormônios em participantes de um programa de três meses de duração que compreendia ioga, meditação e dieta lactovegetariana, acharam uma redução substancial dos fatores de risco. O IMC, o colesterol total, o LDL e o fibrinogênio sérico, assim como a pressão sanguínea, foram reduzidos significativamente. A excreção urinária de adrenalina, noradrenalina, dopamina e aldosterona, assim como os níveis séricos de testosterona e hormônio luteinizante foram reduzidos, entretanto a excreção de cortisol incrementou significativamente nos participantes desde o programa, comparado a valores iniciais.

Frente a essas evidências, alguns especialistas têm criticado duramente a tendência da cardiologia moderna. O doutor Caldwell Esselstyn, da Fundação Clínica de Cleveland, de Ohio, Estados Unidos29, afirmou dramaticamente que

> a cardiologia moderna tem abandonado o caminho da cura da doença cardíaca. Suas intervenções agressivas, como a cirurgia de revascularização miocárdica, a aterectomia, a angioplastia com *Stent*, não reduzem a frequência de novos eventos coronários ou prolongam a supervivência, exceto em um pequeno grupo específico de pacientes. Para a maioria dos pacientes esses procedimentos não tratam as placas ateroscleróticas ameaçadoras da vida. Dessa maneira é claro que o objetivo da cardiologia tem se direcionado para o alívio da dor e dos sintomas frente a uma incapacidade progressiva em evitar a morte do paciente. É hora de chamá-la pelo seu verdadeiro nome: cardiologia paliativa.

Também na área das doenças metabólicas e renais os resultados das pesquisas mais modernas confirmam os primeiros achados e esclarecem mais claramente os mecanismos. Tem sido demonstrado recentemente que a sensibilidade alterada à insulina tem um papel importante em condições como a obesidade, a hipertensão, a dislipidemia e a aterosclerose, assim como está associada à disfunção endotelial, que pode levar a um risco cardiovascular aumentado. Para comparar os índices de sensibilidade à insulina entre vegetarianos e onívoros, o doutor Kuo e colaboradores do Hospital Budista Dalin Tzu, em Taiwan[30], estudaram 36 voluntários saudáveis, sendo dezenove vegetarianos e dezessete onívoros, que apresentaram níveis normais de glicose plasmática em jejum e constataram que os vegetarianos são mais sensíveis à insulina do que os congêneres onívoro. Esse grau de sensibilidade à insulina parece estar relacionado com os anos de dieta vegetariana. Em outro estudo, Hung e colaboradores encontraram resultados similares nos 49 vegetarianos adultos jovens, que apresentavam menores níveis de glicose e insulina e maior sensibilidade à insulina do que seus contrapartes onívoros[31].

O doutor Piccoli e colaboradores da Universidade de Turim[32], na Itália, avaliando o valor terapêutico da dieta vegetariana com um índice baixo de proteína (0,6 g/kg/dia) suplementada com alfa-cetoanálogos em nove pacientes diabéticos tipo 1 em espera para transplante de rim-pâncreas, demonstraram que essa dieta pode ser uma ferramenta útil para retardar a progressão da doença renal crônica, enquanto os pacientes aguardam o transplante de rim-pâncreas.

No campo do câncer, evidência científica ainda mais espetacular foi mostrada pelos efeitos terapêuticos da dieta vegetariana em pacientes com câncer já desenvolvido pelo menos no caso de um paciente com câncer de grau avançado, como será descrito mais à frente. O doutor Ornish e colaboradores do Instituto de Pesquisa de Medicina Preventiva em São Francisco[33], ao avaliar os efeitos de mudanças no estilo de vida, incluindo dieta vegetariana, durante um ano, sobre os indicadores clínicos de progressão de câncer de próstata demonstrada por biopsia em 93 pacientes, divididos em grupo experimental, com mudanças no estilo de vida, e grupo controle, observaram que o PSA (antígeno prostático específico, substância que monitora a progressão do câncer de próstata) diminuiu 4% no grupo experimental, mas incrementou 6% no grupo controle. O crescimento de células tumorais foi inibido quase oito vezes mais pelo soro do grupo experimental que do grupo controle. No outro estudo o doutor Saxe e colaboradores da Universidade da Califórnia[34], avaliando o efeito de uma dieta vegetariana reforçada com treinamento em lidar com o stress em catorze pacientes com câncer de próstata recorrente, demonstraram também que com o programa de tratamento houve uma redução significativa do PSA.

Um caso que beira a ficção foi apresentado pelos doutores Jelinek e Gawler, da Universidade de Melbourne, na Austrália, que tinham relatado em 1978 o caso de um jovem de 25 anos com osteosarcoma disseminado, comprovado histologicamente com biopsia pulmonar, cujas metástases regrediram após tratamento com dieta vegetariana e meditação intensiva, verificando-se que, trinta anos depois, não havia recorrência desse câncer e que o paciente estava bem de saúde[35].

O tempo daria certo valor visionário a previsões (final do capítulo 7) sobre o aparecimento de futuras doenças relacionadas ao consumo de carnes, como a epidemia da vaca louca[36-37], a ideia de que a transmissão do retrovírus simiano do HIV se deve ao hábito das populações africanas de preparar e consumir carne de macaco (sustentada pela doutora Beatrice Hahn e colaboradores[38]), assim como o papel da criação de animais na transmissão da gripe aviária, que causou um surto na Ásia e se espalhou pela Europa*, além da epidemia da gripe suína. Em 2003, pesquisadores chineses anunciaram ter encontrado o vírus da sars

* As preocupações se refletem em notícias como: "Romênia detecta novo foco do vírus" (*O Estado de São Paulo*, 29/10/2005, A42); "Gripe do frango chega à Europa ocidental" (*Folha de São Paulo*, 12/2/2006, A23). Nessa época, o especialista John Oxford, da Universidade Queen Mary, em entrevista à *Folha de São Paulo*, disse: "Não há dúvida de que é seguro comer a carne depois de cozida, porque esse vírus não resiste nem mesmo a pouco calor, 50 ou 60 graus já o matam. O problema pode surgir quando você manuseia o frango, arranca suas penas, tripas e cabeça. [...] Há complacência com o H5N1". (*Folha de São Paulo*, 5/3/2006, A21). Notícias posteriores indicaram as consequências de tal negligência: "Gripe aviária pode causar estrago na economia mundial" (*O Estado de São Paulo*, 28/3/2006, B10); "OMS confirma transmissão de gripe aviária entre humanos" (*O Estado de São Paulo*, 28/12/2007, A14.)

(Síndrome Respiratória Aguda Severa) em felinos comercializados como pratos chineses de luxo numa loja de alimentos[39]. Inclusive a recente epidemia da gripe suína foi prevista com vários anos de antecipação, de acordo com o jornalista Mckensie, que afirmou em 1998 que a influenza era uma preocupação especial devido à evidência de que porcos poderiam abrigar novas cepas do vírus, e que a influenza dos porcos está estreitamente relacionada à densidade deles nos locais onde são criados[40]. Esta última epidemia teve um impacto notavelmente maior e uma pressão da mídia a ponto de autoridades nacionais e internacionais da OMS serem induzidas a recomendar à população que o consumo de carne de porco não trazia risco de transmissão da doença e a trocar o nome da gripe suína para gripe H1N1, tudo isso associado à poderosa pressão da indústria de carne, que logicamente estava sendo afetada pelo medo da população da possibilidade de risco da epidemia de gripe suína associada ao consumo de produtos suínos*.

Novas moléstias têm sido associadas ao consumo de carne, como a "alergia à bisteca", que alguns pesquisadores, como o doutor Hollander, da Universidade John Hopkins, em Baltimore, acreditam ser a causa da "síndrome do Golfo Pérsico", caracterizada por fadiga, erupções cutâneas, sintomas respiratórios e gastrointestinais. De acordo com essa hipótese, o programa americano de imunização, que incluía toxinas de *Clostridium*, levou ao desenvolvimento de imunidade a outras substâncias, especificamente à proteína da bisteca. O doutor Hollemberg recomendou uma dieta vegetariana estrita para resolver este problema[41]. Outros estudos indicam que a prevalência desse problema alérgico é cada vez maior em crianças europeias[42].

Novas doenças crônicas degenerativas também têm retrocedido com o uso terapêutico da dieta vegetariana, independente das terapias farmacológicas convencionais utilizadas pelos especialistas médicos. O doutor Kaartinen e colaboradores da Universidade of Kuopio, na Finlândia[43], demonstraram o efeito benéfico de uma dieta vegetariana estrita no tratamento dos sintomas de dezoito pacientes com fibromialgia durante um período de intervenção de três meses. O doutor Huber, da Universidade de Freiburg[44], relatou o caso de um paciente de 33 anos com sacroileíte, diagnosticada por ressonância magnética, que, tendo recebido o

* Vejam a sequência destas notícias: "OMS alerta para o risco de pandemia de gripe suína. Um comitê especial vai discutir o novo vírus que matou ao menos vinte pessoas no México; não há vacina, mas existe remédio para tratamento" (*O Estado de São Paulo*, 26/4/2009, A26); "Gripe suína mata 22 no México e chega a Nova York. Vítimas em território mexicano podem ser mais de cem; EUA decretam emergência para conter disseminação" (*Folha de São Paulo*, 27/4/2009); "OMS decide tirar porco do nome da gripe. Pressão da indústria da carne e ausência de transmissão do animal para o homem no surto atual levam à decisão. Organização sugere chamar de 'Novo H1N1'; vice-diretor diz que o objetivo é evitar 'estigma'; ainda há dúvidas sobre o vírus"(*Folha de São Paulo*, 1/5/2009, A10); a infectologista Nancy Bellei afirmou que o aumento da criação de porcos pode ter contribuído para o surgimento da doença ("Os suínos precisam de uma vigilância". *O Estado de São Paulo*, 17/5/2009, A27).

tratamento padrão com fisioterapia e drogas anti-inflamatórias e analgésicas a altas doses, apresentou melhora do quadro clínico depois de adotar uma dieta vegetariana estrita, com o quase total desaparecimento dos sintomas. Donaldson e colaboradores[45] confirmariam esses resultados de efeito da dieta vegetariana em outros pacientes com a mesma doença nos Estados Unidos. O doutor Tanaka e colaboradores da Universidade de Osaka demonstraram o efeito terapêutico da dieta vegetariana em vinte pacientes com dermatite atópica severa[46].

Ineditamente têm sido relatados bons resultados no tratamento de doenças neurológicas, como a epilepsia crônica, num paciente de 22 anos pela equipe do doutor Chan e colaboradores da Universidade de Hong Kong, na China. Eles avaliaram o efeito terapêutico de um programa de estilo de vida baseado na abordagem tradicional de cura chinesa Shaolin Chan Wu Yi, que inclui dieta vegetariana[47].

Por outro lado, o complexo fenômeno do envelhecimento definitivamente está sendo afetado pelo tipo de dieta que consumimos. O doutor Singh e colaboradores da Universidade de Loma Linda[48], revisando dados de seis estudos de coorte e relatórios de novas descobertas sobre a expectativa de vida dos vegetarianos de longa duração, apoiam a ideia de que um padrão de vida que inclui ingestão muito baixa de carne está associado com maior longevidade.

Em outro estudo investigando o possível papel de diferentes dietas na manutenção da estabilidade genômica, Kazimírová e colaboradores do Instituto de Medicina Preventiva de Limbová, na Eslováquia[49], compararam 24 vegetarianos voluntários a 24 voluntários com hábitos alimentares tradicionais. O grupo com os hábitos alimentares tradicionais tinham níveis significativamente mais elevados de dano oxidativo ao DNA. Os resultados indicam que uma dieta vegetariana pode levar a uma diminuição no dano oxidativo ao DNA em linfócitos. Dano nas moléculas como consequência do estresse oxidativo tem sido implicado na patogênese de doenças crônicas relacionadas ao envelhecimento. Dessa maneira, produtos de dano oxidativo do DNA (quebras no DNA, com purinas ou pirimidinas oxidadas), lipídios (dienos conjugados de ácidos graxos) e proteínas (carbonilas) em relação à alimentação (dieta vegetariana vs. onívora) foram medidos por Krajcovicová-Kudlácková, da Universidade Médica de Bratislava, na Eslováquia[50], em mulheres jovens com idade entre 20 e 30 anos (46 vegetarianas e 48 onívoras) e comparados aos de mulheres mais velhas, com idade entre 60 e 70 anos (33 vegetarianas e 34 não vegetarianas). Os resultados sugerem que o aumento do dano oxidativo no envelhecimento pode ser prevenido pela alimentação vegetariana. Outro estudo realizado pelo doutor Karlic e colaboradores do Instituto Ludwig Boltzmann de Viena, na Áustria[51], comparou os padrões de expressão de genes relevantes na mucosa oral de onívoros e vegetarianos, e os resultados mostraram uma mudança clara no metabolismo das gorduras e uma síntese reduzida de colágeno nos vegetarianos, que também poderia desempenhar um papel no processo de envelhecimento. Essas evidências dão suporte científico adicional ao fato relatado pelo doutor Jayanthi, do Hospital Tamil Nad, na Índia, de que os xerpas do Himalaia, que são vegetarianos, estão preparados para os estresses mais severos aos quais o corpo humano pode ser exposto: altitude extrema, frio intenso e situações que exijam o máximo da resistência física[52].

Finalmente, com respeito às possibilidades de mudanças no universo microscópico, orgânico, fisiológico ou mental do indivíduo vegetariano, as descobertas não param de surgir. Nesse breve tempo, devo citar o estudo do doutor Mukherjee e colaboradores da Cumballa Hill Hospital de Mumbai, na Índia[53], que, tendo em vista que estudos prévios, tinham mostrado o comprimento dos telômeros* como sendo um marcador de envelhecimento, pesquisaram a associação de telômeros mais curtos com a prevalência de doenças coronarianas em indivíduos indianos e propuseram que havia uma forte tendência para sugerir que o comprimento do telômero podia ser marginalmente maior em indivíduos vegetarianos, comparado aos onívoros. Esse intrigante achado, segundo os cientistas, abre a possibilidade de que o conteúdo dietético e/ou os hábitos possam afetar a biologia do telômero.

Evidências científicas indicando mudanças fisiológicas ou comportamentais ainda maiores continuam a aparecer. O doutor Chatterjee e colaboradores do Instituto de Desenvolvimento e Ecologia na Índia[54] avaliaram o desenvolvimento de caracteres sexuais secundários no contexto de uma dieta vegetariana em cinquenta meninas de 8 a 18 anos e concluíram que uma dieta vegetariana pode ter um papel no retardo da maturação dos caracteres sexuais. Em outro curioso e interessante estudo, considerando que o odor axilar e corporal é individual – portanto uma potencial e rica fonte de informações sobre o seu produtor – e resultado, em parte, da individualidade genética, assim como da influência de fatores ecológicos, tais como os hábitos alimentares, os doutores Havlicek e Lenochova da Universidade de Praga, na República Tcheca[55], testaram o efeito do consumo de carne vermelha na atratividade através do odor corporal de dezessete voluntários submetidos a uma dieta vegetariana ou a uma onívora durante duas semanas. O odor dos voluntários foi avaliado por trinta mulheres, e os resultados mostraram que o odor de doadores durante a dieta vegetariana foi julgado muito mais atraente, mais agradável e menos intenso, com um impacto positivo sobre o aspecto sexual se comparado ao odor durante o período de dieta onívora.

A transcendência para o futuro da humanidade se reflete no interesse de diversos cientistas que têm pesquisado a relação entre a dieta e a capacidade atual e futura da fertilidade masculina. O doutor Dickman e colaboradores da Universidade de Hong Kong[56] estudaram a relação entre a subfertilidade masculina e o consumo de peixe. Concentrações de mercúrio, sustância que afeta negativamente a fertilidade masculina, encontradas no cabelo de 159 homens foram associadas positivamente com a idade. O mercúrio no cabelo de 117 homens subférteis (4,5 ppm) foi significativamente maior que os níveis de mer-

* Telômero: estrutura do ácido nucleico, encontrada nas extremidades dos cromossomos eucarióticos lineares, cuja função é manter a estabilidade celular.

cúrio de 42 homens férteis (3,9 ppm). Amostras de cabelo coletadas de dezesseis vegetarianos tiveram os mais baixos níveis de mercúrio. Em outro estudo, o doutor Rozati e colaboradores do Hospital Mahavir, na Índia[57], avaliaram o papel dos estrogênios ambientais bifenilos policlorados (PCBs) e dos ésteres de ftalato (PEs) como potenciais riscos ambientais na deterioração dos parâmetros do sêmen em 21 homens inférteis sem uma etiologia óbvia. A média mais elevada e as concentrações de PCB e PE foram encontradas primeiramente em pisco-vegetarianos urbanos, seguidos em ordem decrescente pelos pisco vegetarianos rurais, pelos vegetarianos urbanos e pelos vegetarianos rurais.

Modificações das capacidades psicológicas e intelectuais no indivíduo vegetariano já estão acontecendo, como sugerido pelo estudo do doutor Gale e colaboradores da Universidade de Southampton, na Grã-Bretanha[58], que examinaram a relação entre QI (quociente de inteligência) na infância e na idade adulta e o vegetarianismo. Nesse estudo de coorte prospectivo o QI foi avaliado por testes de habilidade mental na idade de 10 anos, e a característica de chegar a ser vegetariano na idade de 30 anos foi avaliada por autorrelato em 8.170 homens e mulheres. Desse total, 366 indivíduos eram vegetarianos. Os pesquisadores demonstraram que os maiores índices de QI na infância estavam associados a uma maior probabilidade de ser vegetariano quando adulto.

Por outro lado, considerando que as dietas vegetarianas excluem os peixes, a principal fonte dietética de ácido eicosapentaenoico (EPA) e docosahexaenoico (DHA), os reguladores críticos da estrutura celular e da função do cérebro, e tendo sido observado que dietas onívoras pobres em EPA e DHA estão associadas a estados alterados em estudos observacionais e experimentais, o doutores Beezhold e colaboradores da Universidade de Arizona[59] examinaram a associação entre estado de humor e consumo de ácidos graxos poli-insaturados como resultado da adesão a uma dieta vegetariana ou onívora em um estudo transversal de 138 homens saudáveis. Sessenta vegetarianos do estudo relataram significativamente menos emoções negativas que os 78 onívoros, como medido pelos questionários de escala de depressão, ansiedade e estresse e do perfil dos estados de humor.

Considerando que a empatia e os sentimentos de apreço para congêneres é a peça-chave da interação social, em um extraordinário experimento os doutores Filippi e colaboradores do Instituto Científico e Hospital Universitário São Rafael, em Milão, na Itália[60], em conjunto com outras instituições europeias, utilizaram as mais modernas imagens de ressonância magnética para investigar se a atividade cerebral dos indivíduos vegetarianos (n=19) e vegetarianos estritos, ou veganos (n=21), que fizeram suas escolhas por razões éticas mostrariam respostas a condições de sofrimento envolvendo seres humanos e animais de uma maneira diferente dos onívoros (n=20). A ativação cerebral foi investigada durante a observação de imagens afetivas negativas dos seres humanos e animais (mostrando mutilações, pessoas assassinadas, humanos e animais ameaçados, tortura, feridas etc.), alternando com paisagens naturais. Durante cenas negativas de violência humana, em comparação com os onívoros, os vegetarianos e veganos tiveram um aumento de recrutamento da região do córtex cingulado anterior (CCA) e do giro frontal inferior (GFI). Mais criticamente, durante as cenas negativas de violência animal diminuiu a ativação da região da amígdala cerebral e aumento da ativação das regiões dos giros lingual, o cuneus esquerdo, o córtex cingulado posterior e várias áreas localizadas principalmente nos lobos frontais, incluindo o CCA, o GFI e o giro frontal médio. Dentre os diversos achados incríveis, o mais importante foi a demonstração de uma arquitetura funcional comum de processamento emocional dos vegetarianos em geral.

E, nessa odisseia científica, o que mais poderá ser descoberto sobre o papel do vegetarianismo na espécie humana? Talvez venhamos a descobrir que alguns de nossos célebres filósofos do passado estavam certos em seus preceitos? Ou descobriremos que outras civilizações no passado ou em outra parte do universo já sabiam e sabem de toda essa história?

Outra vez o tempo nos dará a resposta.

Em uma noite fria de inverno, num lugar da Terra, a 46 graus de longitude e -23 graus de latitude, a história que começou há mais de uma década termina, como diria aquele sábio há milhares de anos[61]:

Há um tempo para nascer
e um tempo para morrer...
um tempo para calar-se
e outro para falar...
um tempo para amar
e outro para odiar...
e esse é o tempo para o final desta história.

REFERÊNCIAS BIBLIOGRÁFICAS

1. Acosta Navarro J et al. Blood pressure, blood lipids and other biochemical parameters among vegetarian, semi-vegetarian and omnivorous Peruvians: The Lima Study. J Am Coll Cardiol 31 (suppl) (1998), p. 373.
2. Acosta Navarro J et al. Pressão sanguínea, perfil lipídico e outros parâmetros bioquímicos entre peruanos vegetarianos, semivegetarianos e onívoros: o Estudo de Lima. An Paul Med Cirurg 125 (1998), pp. 87-101.
3. Acosta Navarro J et al. Vegetarians and semi-vegetarians are less exposed to cardiovascular risk factors. Int J Atheroscler 1 (2006), pp. 48-54.
4. Acosta Navarro J, Caramelli B. Vegetarians from Latin America. Am J Cardiol. 2010;105(6):902
5. Fiala N. The greenhouse hamburger. Scient Am 2009 Feb: 72-5
6. OMS. Diet, Nutrition and the prevention of chronic diseases. Geneva, 2003, p 21.
7. Casella EB et al. Vitamin B12 deficiency in infancy as a cause of developmental regression. Brain Dev. 2005;27(8):592-4.
8. Takahashi H et al. Subacute combined degeneration of the spinal cord in vegetarians: vegetarian's myelopathy. Intern Med. 2006;45(10):705-6.
9. Lücke T. Maternal vitamin B12 deficiency: cause for neurological symptoms in infancy. Z Geburtshilfe Neonatol. 2007;211(4):157-61.
10. Borkowska A. Vitamin B12 deficiency in a one-year-old, exclusively breast fed child. Med Wieku Rozwoj. 2007;11(4):435-8.
11. Brocadello F et al. Irreversible subacute sclerotic combined degeneration of the spinal cord in a vegan subject. Nutrition. 2007;23(7-8):622-4.
12. Fadyl H, Inoue S. Combined B12 and iron deficiency in a child breast-fed by a vegetarian mother. J Pediatr Hematol Oncol. 2007;29(1):74.
13. Roed C. Severe vitamin B12 deficiency in infants breastfed by vegans. Ugeskr Laeger. 2009;19;171(43):3099-101.
14. Mariani A et al. Consequences of exclusive breast-feeding in vegan mother newborn: case report. Arch Pediatr. 2009;16(11):1461-3
15. Paul I, Reichard RR. Subacute combined degeneration mimicking traumatic spinal cord injury. Am J Forensic Med Pathol. 2009;30(1):47-8.
16. Roed C et al. Severe vitamin B12 deficiency in infants breastfed by vegans. Ugeskr Laeger. 2009;171(43):3099-101.

17. Mariani A et al. Consequences of exclusive breast-feeding in vegan mother newborn: case report. Arch Pediatr. 2009;16(11):1461-3.

18. Paliwal VK et al. "Anchor"-shaped bright posterior column in a patient with vitamin B12 deficiency myelopathy. Postgrad Med J. 2009;85(1002):186.

19. Paul I, Reichard RR. Subacute combined degeneration mimicking traumatic spinal cord injury. Am J Forensic Med Pathol. 2009;30(1):47-8.

20. Mohanty S et al. Subacute combined degeneration of the spinal cord in an adolescent girl. J Trop Pediatr. 2010;56(4):272-4.

21. Chiba M et al. Lifestyle-related disease in Crohn's disease: relapse prevention by a semi-vegetarian diet. World J Gastroenterol. 2010;16(20):2484-95.

22. Lu SC et al. LDL of Taiwanese vegetarians are less oxidizable than those of omnivores. J Nutr. 2000; 130(6):1591-6.

23. Blacklock CJ et al. Salicylic acid in the serum of subjects not taking aspirin. Comparison of salicylic acid concentrations in the serum of vegetarians, non-vegetarians, and patients taking low dose aspirin. J Clin Pathol. 2001;54(7):553-5.

22. Lawrence JR et al. Urinary excretion of salicyluric and salicylic acids by non-vegetarians, vegetarians, and patients taking low dose aspirin. J Clin Pathol. 2003;56(9):651-3.

24. Lin CL. Vascular dilatory functions of ovo-lactovegetarians compared with omnivores. Atherosclerosis. 2001; 158(1):247-51.

25. Purschwitz K et al. Soluble leukocyte adhesion molecules in vegetarians of various ages. Z Gerontol Geriatr. 2001;34(6):476-9.

26. Fu CH et al. Effects of long-term vegetarian diets on cardiovascular autonomic functions in healthy postmenopausal women. Am J Cardiol. 2006;1;97(3):380-3.

27. Fu CH et al. Alteration of cardiovascular autonomic functions by vegetarian diets in postmenopausal women is related to LDL cholesterol levels. Chin J Physiol. 2008;51(2):100-5.

28. Schmidt T et al. Changes in cardiovascular risk factors and hormones during a comprehensive residential three month kriya yoga training and vegetarian nutrition. Acta Physiol Scand Suppl. 1997;640:158-62.

29. Esselstyn CB Jr. Updating a 12-year experience with arrest and reversal therapy for coronary heart disease (an overdue requiem for palliative cardiology). Am J Cardiol. 1999.1;84(3):339-41,A8.

30. Kuo CS et al. Insulin sensitivity in Chinese ovo-lactovegetarians compared with omnivores. Eur J Clin Nutr. 2004;58(2):312-6.

31. Hung CJ et al. Taiwanese vegetarians have higher insulin sensitivity than omnivores. Br J Nutr. 2006;95(1):129-35.

32. Piccoli GB et al. Low-protein vegetarian diet with alpha-chetoanalogues prior to pre-emptive pancreas-kidney transplantation. Rev Diabet Stud. 2004 Summer;1(2):95-102.

33. Ornish D et al. Intensive lifestyle changes may affect the progression of prostate cancer. J Urol. 2005;174(3):1065-9

34. Saxe GA et al. Potential attenuation of disease progression in recurrent prostate cancer with plant-based diet and stress reduction. Integr Cancer Ther. 2006;5(3):206-13.

35. Jelinek GA, Gawler RH. Thirty-year follow-up at pneumonectomy of a 58-year-old survivor of disseminated osteosarcoma. Med J Aust. 2008;1-15;189(11-12):663-5.

36. Soares R. Doença da vaca louca – Vaca louca pode dar até em cão e gato D. Folha de São Paulo, 11/2/2001, B 8.

37. Gerhardt I. "Proteína de vaca louca pode mudar de forma". Folha de São Paulo. 12/3/2001, A 12.

38. Hahn B et al. AIDS as zoonosis: scientific and public health implicatios. Science 2000. 287:607-614

39. Esernik M. Clues to the animal origins of SARS. Science 300. 30;05;2003:1351

40. Mackenzie D. This little piggy fell ill... New Sciet 12 set 1998:18-9

41. Hollander D. Beef allergy and the Persian Gulf Syndrome. Medical Hip. 1995,45:221-2.

42. Restani P et al. Meat allergy. Curr Opin Allergy Immunol. 2009;9:265-9.

43. Kaartinen K et al. Vegan diet alleviates fibromyalgia symptoms. Scand J Rheumatol. 2000;29(5):308-13.

44. Huber R. Clinical remission of an HLA B27-positive sacroiliitis on vegan diet. Forsch Komplementarmed Klass Naturheilkd. 2001 Aug;8(4):228-31.

45. Donaldson MS et al. Fibromyalgia syndrome improved using a mostly raw vegetarian diet: an observational study. BMC Complement Altern Med. 2001;1:7.

46. Tanaka T et al. Vegetarian diet ameliorates symptoms of atopic dermatitis through reduction of the number of peripheral eosinophils and of PGE2 synthesis by monocytes. J Physiol Anthropol Appl Human Sci. 2001;20(6):353-61.

47. Chan AS et al. Dejian mind-body intervention improves the functioning of a patient with chronic epilepsy: a case report. Cases J. 2009 Nov 24;2:9080.

48. Singh PN et al. Does low meat consumption increase life expectancy in humans? Am J Clin Nutr. 2003;78(3 Suppl):526S-532S.

49. Kazimírová A et al. Does a vegetarian diet influence genomic stability? Eur J Nutr. 2004; 43(1):32-8.

50. Krajcovicová-Kudlácková M et al. Effects of diet and age on oxidative damage products in healthy subjects. Physiol Res. 2008;57(4):647-51.

51. Karlic H et al.Vegetarian diet affects genes of oxidative metabolism and collagen synthesis. Ann Nutr Metab. 2008;53(1):29-32.

52. Jayanthi V. Vegetarianism in India. Peritoneal Dialysis Internacional 2001;21:S322-S325.

53. Mukherjee M et al. Association of shorter telomeres with coronary artery disease in Indian subjects. Heart. 2009;95(8):669-73.

54. Chatterjee M et AL. Sexual maturation and physical status among the adolescent Jain girls of Jabalpur, Madhya Pradesh, India. Anthropol Anz. 2009;67(1):65-76.

55. Havlicek J, Lenochova P. The effect of meat consumption on body odor attractiveness. Chem Senses. 2006;31(8):747-52.

56. Dickman MD et al. Hong Kong male subfertility links to mercury in human hair and fish. Sci Total Environ. 1998 Jun 18;214:165-74.

57. Rozati R et al. Role of environmental estrogens in the deterioration of male factor fertility. Fertil Steril. 2002;78(6):1187-94.

58. Gale CR et al. IQ in childhood and vegetarianism in adulthood: 1970 British cohort study. BMJ. 2007;334(7587):245.

59. Beezhold BL et al. Vegetarian diets are associated with healthy mood states: a cross-sectional study in seventh day adventist adults. Nutr J. 2010;1;9:26.

60. Filippi M et al.The brain functional networks associated to human and animal suffering differ among omnivores, vegetarians and vegans. PLoS One. 2010;26;5(5):e10847.

61. Bíblia Sagrada. Eclesiastes; cap. 3, vers. 2,7,8.